MODERNOS BANDEIRANTES, *antigos interesses*

A Expedição Roncador-Xingu e a conquista da fronteira Oeste (1938-1948)

Thays Fregolent de Almeida

MODERNOS BANDEIRANTES, *antigos interesses*

A Expedição Roncador-Xingu e a conquista da fronteira Oeste (1938-1948)

alameda

Edição: Haroldo Ceravolo Sereza e Joana Monteleone
Editora Assistente: Ana Júlia Ribeiro
Projeto gráfico, diagramação e capa: Ana Júlia Ribeiro
Assistente acadêmica: Tamara Santos
Revisão: Alexandra Colontini
Imagem da capa: Revista *O Cruzeiro*, junho de 1949

CIP-BRASIL. CATALOGAÇÃO NA PUBLICAÇÃO
SINDICATO NACIONAL DOS EDITORES DE LIVROS, RJ

A451m

Almeida, Thays Fregolent de
Modernos bandeirantes, antigos interesses : a Expedição Roncador-Xingu e a conquista da fronteira Oeste (1938-1948) / Thays Fregolent de Almeida. - 1. ed. - São Paulo : Alameda, 2024.

Inclui bibliografia
ISBN 978-65-5966-265-4

1. Expedição Roncador-Xingu (1943-1949). 2. Indígenas da América do Sul - Brasil. I. Título.

CDD: 980.41
24-91449 CDU: 94(=87)(81)

Meri Gleice Rodrigues de Souza - Bibliotecária - CRB-7/6439

22/04/2024 26/04/2024

ALAMEDA CASA EDITORIAL
Rua 13 de Maio, 353 – Bela Vista
CEP 01327-000 – São Paulo, SP
Tel. (11) 3012-2403
www.alamedaeditorial.com.br

Precisamos descobrir o Brasil!
Escondido atrás das florestas,
com a água dos rios no meio,
o Brasil está dormindo, coitado.
Precisamos colonizar o Brasil.

O que faremos importando francesas
muito louras, de pele macia,
alemãs gordas, russas nostálgicas para
garçonettes dos restaurantes noturnos.
E virão sírias fidelissimas.
Não convém desprezar as japonesas...

Precisa educar o Brasil.
Compraremos professores e livros,
assimilaremos finas culturas,
abriremos dancings e subvencionaremos as elites.

Cada brasileiro terá sua casa
com fogão e aquecedor elétricos, piscina,
salão para conferências científicas.
E cuidaremos do Estado Técnico.

Precisamos louvar o Brasil.
Não é só um país sem igual.
Nossas revoluções são bem maiores
do que quaisquer outras; nossos erros também.
E nossas virtudes? A terra das sublimes paixões...
os Amazonas inenarráveis... os incríveis João-Pessoas....

Precisamos adorar o Brasil!
Se bem que seja difícil caber tanto
oceano e tanta solidão
no pobre coração já cheio de compromissos...
se bem que seja difícil compreender o
que querem esses homens,
por que motivo eles se ajuntaram e
qual a razão de seus sofrimentos...

Precisamos, precisamos esquecer o Brasil!
Tão majestoso, tão sem limites, tão despropositado,
ele quer repousar de nossos terríveis carinhos.
O Brasil não nos quer! Está farto de nós!
Nosso Brasil é outro mundo. Este não é o Brasil
Nenhum Brasil existe. E acaso existirão os brasileiros?

HINO NACIONAL

Carlos Drummond de Andrade

SUMÁRIO

Prefácio

Alberto Luiz Schneider

O livro que o leitor tem em mãos – *Modernos bandeirantes, antigos interesses: a Expedição Roncador-Xingu e a conquista da fronteira Oeste (1938-1948)* – é obra que nasce de pesquisa acurada, fundamentada no manejo de fontes primárias, amplo diálogo historiográfico e reflexão inovadora sobre o tema em questão.

Apesar de jovem, a autora – Thays Fregolent de Almeida – já acumula considerável experiência de pesquisa. Ainda quando graduanda em História, na PUC/SP, a pesquisadora realizou um projeto de Iniciação Científica, cujo título foi "Expedição Roncador-Xingu (1943-1948): a tensão entre integrar e preservar os indígenas do Brasil Central", financiado pelo CNPq e concluído em 2017. O trabalho foi premiado no Congresso da Associação Nacional dos Professores Universitários de História (ANPUH), no Recife, em 2019, como um dos melhores trabalhos de Iniciação Científica do país.

A bem sucedida pesquisa preliminar, ainda no âmbito da graduação, foi desdobrada em um projeto de Mestrado, no Programa de Pós Graduação em História, também na PUC/SP. Aprovada nas primeiras colocações, em processo seletivo de fins de 2019, o que garantiu bolsa-Capes, a pesquisadora passaria os 24 meses seguintes em intenso esforço de pesquisa, leitura e escrita, o que resultou neste livro. Como orientador, desde a graduação, tive a satisfação de ver nascer e desenvolver uma pesquisa de grande envergadura.

Foram 6 anos de admirável mergulho na história da Expedição Roncador-Xingu, que pretendia chegar, como chegou, às nascentes do Rio Xingu, no Norte do Estado de Mato Grosso. O empreendimento fez parte da Marcha para o Oeste, uma política territorial levada a cabo pelo Estado Novo (1937-1945), que deveria culminar na "integração econômica da região" ao tecido econômico do país, sob a soberania do Estado Nacional. Os interesses geoestratégicos, em tempos de conflitos mundiais, tornaram a Expedição particularmente sensível às Forças Armadas.

A pesquisadora poderia ter se refugiado em opções fáceis, ainda que justificáveis, por meio de recortes estreitos, fatiando o conjunto histórico em torno de problemas específicos, como as questões políticas. Não foi o que se realizou neste trabalho, pois a autora buscou contemplar uma multiplicidade de conjunturas, interesses e projetos ligados à Expedição, pois, como sabemos, nenhum fenômeno histórico é monocausal.

Thays Fregolent de Almeida compreendeu – não sem esforço e estudo sistemático – o novelo de interesses que se escondia atrás da Expedição Roncador-Xingu. A autora buscou mapear os nexos culturais do tema, ao mostrar a força dos discursos intelectuais em torno do território, que remontavam às primeiras décadas do período republicano. Também buscou mapear as diretrizes político-econômicas do Estado-Novo (1937-1945), que orientavam o que poderíamos definir como a ideologia da Marcha para o Oeste, voltada à colonização dos sertões profundos do Oeste país que, de acordo com o discurso governamental, deveriam produzir bens e mercadorias (marcados pelo extrativismo) e formar mercados consumidores de modo a contribuir com as políticas de industrialização então em curso.

A pesquisa, no entanto, foi além: descobriu o envolvimento da Federação das Indústrias d*O Estado de São Paulo* (Fiesp) no financiamento da Expedição, o que evidencia os interesses econômicos do empresariado industrial paulista na Marcha para o Oeste. Trata-se de um aporte original à compreensão do processo de ocupação do Brasil Central, pois mostra que o projeto de desenvolvimento industrial impulsionado durante o Estado Novo teve implicações muito variadas e complexas, inclusive na moderna elite urbana de São Paulo.

Contra a "selva" (e o que há nela, inclusive as populações indígenas), se unem os esforços do Estado, dos empresários e das Forças Armadas, como demonstra o texto que o leitor tem em mãos. Como se ainda fosse pouco, a pesquisa mostra o cotidiano da Expedição, com suas idas e vindas, contratempos e dissabores. Em um dos momentos mais deliciosos do livro, a autora faz uso do acervo fotográfico, o que dá ao leitor contemporâneo a capacidade de visualizar aquele empreendimento na dimensão prática.

Convém ainda destacar a ampla base documental utilizada na pesquisa, em que se destacam os seguintes conjuntos empíricos: 1) o repertório intelectual sobre o Oeste, ou seja, livros, fotografia e mesmo cinema que, à época, evocavam a necessidade de "conquistar" o interior do Brasil. 2) artigos de jornal publicados, fundamentalmente, pelo *O Estado de São Paulo* entre os anos de 1943 e 1948. 3) documentos oficiais produzidos pelo Estado e pela Fundação Brasil Central, sobre a Expedição Roncador-Xingu. 4) diários e registros produzidos por expedicionários da Roncador-Xingu e por funcionários da Fundação Brasil Central, publicados posteriormente em livros.

O leitor tem em mãos uma obra importante, para a qual concorreu a vitalidade da pesquisa acadêmica no Brasil. Sem um sistema de pós-graduação organizado em diferentes universidades brasileiras, sem o financiamento à pesquisa e a consequente produção de teses, artigos e livros, a autora não teria tido condições de chegar a esse produto final. No entanto, sem o talento, a disciplina e a inteligência de Thays Fregolent de Almeida, também não teríamos ao nosso dispor o excelente trabalho que ora a Alameda Editorial coloca à disposição dos leitores.

Introdução

O objetivo deste trabalho é compreender os interesses em torno da criação e da viabilização da *Expedição Roncador-Xingu* (1943-1948), ponta de lança da Marcha para o Oeste, política de integração econômica impulsionada durante o Estado Novo (1937-1945). Criada em meio ao esforço de guerra empreendido naqueles anos, a expedição contou com importante soma de recursos advindos do empresariado industrial paulista para a viabilização de seus trabalhos Brasil adentro. Ainda que sua criação tenha se dado no âmbito da nova política de Estado, empenhada em realizar a integração econômica dos "fundos territoriais"[1] do país, as energias políticas e culturais que culminaram na Expedição Roncador-Xingu têm suas raízes fincadas na história das primeiras décadas do século XX. Conforme se verá, as construções discursivas e propagandísticas foram elementos centrais do processo de legitimação simbólica e concreta do empreendimento que se valeu da antiga agenda da conquista territorial, bem como da memória bandeirante.

Este trabalho é fruto das pesquisas que venho realizando desde a graduação, momento no qual produzi minha iniciação científica entre 2017 e 2018,

1 A categoria "fundos territoriais", formulada pelo geógrafo Antônio Carlos Robert Moraes, foi elaborada a partir do diálogo com as noções de "território" e "território usado", de Milton Santos. Segundo a formulação de Moraes, os "fundos territoriais" seriam espaços formais que ainda não haviam sido ocupados, mas que já apareciam representados na cartografia sob a jurisdição de alguma autoridade, isto é, trata-se de verdadeiras "reservas de espaço para a expansão futura da ação colonizadora". Ver: MORAES, Antônio Carlos Robert. *Território e História do Brasil*. São Paulo: Hucitec, 2002.

intitulada "Expedição Roncador-Xingu (1943-1948): a tensão entre integrar e preservar os indígenas do Brasil Central". O fio condutor que me guiou ao objeto desta pesquisa foi o interesse pelo Brasil profundo e indomado, no qual se encontram latentes as contradições de um país de dimensões continentais e altamente rico do ponto de vista natural e étnico-cultural.

Meu primeiro contato com a Expedição Roncador-Xingu se deu por meio do diário dos irmãos Villas Bôas, publicado em livro pela primeira vez em 1994[2]. Ainda que sem compreender bem, mergulhei de cabeça no que viria a ser parte importante das minhas fontes primárias. O tema me ganhou imediatamente, sobretudo no que tange aos contatos estabelecidos entre a frente de expansão e diversas populações indígenas localizadas no trajeto percorrido pela expedição. Esse foi o ponto de partida para a formulação do meu primeiro projeto de pesquisa. No decorrer da Iniciação Científica me deparei com a multiplicidade de interesses e temas associados a esse objeto de pesquisa, bem como com o baixo volume de produções acadêmicas interessadas em pensá-lo.

A Expedição Roncador-Xingu tinha por objetivo subir o rio Araguaia e cruzar o Brasil Central com vias a abrir caminhos por terra até a região Amazônica, na altura dos formadores do rio Xingu. O adentramento deveria impulsionar a integração econômica do Brasil Central, sobretudo do antigo estado de Mato Grosso, por meio do povoamento e da urbanização da região. Impulsionada sob o signo da Marcha para o Oeste, a expedição foi divulgada e legitimada à luz da memória pública acerca dos antigos bandeirantes.

Um ano antes da criação da expedição, o Brasil havia entrado no conflito da Segunda Guerra Mundial, de modo que apesar do financiamento privado, seus trabalhos também atendiam a objetivos e a interesses estratégico-militares, tal qual interligar a região à nascente rota aérea nacional por meio da construção de campos de pouso, posteriormente transformados em bases militares. A historiografia que se debruçou sobre o tema apontou que esse

---

2 VILLAS BÔAS, Orlando e VILLAS BÔAS, Cláudio. *A Marcha para o Oeste* – A epopeia da Expedição Roncador-Xingu. São Paulo: Companhia das Letras, 2012. (1ª edição 1994).

financiamento teria se dado por meio de generosas doações de segmentos urbanos da sociedade paulista, porém a questão não foi aprofundada.

Apesar do baixo volume de produções acadêmicas interessadas no fenômeno da Expedição Roncador-Xingu, destaca-se a pesquisa de Maria Eduarda Guerra Galvão[3] interessada em compreender o projeto urbanizador levado a cabo por esse empreendimento. Já o trabalho de Gilberto Brizolla Santos[4] se debruçou sobre as condições de trabalho entre os trabalhadores da Roncador-Xingu e da Fundação Brasil Central. Ambos apontaram os nexos simbólicos e/ou concretos entre o projeto de interiorização e *O Estado de São Paulo*, seja pela via das doações responsáveis pela sua viabilização, seja pela mobilização de uma linguagem neobandeirante para a legitimação da expedição e consolidação do apoio econômico, entretanto, a questão também não foi analisada.

Outras produções, interessadas em temas adjacentes a expedição, como é o caso da Fundação Brasil Central ou o Parque Nacional do Xingu, também apontaram esses nexos conforme apresentado por Maria Lucia Pires Menezes,[5] João Marcelo Maia[6] e Dulce Portilho Maciel.[7] Ainda que essas produções tenham apontado de forma mais sistemática e estruturada os nexos entre a Expedição Roncador-Xingu e os símbolos culturais e interesses econômicos sediados em São Paulo, a questão não constituiu objeto de in-

3 GALVÃO, Maria Eduarda Capanema Guerra. *A Expedição Roncador-Xingu e a tarefa de ocupar, civilizar e urbanizar o Brasil Central.* Rio de Janeiro, FGV, 2014. p. 19.

4 SANTOS, Gilberto Brizolla. *Bandeirantes do século XX*: trabalhadores da Expedição Roncador-Xingu e Fundação Brasil Central em Nova Xavantina. 2011. 298 f. Dissertação (Mestrado em História) – Universidade Federal de Mato Grosso, Instituto de Ciências Humanas e Sociais, Cuiabá, 2011.

5 MENEZES, Maria Lucia Pires. *Parque Indígena do Xingu* – A construção de um território estatal. Campinas, SP: Editora da UNICAMP, 2000.

6 MAIA, João Marcelo Ehlert. *Estado Território e imaginação espacial. O caso da Fundação Brasil Central.* Rio de Janeiro: FGV, 2012.

7 MACIEL, Dulce Portilho. Estado e território no Centro-Oeste brasileiro (1943-1967). Fundação Brasil Central (FBC): a instituição e inserção regional no contexto sociocultural e econômico nacional. SIMPÓSIO NACIONAL DE HISTÓRIA – ANPUH, 26. In: *Anais do...* São Paulo, jul. 2011.

teresse central da análise desses pesquisadores. Do mesmo modo, pesquisas interessadas na política da Marcha para o Oeste, tais quais a de Barsanulfo Gomides Borges,[8] Guilherme Otávio Velho,[9] Neide Esterci,[10] Elizabeth Cancelli[11] e George Leonardo Coelho,[12] apontaram as conexões simbólicas e concretas entre o projeto de interiorização, a mobilização do bandeirantismo e os interesses sediados nos grandes centros urbano-industriais do país, como era o caso de São Paulo. Via de regra, esses nexos foram identificados na linguagem neobandeirante adotada durante o Estado Novo para a promoção da nova política de interiorização. Já em relação às conexões concretas entre o projeto de interiorização e os interesses em torno do desenvolvimento da indústria nacional, os resultados foram tímidos.

No que tange a Expedição Roncador-Xingu, a questão dos nexos simbólicos e concretos em torno do uso do bandeirantismo e dos interesses econômicos de setores urbanos de São Paulo ainda estava por ser estudado. Mais do que apontar esses nexos, este trabalho tem a pretensão de colocar em diálogo cultura, economia e política. Embora essas esferas sejam, por vezes, tratadas separadamente, elas se encontram profundamente imbricadas na vida concreta. Conforme se verá, esses constituem os três vetores pelos quais se pretende compreender a expedição.

Em função do baixo volume de estudos sobre o tema, recorri aos jornais paulistas em busca das notícias responsáveis pela divulgação do projeto e pela

8 BORGES, Barsanulfo Gomide. A Economia Goiana na divisão regional do trabalho (1930-1960). In: SILVA, Luiz Sérgio Duarte da (org). *Relações cidade-campo:* fronteiras. Goiânia: Ed UFG, 2000.

9 VELHO, Otávio Guilherme. *Capitalismo Autoritário e Campesinato*. São Paulo: Difel, 1979.

10 ESTERCI, Neide. *O mito da democracia no país das bandeiras*. 1972. Dissertação (Mestrado em Antropologia Social), Universidade Federal Rio de Janeiro, Rio de Janeiro, 1972.

11 CANCELLI, Elizabeth. *O Estado Novo em Marcha para o Oeste*. Curitiba: Editora CRV, 2017.

12 COELHO, George Leonardo Seabra. *Marcha para o Oeste*: entre teoria e prática. 2010. 176 f. Dissertação (Mestrado em Ciências Humanas) – Universidade Federal de Goiás, Goiânia, 2010.

mobilização da sociedade paulista em torno do adentramento. Por meio das buscas realizadas na Hemeroteca da Biblioteca Mário de Andrade pude encontrar mais de quarenta notícias publicadas, entre 1943 e 1948, no jornal *O Estado de São Paulo*. Foi por meio dessas notícias que descobri o envolvimento da *Federação das Indústrias dO Estado de São Paulo* (Fiesp) na viabilização da expedição, por meio da articulação do industrial Roberto Simonsen (1889-1948), presidente da entidade na época. Essa informação foi o fio condutor para a elaboração do projeto de mestrado que deu origem a presente pesquisa.

Haja visto que diversos segmentos dO *Estado de São Paulo* – tal qual o próprio empresariado industrial paulista –, haviam protagonizado importante oposição ao governo de Getúlio Vargas desde 1930, chamou a atenção a articulação da Fiesp para o financiamento da expedição. Sobretudo tendo em vista que o idealizador do empreendimento e responsável por angariar o apoio econômico para sua viabilização era João Alberto Lins de Barros (1897-1955), importante base aliada de Vargas que, em 1930, havia sido escolhido para ocupar o cargo de interventor dO *Estado de São Paulo*. A escolha deste nome, fora do círculo paulista, acirrou a oposição do estado frente o Governo Provisório, e seus desdobramentos culminaram na guerra civil em 1932, da qual São Paulo saiu derrotada. Durante esses anos, o próprio Simonsen havia atuado na linha de frente da mobilização de 1932 contra o governo.

Deste modo, a pesquisa que se segue foi formulada em torno da seguinte questão: quais seriam os interesses e circunstâncias em torno da criação e da viabilização da Expedição Roncador-Xingu? Visto que a sua criação se deu no âmbito da política da Marcha para o Oeste e seu financiamento se deu por parte do apoio político e econômico do empresariado industrial paulista, a pesquisa busca compreender quais seriam os interesses do empresariado industrial paulista em financiar essa importante etapa da Marcha para o Oeste. Dito de outra forma, interessa-nos compreender de que modos os interesses do empresariado industrial paulista se encontravam contemplados na política de integração territorial impulsionada durante o Estado Novo.

Apesar da centralidade atribuída à busca pelos interesses econômicos do empresariado industrial paulista na viabilização da Expedição Roncador-

-Xingu, esse é apenas um dos vetores pelo qual se procura compreender esse fenômeno histórico. Outro é o Estado, ou seja, os interesses ditos nacionais. E, por fim, a cultura – isto é, a opinião pública – formada a partir de todo um contexto cultural interessado em interpretar o interior do país. Ainda que o recorte temporal desta pesquisa seja as décadas de 1930 e 1940, não se pode esquecer que o interesse em torno da ocupação e integração territorial do país é um tema de longa duração da história brasileira, cujo início remonta ao fenômeno da colonização. O início do período republicano foi central para a consolidação das questões territoriais sob bases modernas em linhas com o contexto de formação do Estado-Nação brasileiro.

Corpo documental e de fontes

O recorte da pesquisa tem início em 1938, ano que marcou o anúncio da Marcha para o Oeste, e encontra seus limites em 1948, ano no qual se encerram os trabalhos da Expedição Roncador-Xingu. Entretanto, como se verá, optamos por realizar um recuo histórico no decorrer do primeiro capítulo da obra de forma a analisar como seu deu a construção de um forte olhar econômico, cultural, social, político e até geoestratégico voltado para o Oeste do país durante o início do período republicano.

As fontes utilizadas neste trabalho podem ser divididas em quatro corpos documentais. O primeiro consiste no repertório intelectual composto por um conjunto fragmentado de textos produzidos nas primeiras décadas do período republicano, bem como textos produzidos em linha temporal com o objeto da pesquisa. Essas produções, interessadas em interpretar o Brasil de dentro, acabaram por formar um importante repertório cultural responsável por consolidar e legitimar o interesse em torno da integração do interior do país em bases modernas e republicanas.

O segundo corpo documental é formado pelos documentos oficiais produzidos pelo governo sobre a Expedição Roncador-Xingu e a Fundação Brasil Central – agência criada para realizar o planejamento e a organização do adentramento –, bem como algumas das fotografias produzidas no decorrer dos trabalhos Brasil adentro, e discursos presidenciais voltados para a divulgação da Marcha para o Oeste. Esses materiais foram agrupados num mesmo corpo documental em decorrência das semelhanças que os unem: os materiais foram produzidos por agentes do Estado incumbidos da divulgação do projeto de interiorização por meio da mesma linguagem discursiva mobilizada pelo regime estadonovista. Conforme se verá, essas imagens e discursos desempenharam importante função ao registrar e exibir o poder do Estado brasileiro e da liderança de Getúlio Vargas para a realização do novo projeto.

O terceiro corpo documental é composto pelas notícias sobre a Expedição Roncador-Xingu publicadas no jornal *O Estado de São Paulo* entre os anos de 1943 e 1948. As publicações deste periódico fornecem peças centrais para a compreensão do quadro responsável pela criação e pela viabilização da expedição por meio da mobilização de elementos simbólicos e/ou concretos em torno do projeto de interiorização e seus nexos com a sociedade paulista.

Por fim, o quarto corpo documental da pesquisa é composto pelos diários e registros produzidos por expedicionários da Roncador-Xingu e por funcionários da Fundação Brasil Central, publicados posteriormente em livros. Frente ao baixo volume de estudos interessados em pensar a expedição, esses registros ajudam a preencher algumas das lacunas existentes sobre o episódio, bem como ampliar a compreensão acerca das contradições entre os objetivos idealizados para o projeto e o que se conseguia realizar Brasil adentro.

Ainda que durante o Estado Novo a Marcha para o Oeste tenha assumido grande centralidade, cabe destacar que o interesse ou mesmo o senso de urgência em torno da integração do interior do país não foi uma invenção da Era Vargas. Conforme Antonio Carlos Robert Moraes,[13] em países de formação colonial, como é o caso do Brasil, a conquista espacial constitui uma preocupação determinante de sua história. De modo que, estudar o movimento de ocupação do território nacional durante o final da década de 1930 e o início da década 1940, pressupõe o entendimento da longevidade desse movimento – polissêmico e multifacetado –, bem como a compreen-

13 MORAES, Antônio Carlos Robert de. *Território e História no Brasil.* São Paulo: Hucitec, 2002.

são acerca da centralidade desta temática na historiografia e no pensamento social brasileiro, assim como no processo de construção do Estado-Nação no Brasil. Não se pode esquecer que entre as representações letradas e as práticas sociais existem óbvios vasos comunicantes.

Divisão dos capítulos

O primeiro capítulo foi construído com o intuito de traçar um panorama de importantes discursos e práticas territoriais responsáveis pela construção, durante as primeiras décadas do período republicano, de uma agenda político-cultural interessada no interior do país. O alcance desses discursos e práticas foi responsável por moldar parte das lógicas e dos trabalhos empreendidos pela Expedição Roncador-Xingu. De modo que constitui uma premissa deste trabalho localizar o objeto da pesquisa não apenas no espaço e no tempo de sua atuação concreta, mas reconhecer a historicidade do processo responsável por alçar o interesse em torno da integração e ocupação do interior do país.

A contextualização e a localização alargada – no espaço e no tempo – do objeto da presente pesquisa, fornecem uma base sólida para a investigação da malha de interesses articulados em torno do projeto desenvolvido para a Roncador-Xingu. Do mesmo modo, a compreensão desse conjunto fragmentado de textos, discursos e projetos é elemento central para iluminar a leitura dos corpos documentais da presente pesquisa. O primeiro capítulo tem por objetivo conduzir o leitor através de itinerário histórico das primeiras décadas do século XX e cujo ponto de chegada é o recorte espacial e temporal da presente pesquisa: a região do Brasil Central durante o período do Estado Novo (1937-1945).

Já o segundo capítulo tem o interesse em compreender as bases da nova diretriz político-econômica iniciada em 1937 e orientada a partir da ideologia da Marcha para o Oeste. O objetivo que se coloca para este capítulo é desvelar os nexos entre a política de expansão territorial e a política de industrialização impulsionadas durante esse período, com vias a compreender os interesses em torno do financiamento da Expedição Roncador-Xingu.

Para tanto procurou-se realizar uma análise dos projetos impulsionados sob o signo da Marcha para o Oeste e os interesses a eles associados. Do mesmo modo foi analisado o processo de aproximação entre a burguesia industrial paulista e o governo de Getúlio Vargas após as alterações promovidas na estrutura representativa com instauração do Estado Novo, responsável por possibilitar maior participação do empresariado industrial na esfera política. Conforme será visto, durante o Estado Novo os interesses da burguesia industrial dos grandes centros urbano-industriais do Sul (atual Sudeste), como era o caso de São Paulo, passaram a figurar de forma subjacente nos projetos governamentais de unificação e integração nacional.

Entre os objetivos desta pesquisa está a compreensão do projeto industrialista em construção naquele período por meio da atuação política e intelectual de suas lideranças industriais, como era o caso do próprio Roberto Simonsen (1889-1948), na época presidente da Fiesp. A análise realizada foi embasada em parte da produção intelectual e da atuação política dessa liderança que ocupou a linha de frente não apenas da construção e defesa dos interesses dessa fração de classe, ou seja, a burguesia industrial, mas do processo de aproximação com o governo de Getúlio Vargas ao ocupar importantes cargos dentro do aparelho estatal durante o Estado Novo.

O segundo capítulo também abarca uma reflexão sobre os discursos e a propaganda política responsáveis por impulsionar e legitimar a Marcha para o Oeste à luz do espírito bandeirante. Durante o Estado Novo, a associação entre a Marcha e o "espírito bandeirante" foi um dos mecanismos responsáveis por garantir a viabilização da nova política e o próprio apoio político do empresariado industrial paulista. Destaca-se que a mobilização em torno do bandeirantismo, importante símbolo da nova política de Estado, constitui parte importante da análise desenvolvida neste trabalho.

Por fim, o terceiro capítulo dedicou-se à realização concreta da Expedição Roncador-Xingu, com seus percalços quotidianos. O capítulo foi dividido em duas partes. A primeira analisou a divulgação da expedição em um dos mais importantes periódicos paulistas, o jornal *O Estado de São Paulo*, com vias a compreender como se deu a divulgação que contribuiu para angariar o apoio político e econômico do empresariado industrial paulista para a viabilização da nova empreitada. Nesta parte foram analisados os objetivos divulgados nos jornais, a mobilização em torno do bandeirantismo, bem como os preparativos para a partida da expedição em meio a articulação entre o governo federal e o estadual.

Já a segunda parte ocupou-se em analisar o cotidiano dos trabalhos da expedição, isto é, a realidade enfrentada pelos expedicionários Brasil adentro. Uma das questões propostas nesta parte é o deslocamento entre propaganda e discurso e a realidade concreta da expedição. Para tanto foram analisados os registros e diários produzidos por expedicionários da Roncador-Xingu e por funcionários da Fundação Brasil Central a fim de compreender como os objetivos atribuídos à expedição foram sendo redimensionados frente aos desafios enfrentados no interior do país. Nesta parte também foram utilizadas algumas das fotografias produzidas no correr dos trabalhos da expedição, com vias a proporcionar uma imersão no seu cotidiano, bem como ampliar a compreensão da imagem "oficial" produzida, registrada e divulgada sobre esse adentramento.

1. A expansão da fronteira oeste: uma agenda político-cultural (1892-1937)

Compreender o processo de criação e viabilização da Expedição Roncador-Xingu (1943-1948), ponta de lança da Marcha para o Oeste estado-novista (1937-1945), implica no reconhecimento da centralidade atribuída às questões territoriais e, sobretudo, ao próprio interior do país no decorrer das primeiras décadas republicanas. Como se verá no correr deste capítulo, a virada do século XIX para o século XX ficou marcada pela construção de um forte olhar econômico, social, político e até geoestratégico voltado para o Oeste do país, razão pela qual é preciso recuar à história da Primeira República a fim de compreender as principais iniciativas e produções responsáveis pela construção de uma agenda, tanto política, quanto intelectual, interessada em interpretar e integrar o interior do território nacional.

O objetivo deste capítulo, portanto, consiste em traçar um panorama acerca dos principais discursos e práticas territoriais responsáveis pela construção dessa agenda político-cultural, cujo alcance foi responsável por moldar parte das lógicas e dos trabalhos empreendidos pela Expedição Roncador-Xingu. Longe de inaugurar tais discursos e práticas, as políticas territoriais colocadas em curso durante o Estado Novo, deitam raízes em eventos e projetos bastante anteriores a elas. Conforme se verá adiante, as energias políticas que culminaram na Roncador-Xingu remontam a história da primeira metade do século XX, fruto de um longo processo que as páginas a seguir almejam (re)conhecer.

Cumpre destacar que não é interesse das páginas que se seguem, tendo em vista a impossibilidade da tarefa, abarcar todas as políticas, eventos, produções ou discursos responsáveis pela construção dessa agenda, mas sim traçar uma espécie de itinerário histórico até o projeto varguista de ocupação do interior. O critério de seleção escolhido para a construção deste capítulo se deu através da análise que leva em conta dois aspectos distintos entre si: primeiro, a projeção nacional de algumas dessas políticas, incursões, produções e discursos e, segundo, as conexões objetivas destes com o processo de criação, viabilização e atuação da Expedição Roncador-Xingu. É, portanto, uma premissa deste trabalho localizar o objeto da pesquisa não apenas no espaço e no tempo de sua atuação concreta, como se verá no segundo capítulo, mas reconhecer a historicidade do processo responsável por alçar o interesse em torno da integração e ocupação do interior do país.

O primeiro evento a ser apresentado é a Comissão Exploradora do Planalto Central do Brasil, criada em 1892, com o objetivo de explorar e delimitar o local para a construção da nova capital do país próximo ao centro geográfico do território nacional. O projeto era sintomático do próprio processo de constituição do Estado-nação brasileiro, que perpassava a superação de um cenário fragmentário e disperso que havia marcado o espaço territorial do país desde os tempos coloniais. Ademais, o episódio também é expressivo da centralidade que a região do Planalto Central (ou Brasil Central) passou a assumir com o início da República. Conforme será visto, a região voltaria a ser percorrida por importantes incursões das décadas seguintes, inclusive pela própria Expedição Roncador-Xingu.

A distância e o contraste entre o Brasil do litoral e o Brasil do interior foi um tema recorrente, não apenas da vida política, mas da agitada vida intelectual republicana. Duas obras, em especial, exerceram grande impacto para o mergulho intelectual rumo ao Brasil de dentro ao atribuir uma espécie de dignidade intelectual para os sertões do país e seus habitantes: *Os Sertões* (1902), de Euclides da Cunha (1866-1909); e *Capítulos de História Colonial* (1907) de Capistrano de Abreu (1853-1927). Cabe destacar que não é interesse desta pesquisa compreender em detalhes esses intelectuais ou suas produções, mas sim o impacto que suas publicações exerceram tanto para a produção intelectual das décadas posteriores, quanto para a legitimação de projetos voltados para a integração do interior do país. Não se pode esquecer que entre as representações letradas e as práticas sociais existem óbvios vasos comunicantes.

É nesse sentido que as primeiras décadas do século XX foram palco de um número crescente de viagens e expedições protagonizadas por cientistas, geógrafos, sanitaristas, engenheiros-militares e outros funcionários do Estado, voltadas para o reconhecimento das regiões mais distantes dos grandes centros urbanos do litoral e precariamente articuladas à vida nacional. Optou-se por dar destaque a duas importantes incursões desse período: a Comissão Rondon (1900-1930) e as expedições dos médicos sanitaristas do Instituto Oswaldo Cruz (década de 1910). Ainda que essas incursões obedecessem a projetos, interesses e objetivos distintos, ambas foram responsáveis por percorrer enormes porções do espaço territorial do país (inclusive na região do Brasil Central), assim como por dar projeção nacional para a situação de isolamento ao qual o interior e seus habitantes se encontravam submetidos. Conforme será visto, os trabalhos desenvolvidos no interior desses adentramentos, cada qual a sua maneira, resguardam importantes conexões com as práticas desempenhadas pela Expedição Roncador-Xingu anos mais tarde.

A ampla divulgação dessas incursões, e dos materiais produzidos e coletados Brasil adentro, foi um fator importante para alimentar a curiosidade e o interesse intelectual em torno do interior, bem como dos temas relativos à expansão territorial e seus personagens. Esse crescente interesse pode ser percebido, sobretudo, na produção intelectual sediada na capital paulista, em especial a partir de 1920. Trata-se da produção historiográfica em torno das Bandeiras do período colonial e da emergência do movimento modernista. Esses dois fenômenos intelectuais, ainda que diversos, consistiram em importantes manifestações, no plano da produção cultural, para fomentar o interesse e, até mesmo, uma certa obsessão pelo Brasil de dentro. A produção intelectual sediada nas tradicionais instituições da capital paulista, bem como a ala conservadora do modernismo, foi responsável pela consolidação do bandeirante enquanto importante símbolo não apenas do regionalismo paulista, mas da própria expansão territorial.

Conforme será visto, os ecos dessas duas manifestações intelectuais podem ser percebidos ainda na década de 1940, em meio a divulgação da Expedição Roncador-Xingu (e da própria política da Marcha para o Oeste) à luz da memória pública acerca dos antigos bandeirantes. Entretanto, antes da apropriação do bandeirantismo enquanto mote da política de expansão territorial estadonovista, a própria sociedade paulista organizou, no ano de 1937, duas modernas Bandeiras, a Anhanguera e a Piratininga, cujo objetivo era atravessar o território nacional rumo ao Oeste do país em prol da exploração científica e econômica do Brasil Central. Conforme será visto, este fenômeno, que é expressivo no interior da sociedade civil paulista, resguarda profundas conexões com o projeto e a articulação posteriormente mobilizada em torno da Expedição Roncador-Xingu.

Este capítulo dará, portanto, especial atenção ao papel que São Paulo desempenhou no processo de construção e consolidação de uma agenda político-cultural interessada em pensar e integrar o interior brasileiro. A questão possui alta relevância para a presente pesquisa que tem por objetivo compreender não apenas os interesses em torno da criação da Expedição Roncador-Xingu, mas também os interesses em torno do seu financiamento por parte do empresariado industrial paulista. Apesar da posição de destaque atribuída à participação de grupos intelectuais e setores das elites político-econômicas de São Paulo na construção de um olhar voltado para o Oeste do país, compreende-se que este foi um interesse comum a intelectuais, escritores, jornalistas, militares e políticos de todo o Brasil durante as primeiras décadas do período republicano.

O conteúdo dste capítulo destaca elementos centrais para uma compreensão qualificada dos discursos e práticas estatais engendradas no interior da Expedição Roncador-Xingu. A contextualização e a localização alargada – no espaço e no tempo – do objeto da presente pesquisa, fornecem uma base sólida para a investigação da malha de interesses articulados em torno do projeto da expedição, bem como para compreender a historicidade das práticas e projetos impulsionados sob o signo da Marcha para o Oeste durante o Estado Novo. Por fim, cabe destacar que este capítulo é central para iluminar a leitura dos corpos documentais da presente pesquisa, compostos pelos documentos oficiais e as notícias publicadas em jornais paulistas em torno da Expedição Roncador Xingu, bem como dos diários produzidos por seus expedicionários.

Isso posto, a seguir será apresentado um conjunto selecionado e fragmentado de olhares e vozes – multifacetados e polissêmicos – que passaram a se voltar para o Brasil de dentro durante as primeiras décadas do século XX. O percurso seguido neste capítulo buscou privilegiar um itinerário para compreender o contexto que levou à criação e as formas de atuação da Expedição Roncador-Xingu.

1.1 A interiorização da República: a Comissão Exploradora do Planalto Central do Brasil

O advento da República foi percebido de modos bastante distintos pelo Brasil das grandes cidades do litoral e pelo Brasil do interior. Ao passo que a nova ordem política e a circulação e importação de novas ideias e práticas sociais encontravam-se pulsantes nas principais capitais brasileiras, através das noções de progresso e modernidade, o interior – ou os sertões brasileiros – continuava precariamente articulado à vida nacional. Nesse período, a maior parte da população brasileira encontrava-se localizada próxima a região litorânea, de modo que o interior ainda era composto por enormes "vazios" demográficos e econômicos.

Instaurada a nova ordem, deu-se início às primeiras iniciativas republicanas voltadas para a viabilização da integração do Oeste do país, sobretudo, os estados de Goiás, Mato Grosso e Amazonas que, ainda nesse período, encontravam-se fora do circuito telegráfico do país. Representados como locais atrasados, desabitados e de difícil penetração, esses estados passaram a se tornar objeto de interesse do Estado brasileiro que dava os primeiros passos no processo de construção do país sob o novo regime político.

A República incorporou a tarefa de viabilizar a ocupação e a integração do Oeste do país por meio da própria interiorização do aparelho do Estado, com vistas à ocupação econômica. De modo que, as políticas de interiorização empreendidas a partir de 1889 tinham por objetivo não apenas diminuir a distância, mas também o atraso técnico, que separava o Brasil do interior e o Brasil do litoral. Essa complexa tarefa passou a ser realizada, via de regra, através do trabalho empreendido pelo setor militar junto a engenheiros, geógrafos e outros profissionais da área, em sua maioria, vinculados à tradição de pensamento positivista e à perspectiva civilizatória do progresso técnico-científico. Nesse cenário, os meios de transporte e de comunicação passaram a ser vistos não apenas como veículos desse progresso, mas, sobretudo, como instrumentos de interiorização da ordem pública.

Ainda que a tarefa de integrar o território nacional tenha constituído, desde a instauração do novo regime, uma preocupação central do Estado brasileiro, os meios para a realização desse tipo de política ainda contavam com diversas limitações. Além de questões em torno de disputas político-partidárias, o próprio sistema federalista, responsável por atribuir grande autonomia aos estados, era um dos obstáculos à realização de políticas territoriais a nível nacional.[1] Ainda assim, o primeiro grande esforço de interiorização a ser empreendido pela República já se encontrava expresso na carta constitucional de 1891. O artigo terceiro da Constituição, proposto pelo catarinense Lauro Müller, estabelecia o seguinte: "Fica pertencente à União, no Planalto Central da República, uma zona de 14.000 km2, que será oportunamente demarcada, para nela estabelecer-se a futura Capital Federal".[2] No ano seguinte, em 1892, o presidente Floriano Peixoto criou a "Comissão Exploradora do Planalto Central do Brasil", liderada pelo astrônomo belga, Louis Ferdinand Cruls (1848-1908).[3] A empreitada tinha por objetivo a de-

---

1 Conforme se verá no segundo capítulo, esse cenário começou a ser modificado a partir da centralização política promovida por Getúlio Vargas em fins da década de 1930, cuja criação do Instituto Brasileiro de Geografia e Estatística (IBGE) e a instauração da política da Marcha para o Oeste constituem marcos importantes do novo olhar voltado para o interior do país.

2 BRASIL, Constituição dos Estados Unidos do Brasil, de 24 de fevereiro de 1891. Disponível em: www.planalto.gov.br. Acesso em: 9 set. 2020.

3 CRULS, Luiz, 1848-1905. Relatório Cruls: relatório da Comissão Exploradora do Planalto Central do Brasil / Luiz Cruls. Brasília: Senado Federal, Conselho Editorial, 2003.

marcação do local onde deveria ser construída a futura capital, não mais no litoral e sim no coração geográfico do país.

A discussão sobre a interiorização da capital havia sido levantada pela primeira vez por José Bonifácio de Andrade e Silva (1763-1838) na Constituição de 1823 e, posteriormente, discutida por Adolfo de Varnhagen (1816-1878).[4] Entretanto, foi apenas no período republicano, com a criação da Comissão liderada por Cruls e da publicação do relatório da Expedição, em 1896, que esse antigo projeto recebeu nova atenção ao ser articulado junto a questões de grande relevância para os setores políticos e econômicos da recém-criada República, tais quais a definição das fronteiras nacionais e internacionais e estudos sobre as condições climáticas brasileiras para o imigrante europeu. Conforme aponta Moema de Rezende Vergara, a circulação desse material nos principais espaços da opinião pública da época, através de jornais e da Revistas do Instituto Histórico e Geográfico, fomentou o entusiasmo das classes econômicas e dirigentes com as descrições do sertão brasileiro e com as possibilidades da exploração econômica de suas riquezas naturais.[5]

Entretanto, em meio ao vazio da nova organização estatal, marca dos primeiros dez anos da república brasileira, e da crise política que se arrastou durante esse período em decorrência do enfrentamento de dois projetos de República – o das oligarquias cafeeiras, federalista e liberal, e o apoiado por militares e positivistas, notadamente antioligárquica e nacionalista –, a realização do projeto de interiorização da capital não foi levado a cabo. A saída do Marechal Floriano Peixoto e a eleição do primeiro presidente civil, Prudente de Morais, em 1894, assinalou o fim dos recursos orçamentários da Comissão Exploradora.

---

4 É o caso do texto por ele escrito ao Instituto Histórico e Geográfico Brasileiro, em 1849, intitulado *Memorial orgânico*, no qual o historiador enumerou argumentos em favor de uma capital no interior do continente. Ainda assim, o texto mais importante de Varnhagen nesse sentido, porém, é "*A questão da capital: marítima ou no interior?*", publicado em 1877.

5 VERGARA, M. de R. Ciência e história no relatório da Comissão Exploradora do Planalto Central na Primeira República. História, Ciência, Saúde – Manguinhos, Rio de Janeiro, v. 13, n. 4, p. 909-925, p. 910.

O projeto de transferência da capital voltou a aparecer nas Constituições de 1934 e 1946, ainda assim, o assunto não avançou em função da turbulência daqueles anos difíceis. Interessa destacar que, entre o momento de idealização do projeto e sua concretização, com a construção de Brasília na década de 1960, temos um longo período no qual o projeto da conquista do espaço territorial brasileiro se fortaleceu e se consolidou em bases modernas. A própria criação da Marcha para o Oeste e a simbólica inauguração de Goiânia, primeira cidade planejada do Brasil Central, durante o Estado Novo, constituem parte importante desse processo. Durante esse período, o Estado impulsionou uma série de iniciativas e projetos voltados para a integração e a urbanização do Oeste do país, tal qual o trabalho realizado pela Expedição Roncador-Xingu junto a Fundação Brasil Central, responsável pela criação de mais de quarenta e duas cidades e vilas nos estados de Goiás e Mato Grosso.

Conforme se verá, as principais iniciativas republicanas voltadas para o reconhecimento e a integração do território brasileiro tiveram, em maior ou menor grau, o Brasil Central enquanto objeto de interesse[6]. O grande cerrado brasileiro foi a principal fronteira a ser vencida durante toda a primeira metade do século XX, tendo em vista sua localização estratégica para viabilizar a interiorização em direção a outras regiões de grande interesse do Estado, tal qual a Amazônia e o Norte do país, cujos caminhos de acesso eram, até aquele período, quase que exclusivamente marítimos e fluviais.

Mesmo com a curta vida da Comissão liderada por Ferdinand Cruls em fins do século XIX, o início do século XX ficou marcado pelo alvorecer de

6 Conforme aponta João Marcelo Maia, "o termo Brasil Central não existiu sempre como uma divisão territorial oficial, inicialmente ela era uma categoria frouxa. Apenas no período republicano que podemos encontrar registros clássicos que passam a ser vistos como parte de um saber sobre o Brasil Central, como obras sobre o rio Araguaia. Esse movimento de atualização histórica já está visível, portanto, nos anos 1930, com a coleção Brasiliana". Ainda que o Brasil Central nunca tenha constituído uma nomeação formal de uma região brasileira, ele corresponde ao que hoje são os estados de Goiás, Mato Grosso, Mato Grosso do Sul, Tocantins e Rondônia. MAIA, João Marcelo Ehlert. Estado Território e imaginação espacial. O caso da Fundação Brasil Central. Rio de Janeiro: Editora FGV, 2012. p. 97.

novos projetos voltados para o reconhecimento e para a integração do território nacional. É o caso das Comissões Mistas de demarcação das fronteiras com os países vizinhos.[7] O próprio Cruls atuou na linha de frente desse projeto, ao liderar, em 1901, a Comissão Mista de Limites Brasil-Bolívia, cuja incumbência principal era a demarcação das nascentes do rio Javari, localizado na fronteira entre o Brasil, o Peru e a Bolívia.[8] Outro importante personagem do processo de demarcação das fronteiras nacionais foi ninguém menos que o consagrado escritor Euclides da Cunha, indicado por Cruls, de quem fora aluno na Escola Militar, para ir ao Amazonas liderar, entre 1904 e 1906, a Comissão Mista Brasileiro-Peruana de Reconhecimento do Alto Purus.

Não é interesse das linhas que se seguem realizar uma análise das Comissões de demarcação de fronteiras, mas chamar a atenção para as redes que se formavam entre os profissionais e os agentes do Estado que atuavam nos projetos voltados para a integração e defesa do território nacional, quase todos ligados ao setor ou a formação militar e vinculados, em maior ou menor grau, a tradição do pensamento positivista e a crença da missão redentora da ciência enquanto principal instrumento de superação do atraso em que se encontrava o país.

A centralidade do saber científico durante esse período, advinha tanto da força do positivismo e do cientificismo, quanto da descrença em relação ao papel das classes dirigentes na condução da nação brasileira rumo ao progresso e a civilização a partir da integração do Brasil do litoral com o Brasil do interior. Essa descrença foi manifestada, sobretudo, pela geração de 1870, da qual Euclides fazia parte. A própria existência de dois Brasis traduzia não apenas duas potencialidades de país, mas os contrastes e, no limite, o antagonismo de distintas formas de organização social e cultural presentes no

---

7 Sobre o assunto ver: CARDOSO, Luciene Pereira Carris. *Intelectuais, militares e instituições na configuração das fronteiras brasileiras* (1883-1903). São Paulo: Alameda, 2016.

8 Sobre o assunto ver: VERGARA, Moema de Rezende. Ciência, fronteiras e nação: comissões brasileiras na demarcação dos limites territoriais entre Brasil e Bolívia, 1895-1901. Bol. Mus. Para. Emílio Goeldi. *Cienc. Hum.*, Belém, v. 5, n. 2, p. 345-361, maio-ago. 2010.

espaço territorial brasileiro. De modo que, nesse período, os argumentos geográficos passaram a ser utilizados junto a história como ferramenta para se pensar formas de aperfeiçoamento da sociedade brasileira, além de fonte de inspiração de sentimentos patrióticos.[9]

Conforme apontou o geógrafo Antonio Carlos Robert Moraes, em países de formação colonial, como o Brasil, a geografia assume importante centralidade nos debates nacionalistas, pois a expansão territorial, sina de sua história, persiste enquanto eixo estruturador da vida social e política, tornando-se parte central de sua identidade.[10] É nesse sentido que a visão imponente de um território de dimensão continental, assentado em referências geográficas, foi utilizada para a construção simbólica da identidade nacional brasileira durante todo o período republicano pelos mais diversos grupos intelectuais. Do mesmo modo, essas interpretações foram utilizadas de diferentes maneiras em diferentes períodos, tal qual para a legitimação da política da Marcha para o Oeste durante o Estado Novo.

Segundo Maria Alice Rezende de Carvalho, a centralidade dos intelectuais durante o processo de constituição do Estado-nação brasileiro "se liga às exigências práticas de superação de um cenário fragmentário e disperso, no qual o diagnóstico dessa circunstância é, em si, aspecto influente na construção de uma ideia de nação".[11] Com efeito, a relação entre as classes políticas e o setor intelectual era muito imbricada nesse período, sobretudo na

---

9 Nesse período, o saber geográfico, isto é, conhecer o país, tornava-se condição fundamental para se forjar os cidadãos e estimular o sentimento nacionalista. Instituições tal qual a Sociedade Geográfica do Rio de Janeiro era um local privilegiado da elaboração e mobilização dessas questões. Sobre assunto ver: CARDOSO, Luciene Pereira Carris. Sociedade de Geografia do Rio de Janeiro: espaço de invenção do patriotismo nas primeiras décadas do séc. XX. *Revista Brasileira de História da Ciência*, Rio de Janeiro, v. 3, n. 1, p. 68-84, jan | jun 2010.

10 MORAES, Antônio Carlos Robert de. *Território e História no Brasil*. São Paulo: Hucitec, 2002. p. 73.

11 CARVALHO, Maria Alice Rezende de. Apresentação. p. 9. In: LIMA, Nísia Trindade. Um sertão chamado Brasil: intelectuais e representação geográfica da identidade nacional. Rio de Janeiro: *Revan – IUPERJ*. UCAM, 1999.

capital e em São Paulo – espaços privilegiados para a produção de algumas das mais importantes interpretações da história nacional. Não por acaso, a Primeira República foi palco de uma vida intelectual agitada, bem como da intensa produção de discursos e projetos políticos voltados para os problemas em torno do território e da identidade nacional. Durante esse período, a dicotomia "sertão/litoral" passa a figurar enquanto imagem de grande força simbólica no pensamento social brasileiro.[12]

Entusiasta dos projetos voltados para a integração do sertão brasileiro, Euclides da Cunha foi uma figura de destaque no meio intelectual da época. Sua atuação profissional pelo interior do país – primeiro em Canudos, depois na Comissão Mista Brasileiro-Peruana –, lhe rendeu importante capital cultural para a formulação pioneira de uma interpretação crítica acerca da existência de dois Brasis e dos "séculos de distância" que os separavam. A obra *Os Sertões* (1902), inaugurou um marco do pensamento intelectual brasileiro e teve importante papel no fortalecimento de uma agenda intelectual e política, interessada no Brasil de dentro. É preciso observar que a produção letrada, conectada com as sensibilidades políticas em voga, desempenhou importante papel na legitimação (e até mesmo na construção) do interesse pelo interior e no senso de urgência em torno de sua integração.

1.2 Os Sertões nas letras: Euclides da Cunha e Capistrano de Abreu

Poucas obras marcaram o início do século XX como *Os Sertões* de Euclides da Cunha. A análise feita por este autor acerca da nacionalidade brasileira questionava a existência de um único Brasil ao dissecar a fundo as contradições e desequilíbrios que compunham a realidade do interior do país em meio a sua recente configuração republicana. O desconforto apresentado pelo autor acerca dos contrastes e da distância – no tempo e no espaço – entre duas realidades de seu próprio país, o litoral e o sertão, marcou profundamente a produção intelectual brasileira das décadas seguintes. Lido a partir de certa sensibilidade nacionalista, *Os Sertões* foi responsável por descortinar

---

12 LIMA, Nísia Trindade. Um sertão chamado Brasil: intelectuais e representação geográfica da identidade nacional. Rio de Janeiro: *Revan – IUPERJ*. UCAM, 1999, p. 22.

um olhar moderno ao Brasil de dentro, ainda desconhecido das elites triunfantes das grandes cidades do Sudeste do país.

O autor registrou explicitamente sua crítica de que o estágio civilizatório do litoral havia sido atingido sob o preço do esquecimento de outros grupos da sociedade brasileira, de modo que, nessa lógica, a existência do sertão seria responsável pela nossa incompletude nacional. É nesse sentido que Euclides apontou que as oposições entre litoral e sertão não eram inconciliáveis, pelo contrário, eram passíveis de (e deveriam) ser solucionadas através de um projeto nacional voltado para a incorporação efetiva do interior do Brasil.[13] Ao tomar a incorporação do sertão como urgência básica para a consolidação da nacionalidade, Euclides propôs um deslocamento do olhar, até aquele momento voltado para o litoral "falso" e europeizado, em direção ao sertão profundo e "verdadeiro".

Como lembra a pesquisadora Regina Abreu, o livro, responsável por consagrar um novo modo de tratar a existência do sertão, foi assumindo um papel de "obra sagrada" e "bíblia da nacionalidade" na vida cultural brasileira.[14] A consagração d'*Os Sertões* deve ser compreendida a partir do próprio clima daquela época, marcado por uma crescente sensibilidade nacionalista que começava a se voltar para o interior e pelas perspectivas cientificistas na crítica literária.[15] Ainda assim, o sucesso da obra de Euclides atravessou décadas e extrapolou sua condição eminentemente intelectual.[16] A força dos elemen-

---

13 LIMA, Nísia Trindade. Um sertão chamado Brasil: intelectuais e representação geográfica da identidade nacional. Rio de Janeiro: *Revan – IUPERJ*. UCAM, 1999. p. 71.

14 ABREU, Regina. *O Enigma de Os Sertões*. Rio de Janeiro: Rocco; Funarte, 1998. p. 22-24.

15 Ainda que a obra de Euclides tenha gozado de importante repercussão, responsável pela sua consagração enquanto um marco da produção nacional sobre o interior do Brasil, não se pode esquecer que antes mesmo de Euclides, outros autores já tratavam desse assunto e já esboçavam nova sensibilidade em relação ao tema. O próprio Capistrano de Abreu, Teodoro Sampaio, Orville Derby e Basílio Magalhães são alguns exemplos. Sobre o assunto ver: SCHNEIDER, Alberto Luiz. *Capítulos de História Intelectual*: Racismos, identidades e alteridades na reflexão sobre o Brasil. São Paulo: Alameda, 2019. p. 143-153.

16 Sobre o assunto ver: NASCIMENTO, José Leonardo. *Os Sertões de Euclides da Cunha*: releituras e diálogos. São Paulo: Editora Unesp, 2003.

tos mobilizados na narrativa de Euclides, tais quais os elementos naturais e a simbiose entre o homem sertanejo e a natureza, podem ser percebidos nos textos dos relatórios das expedições tanto de Rondon, quanto dos médicos sanitaristas do Instituto Oswaldo Cruz. E, até mesmo, entre os irmãos Villas Bôas, que estiveram à frente da Expedição Roncador-Xingu, e cujos registros produzidos ecoavam não apenas a experiência na selva, mas também a experiência de leitura do texto de Euclides.[17]

Ademais, o autor de *Os Sertões* também foi mobilizado por importantes presidentes brasileiros, sobretudo aqueles cujos governos tomaram a interiorização como questão central. Foi o caso de Getúlio Vargas que, ao visitar Canudos no início da década de 1950, momento da construção da Usina de Paulo Afonso, deixou-se fotografar com um exemplar d'*Os Sertões* de baixo do braço. Posteriormente, Juscelino Kubitschek, às vésperas da inauguração de Brasília, citou Euclides da Cunha, como recurso retórico para colocar-se como o presidente-pioneiro, desbravador dos ermos profundos do Brasil.[18] Talvez mais do que qualquer outro produto cultural da época, a obra de Euclides da Cunha emprestou um signo de dignidade intelectual ao sertão e ao sertanejo, como uma espécie de Brasil profundo e ignorado. De modo que sua obra, e até mesmo a sua pessoa, tornaram-se referência obrigatória quando se tratava do interior do país.

Interessante notar que o deslocamento do olhar proposto na obra de Euclides encontra-se também na raiz das ideias encabeçadas, posteriormente, pelo movimento modernista nos anos 1920, cujos expoentes encarnaram, na prática, a busca pelo nacional e pela brasilidade através de viagens de descoberta do Brasil. Como apontou Antonio Candido, a publicação de *Os Sertões* assinala um fim e um começo: "o fim do imperialismo literário, o começo da análise científica aplicada aos aspectos mais importantes da sociedade

---

17 "MEMÓRIA dos irmãos Villas Bôas: os 32 anos de Cláudio e Orlando Villas Bôas com os índios brasileiros". Visão, Rio de Janeiro, 10 fev. 1975. In: BISILLIAT, Maureen. *Guerreiros sem espada: Experiências Revistas dos Irmãos Villas Bôas*. São Paulo: Empresa das Artes, 1995.

18 ABREU, Regina. *O Enigma de Os Sertões*. Rio de Janeiro: Rocco; Funarte, 1998, p. 6.

brasileira (no caso as contradições contidas na diferença de cultura entre as regiões litorâneas e do interior)".[19]

Ao lado de Euclides, temos outros importantes intelectuais, cujas obras ficaram marcadas por uma nova sensibilidade interessada no sertão profundo e por uma percepção social decorrente das mudanças advindas com a instauração da ordem republicana e com o alvorecer do século XX. É o caso de Capistrano de Abreu (1853-1927) que, assim como Euclides, compunha o que se convencionou chamar de "geração de 1870".[20] Um dos maiores expoentes da historiografia brasileira do período, Capistrano foi um intelectual que impactou a moderna produção historiográfica, marcada pela emergência de novos temas e pelo rigor metodológico.[21]

Sua "obra síntese" *Capítulos de história colonial*, de 1907, foi responsável por redimensionar a importância do tema da ocupação do interior do país por meio do capítulo "O Sertão", um dos mais importantes de seu livro.[22] A obra do historiador cearense operou um considerável deslocamento historiográfico, ao diminuir a agência conferida à Coroa portuguesa, à história política, ao litoral (e ao tom monarquista), tal como aparecia na obra Francisco Adolfo de Varnhagen (1816-1878); em benefício dos indígenas, dos sertanejos, dos caboclos, os caminhos do interior e dos sertões mais distantes.[23]

---

19 CANDIDO, Antonio. *Literatura e sociedade*. São Paulo. Ed. Nacional, 1980, p. 133.

20 Sobre o assunto ver: ALONSO, Angela, *Idéias em movimento: a geração 1870 na crise do Brasil Império*. São Paulo, Paz e Terra, 2002.

21 Sobre a produção de Capistrano de Abreu ver: PEREIRA, Daniel Mesquita. *Descobrimentos de Capistrano*: A história do Brasil: a grandes traços e largas malhas. Rio de Janeiro: Ed. Apicur/PUCRio, 2010. e BARROS, José de Assunção. Duas fases de Capistrano de Abreu: em torno de uma produção historiográfica. Projeto História: Revista do programa de Estudos Pós-Graduados, PUC/SP, n.41, 2010.

22 Optou-se por dar destaque a esta obra, datada de 1907. Entretanto, é preciso lembrar que Capistrano de Abreu já vinha trabalhando o tema da penetração ao interior desde a década de 1870. A própria obra "Caminhos antigos e povoamento do Brasil", publicada em 1930, foi fruto de fascículos publicados pelo autor no Jornal do Commercio (RJ) desde 1899.

23 Sobre o assunto ver: GONTIJO, Rebeca. *O Velho Vaqueano*. Capistrano de Abreu (1853-1927): memória, historiografia e escrita em si. Rio de Janeiro: 7 letras, 2013.

Ao deslocar a narrativa histórica para o povoamento do interior do país, o historiador jogou luz sobre a formação de uma população mestiça, ou mesmo branca, mas já nascida na terra, considerada a responsável pela ocupação do território, de modo que podemos localizar em Capistrano as origens do discurso bandeirantista.

Como homem de seu tempo, Capistrano estava interessado em pensar a formação da nacionalidade. Conforme Ricardo Alexandre Santos de Souza, para Capistrano a formação de um caráter nacional não se dava pela mera penetração no vasto interior brasileiro, mas através da fixação no interior, isto é, através das trocas culturais e da transmissão dos saberes para as gerações subsequentes.[24] Sendo assim, o historiador abriu novas possibilidades de pesquisa em torno da temática do homem do interior, produto da expansão pelo território nacional. De modo que, o deslocamento historiográfico realizado por Capistrano conferiu nova importância para as bandeiras do período colonial, tema que já vinha sendo trabalhado pela historiografia paulista desde fins do século XIX em decorrência do crescente progresso econômico do estado. Entretanto, foi no início do século XX que a produção sobre a temática ganhou novo vulto a partir da dignidade intelectual a ela conferida através do novo modo de se tratar a existência do sertão, operação iniciada, sobretudo, por Euclides e Capistrano.

De modo geral, tanto a produção destes dois intelectuais, quanto a produção historiográfica da "epopeia bandeirante" encontram-se profunda-

24 Segundo Souza, essa nova dimensão do tema da ocupação dos sertões cuja ênfase foi dada a fixação e as trocas culturais entre diferentes realidades presente na obra de Capistrano de Abreu tem origem na influência da antropogeografia de Friedrich Ratzel. Sobre o assunto ver: SOUZA, Ricardo Alexandre Santos de. Capistrano de Abreu e Friedrich Ratzel na história da ocupação dos sertões brasileiros, p. 159-176. In: SILVA, Sandro Dutra e. SÁ, Dominichi Miranda de. SÁ, Magali Romero (Orgs.). *Vastos sertões: história e natureza na ciência e na literatura*. Rio de Janeiro: Mauad X, 2015 ; SOUSA, Ricardo Alexandre Santos de. *Capistrano de Abreu*: história pátria, cientificismo e cultura – a construção da história e do historiador. Tese (Doutorado em História das Ciências e da Saúde) – Casa de Oswaldo Cruz / Fiocruz, Rio de Janeiro, 2012, 296 f

mente enraizadas no clima de época que se formava em torno do interesse intelectual pelo interior e do crescente número de projetos e arrancadas Brasil adentro.[25] Conforme será visto mais à frente, o bandeirantismo – ou o "espírito bandeirante", fixado no imaginário popular enquanto símbolo da expansão territorial – foi um importante recurso retórico mobilizado por expedicionários, sertanistas e até mesmo políticos com vias à legitimação de projetos e políticas territoriais, tal qual a Marcha para o Oeste.

Não é objeto, nem objetivo deste trabalho aprofundar a compreensão dos diferentes intelectuais que contribuíram no deslocamento do olhar, do litoral para os sertões do Brasil. No entanto, deve-se observar que a produção intelectual, conectada com as sensibilidades políticas, ajudaram a construir, consolidar e legitimar o interesse pelo interior do país, decisivo na viabilização das políticas territoriais e das expedições impulsionadas durante toda a primeira metade do século XX. As incursões de maior vulto durante a Primeira República foram as protagonizadas pela Comissão Rondon e pelos cientistas do Instituto Oswaldo Cruz, responsáveis não apenas por percorrer enormes porções do território nacional, mas por formar enormes acervos de materiais e de informações sobre o ainda pouco conhecido Brasil de dentro, cuja intensa divulgação foi responsável para promover novos interesses de pesquisa e novas interpretações sobre o interior do país e seus habitantes.

1.3 Inventários dos sertões brasileiros: da Comissão Rondon às expedições do Instituto Oswaldo Cruz

O alvorecer do século XX assistiu a mais nova etapa dos trabalhos de interiorização realizados pela Comissão Construtora de Linhas Telegráficas que, ainda no final do século anterior, havia atravessado o território nacional rumo ao Oeste para realizar a integração, via telégrafo, da distante Cuiabá à capital federal. As novas atividades de expansão do circuito telegráfico nacio-

25 Entretanto, é preciso notar que a produção historiográfica bandeirante, diferente das produções de Capistrano e Euclides, possuía claro viés ideológico ajustado às pretensões hegemônicas das classes políticas, econômicas e intelectuais d*O Estado de São Paulo*. A questão será aprofundada no subcapítulo 1.4.

nal se deram sob o comando do militar mato-grossense Cândido Mariano da Silva Rondon (1865-1958), que atuou durante as três primeiras décadas do século XX com o objetivo de percorrer e interligar os pontos mais remotos do espaço territorial do país localizados, sobretudo, nos estados de Goiás, Mato Grosso e Amazonas.[26]

Além de vencer a distância e o atraso técnico que por muitas décadas havia separado estados vizinhos com limitada ou nenhuma comunicação entre si ou com a capital, os trabalhos realizados pela Comissão Rondon eram concebidos enquanto importante símbolo de modernidade, progresso e do avanço civilizador no país. Junto ao ritmo febril da modernidade, da urbanização e da industrialização dos principais centro brasileiros, as políticas voltadas para a interiorização da autoridade estatal constituíam uma importante ferramenta de consolidação e de autorização do regime republicano.[27] Mais do que estabelecer a comunicação com essas regiões, o projeto de expansão do telégrafo era uma forma de impulsionar o controle e a vigilância do Estado para as regiões que se encontravam precariamente articuladas à vida nacional.

Ainda que o telégrafo enquanto mecanismo de comunicação tenha sido superado em pouco tempo, conforme atestou Claude Lévi-Strauss em viagem realizada ao interior de Mato Grosso menos de uma década após o fim dos trabalhos da Comissão, esse tipo de política voltada para a interiorização do aparelho e do controle estatal exerceu importante papel para o fortalecimento da agenda político-cultural interessada no Oeste do país.[28] Na medida

---

26 Sobre o assunto ver: MACIEL, Laura Antunes. *A Nação por um fio*: Caminhos, Práticas e Imagens da Comissão Rondon. São Paulo: EDUC, 1998.

27 MACIEL, Laura Antunes. *A Nação por um fio:* Caminhos, Práticas e Imagens da Comissão Rondon. São Paulo: EDUC, 1998. p. 54.

28 O antropólogo Lévi-Strauss, realizou uma série de viagens Brasil adentro entre 1935 e 1938. Muitas das incursões feitas pelo estado de Mato Grosso seguiram o caminho trilhado pela Comissão Rondon pouco mais de uma década antes. Algumas dessas viagens foram feitas através do autofinanciamento do antropólogo, outras, como a de Mato Grosso, contou com o financiamento do Departamento de Cultura de São Paulo quando Mário de Andrade, outro fervoroso entusiasta do país, que estava à frente da instituição. Os registros e as impressões de Lévi-Strauss acerca do projeto

em que os trabalhos da Comissão avançavam, eram produzidos mapeamentos cartográficos, descrições etnográficas, filmes e fotografias, bem como era realizada a coleta de materiais para as coleções de história natural do Brasil e do exterior. Esses materiais passaram a constituir importante fonte para pesquisas científicas, assim como documentos oficiais utilizados como base para o desenvolvimento de outros projetos de interiorização.

O próprio Museu Nacional, importante instituição cultural da época, foi responsável por enviar pesquisadores – entre eles, botânicos, zoólogos, geógrafos e etnólogos – para os locais de expansão das linhas telegráficas. O intenso fluxo de pesquisadores dentro da Comissão e a repercussão dos materiais produzidos e coletados, lograram o caráter permanente às atividades científicas no interior da Comissão.[29] De modo que, a Comissão Rondon, em certa medida, fixou a profunda relação entre os projetos nacionais de expansão territorial e a produção científica acerca do sertão brasileiro, responsável por marcar o *modus operandi* de diversas incursões posteriores, inclusive da Expedição Roncador-Xingu.

Apesar da centralidade atribuída aos trabalhos da Comissão, durante seu período de atuação – grosso modo, as três primeiras décadas do século XX – foram várias as investidas públicas ou privadas, militares ou científicas, Brasil adentro.[30] Ainda assim, a Comissão Rondon se destaca ao represen-

---

de expansão das linhas telegráficas, assim como seu impacto entre os indígenas da região podem ser encontrados na obra Tristes Trópicos, publicada cerca de duas décadas após as viagens pelo território brasileiro. Sobre o assunto ver: LÉVI-STRAUSS, Claude. *Tristes trópicos*. São Paulo: Companhia das Letras, 1996 (1ª ed. 1955).

29 Sobre o assunto ver: SÁ, Magali Romero de. Um inventário dos sertões brasileiros: a exploração científica da Comissão Rondon. p. 110-143. In: KURY, Lorelai; SÁ, Magali Romero (org). *Rondon*: inventários do Brasil. Rio de Janeiro: Andrea Jakobsson Estúdio, 2017.

30 É o caso das viagens realizadas pelos médicos sanitaristas do Instituto Oswaldo Cruz, que serão abordadas a seguir; as incursões de Silvino Santos, primeiro cineasta na Amazônia (1900-1924); as viagens realizadas pelo coronel inglês Percy Fawcett em torno do esforço da demarcação das fronteiras entre Brasil, Peru e Bolívia, assim como da busca de uma lendária civilização na Serra do Roncador (1906-1925); as expedições do Almirante Brás Aguiar em torno da demarcação das fronteiras da

tar um marco da complexificação das iniciativas nacionais de exploração do território brasileiro que, até então, havia sido palco, durante todo o século XIX, de adentramentos estrangeiros.[31] Parte importante de um longo e lento processo cumulativo de saberes sobre o enorme espaço territorial do país, a Comissão Rondon foi responsável por colocar a prova e por atualizar muitas das informações já existentes sobre diversas regiões do país, sobretudo a que corresponde aos atuais estados de Mato Grosso e Rondônia. Entretanto, esse período não marcou o fim dos adentramentos estrangeiros, durante toda a primeira metade do século XX as regiões interioranas brasileiras continuaram a atrair pesquisadores e aventureiros de diversas partes do mundo.

O diversificado acervo de materiais recolhidos e produzidos pela Comissão, tais quais documentos iconográficos, filmes, mapas, diários, relatórios e cadernetas de campo, constituem importantes fragmentos da história brasileira e um rico patrimônio documental sobre os sertões do país.[32] Rondon procurou insistir nos atrativos naturais e humanos do interior, bem como apresentar uma imagem positiva do sertão e das populações indígenas e sertanejas, cuja sensibilidade era signatária do novo olhar proposto por Euclides da Cunha em *Os Sertões*. Divulgados nas páginas dos principais jornais e apresentados para setores influentes e formadores de opinião públicas da época, os registros es-

---

Amazônia (1907-1947), entre outras incursões impulsionadas nas décadas iniciais do século XX.

31 Estamos nos referindo às viagens científicas e artísticas de reconhecimento do Brasil protagonizadas por pesquisadores e artistas estrangeiros após a vinda da família real e a abertura dos portos do país em 1808. As duas principais expedições desse período foram as protagonizadas por Spix e Martius e pelo grupo organizado por Langsdorff. Ambos os adentramentos foram pioneiros não apenas na organização e realização de grandes expedições pelo interior do país, assim como na produção de registros iconográficos e escritos sobre o interior e sobre diversos povos indígenas. Sobre o assunto ver: LISBOA, Karen Macknow. *A nova Atlântida de Spix e Martius:* natureza e civilização na viagem pelo Brasil (1817-1820). São Paulo: Hucitec, 1997. e COSTA, Maria da Fátima Gomes; DIENER, Pablo. *Bastidores da Expedição Langsdorff.* Mato Grosso: Entrelinhas Editora, 2014.

32 Sobre o assunto ver: KURY, Lorelai; SÁ, Magali Romero (org). *Rondon: inventários do Brasil, 1900-1930.* Rio de Janeiro: Andrea Jakobsson Estúdio, 2017. 300p.

critos e iconográficos produzidos foram capazes de garantir não apenas a legitimação e a continuidade das atividades da Comissão Rondon, mas também foram responsáveis por jogar luz e fomentar novos projetos e reflexões sobre o sertão brasileiro e as diversas populações indígenas e sertanejas lá localizadas. Ademais, os filmes produzidos pela Comissão foram uma importante e nova fonte de atração para as elites urbanas, sedentas por imagens e informações das longínquas regiões.[33] As exibições dessas imagens possibilitaram, pela primeira vez, que as populações das cidades vissem indígenas de verdade e conhecessem aspectos da sua cultura e de seus costumes.

Os trabalhos desenvolvidos, sob a liderança de Rondon, junto a diversos povos indígenas localizados no interior do país, tiveram importância para ampliar os debates acerca da necessidade da formulação de uma nova política indigenista frente ao crescente interesse pela integração do interior do país. É nesse sentido que, em 1910, foi criado o Serviço de Proteção aos Índios e Localização de Trabalhadores Nacionais (SPILTN), órgão laico voltado para a tutela e para a formulação da nova política indigenista nacional.[34] Os trabalhos formulados e desenvolvidos no interior do Serviço não apenas estiveram, por décadas, sob a liderança de Rondon, como o próprio método por ele desenvolvido para o contato e a "pacificação" dos povos indígenas localizados no interior vigorou por quase todo o século XX, encontrando seus limites apenas na constituição de 1988.[35]

---

33 Sobre o assunto ver: TACCA: Fernando. *A imagética da Comissão Rondon*. São Paulo: Editora Papirus, 2001.

34 Em 1918 o órgão teve seu nome abreviado para Serviço de Proteção aos Índios (SPI) e assim permaneceu até sua extinção em meio a criação de uma nova agência, a Funai (Fundação Nacional do Índio). Sobre a política indigenista e a prática tutelar estatal direcionada aos povos indígenas durante o período de atuação do SPI ver: SOUZA LIMA, Antonio Carlos de. *Um grande cerco de paz*: poder tutelar, indianidade e formação do Estado no Brasil. Petrópolis: Vozes, 1995.

35 Sobre o processo de conversão do método rondoniano em uma escola de atuação sertanista, responsável por moldar as principais lógicas da política indigenista brasileira durante quase todo o século XX ver: FREIRE, Carlos Augusto da Rocha. *Sagas Sertanistas*: práticas e representações do campo indigenista no século XX. Rio de Janeiro: UFRJ, 2005. (tese de Doutorado em Antropologia Social).

Ainda que Rondon tenha desfrutado de visibilidade e reconhecimento durante o período de realização das atividades da Comissão, a sua consagração enquanto referência obrigatória em projetos de interiorização do país se deu, sobretudo, durante o Estado Novo, momento no qual sua imagem foi festejada e condecorada com o intuito de legitimar os novos projetos de integração nacional desenvolvidos sob o signo da Marcha para o Oeste. É nesse sentido que, tanto o modelo organizacional, quanto os métodos de atuação (disciplinares e de contato) desenvolvidos sob a liderança de Rondon, foram aplicados no interior da Expedição Roncador-Xingu.

Cabe notar que as duas incursões partilharam não apenas a mesma direção, o Oeste do país (na época, o estado de Mato Grosso, que englobava os atuais Mato Grosso do Sul, Mato Grosso e Rondônia), mas também a mesma tarefa, qual seja, realizar a interiorização do Estado por meio da expansão da infraestrutura de comunicação. A Comissão Rondon através da expansão das linhas telegráficas, já a Expedição Roncador-Xingu, nos anos 1940, através da expansão da radiotelegrafia. Ainda que ambos os adentramentos tivessem por objetivo a fixação de núcleos de povoamento no decorrer das regiões exploradas, foi apenas na década de 1940 que essa tarefa passou a ser paulatinamente efetivada através dos trabalhos realizados pela expedição junto a Fundação Brasil Central com o uso de modernos recursos, como era o caso do avião.

Ademais, assim como a Comissão, a Roncador-Xingu contou com a presença de uma série de pesquisadores enviados pelo Museu Nacional, bem como cientistas estrangeiros que desenvolveram estudos sobre a fauna, a flora e os povos indígenas da região do Brasil Central e do Xingu. De modo que, são bastante evidentes as conexões entre as práticas dessas duas incursões pelo interior do país. Os próprios irmãos Villas Bôas, que estiveram à frente da Roncador-Xingu, foram considerados os principais herdeiros das práticas de contato e "pacificação" desenvolvidas por Rondon, com quem mantiveram contato durante o trajeto pelo Brasil.[36]

36 As práticas desenvolvidas por Rondon e reproduzidas no interior do Serviço de Proteção aos Índios (SPI), passaram por um processo de divergência interna, responsável pela bifurcação da política indigenista em dois modelos (ou duas "escolas")

De forma que, as incursões lideradas por Rondon representam um importante marco do processo de aproximação entre o Brasil do interior e o Brasil do litoral, cujos desdobramentos podem ser percebidos nas décadas posteriores, sobretudo, a partir dos anos 1940, conforme será visto nos próximos capítulos. Assim, compreender os trabalhos da Comissão Rondon é compreender também a gênese dos projetos republicanos empenhados em realizar a "civilização" do sertão, assim como as formas de ocupação do espaço e o exercício da autoridade pública durante a Primeira República. A imagem positivada do interior, promovida por Rondon, através da exaltação de suas riquezas naturais e humanas e das possibilidades de exploração econômica, foi um discurso de projeção nacional durante as primeiras décadas do século XX, o que não impediu a existência de outras vozes e discursos.

Foi o caso das viagens e expedições científicas empreendidas por pesquisadores e médicos sanitaristas do Instituto Oswaldo Cruz durante a década de 1910, cujo objetivo era desenvolver estudos e atividades destinadas à profilaxia de doenças no interior do país.[37] As investidas dos cientistas de Manguinhos – nome do bairro onde foi construído o Instituto Oswaldo Cruz – representam a emergência de um movimento sanitarista voltado para o interior do país durante o começo do século do século XX, cujo início se deu com a reformulação do Código Sanitário realizada pelo médico Oswaldo Cruz. Após a realização

---

de atuação sertanista: a protecionista e a integracionista. A primeira, era pautada no modelo "clássico" inaugurado por Rondon, e teve sua continuidade a partir das atividades desenvolvidas pelos irmãos Villas Bôas. Já a segunda teve como principal representante o sertanista Francisco Meirelles. Ambas as propostas de atuação – que partiam de uma forma de conhecimento pautada na experiência do trabalho e da vivência – tinham como principal divergência o tempo da integração: imediata ou ao longo de gerações. Sobre o assunto ver: FREIRE, Carlos Augusto da Rocha. *Sagas Sertanistas*: práticas e representações do campo indigenista no século XX. Rio de Janeiro: UFRJ, 2005. (tese de Doutorado em Antropologia Social). e FREIRE, Carlos Augusto da Rocha. "Vida de Sertanista: a trajetória de Francisco Meirelles". In: *Revista Tellus*, ano 8, n.14, p. 87-114, abr. Campo Grande – MS, 2008.

37 Sobre o assunto ver: FUNDAÇÃO OSWALDO CRUZ. Casa de Oswaldo Cruz. A ciência a caminho da roça: imagens das expedições científicas do Instituto Oswaldo Cruz ao interior do Brasil entre 1911 e 1913. Rio de Janeiro: Fiocruz, 1992.

de serviços de ampliação de políticas sanitárias nas principais capitais do país, tal qual foi realizado no Rio de Janeiro junto às reformas realizadas na gestão de Pereira Passos, tiveram início as primeiras incursões pelo interior brasileiro.

Ao percorrer diversos locais das atuais regiões Norte, Nordeste e Centro-Oeste brasileiro, essas expedições, junto àquelas realizadas pela Comissão Rondon, constituem expressões bastante típicas da atitude republicana voltada para o território nacional. As incursões desse período representaram uma importante etapa do processo de consolidação de uma produção de conhecimento científico nacional de base empírica sobre o Brasil e sua população. Nessa época, doenças como a malária, febre amarela, leishmaniose e beribéri eram comuns entre trabalhadores rurais, principalmente nos locais mais afastados das principais capitais do país.

As primeiras investidas foram destinadas aos locais de interesse estratégico do Estado, relacionadas, sobretudo, às atividades exportadoras, tais quais a construção de ferrovias, saneamento de portos e atividades de extração da borracha na região amazônica. Dentre as incursões temos a de Oswaldo Cruz à frente dos trabalhos para profilaxia da malária entre os trabalhadores da Madeira-Mamoré Railway, no norte da Amazônia;[38] os trabalhos junto à Inspetoria de Obras Contra as Secas, cujo grupo de sanitaristas que estiveram na linha de frente da operação foram Belisário Penna, Arthur Neiva, Astrogildo Machado, entre outros;[39] e também as atividades desenvolvidas a serviço da Superintendência da Defesa da Borracha realizadas por Carlos

---

38 Sobre o assunto ver: BENCHIMOL, Jaime Larry; SILVAM André Felipe Cândido da. Ferrovias, doenças e medicina tropical no Brasil da Primeira República. *História, Ciências, Saúde* – Manguinhos, Rio de Janeiro, v.15, n.3, p. 719-162, jul-set. 2008. e SCHWEICKARDT, Julio Cesar; LIMA, Nisia Trindade. Os cientistas brasileiros visitam a Amazônia: as viagens científicas de Oswaldo Cruz e Carlos Chagas (1910-1913). *História, Ciências, Saúde – Manguinhos*, v.14, suplemento, p. 15-50, 2007.

39 Sobre o assunto ver: AZEVEDO, Maria Cecília Neves de. Um olhar sobre o sertão: as fotografias do relatório da expedição científica de Arthur Neiva e Belisário Penna / Maria Cecília Neves de Azevedo. – Rio de Janeiro: s.n., 2016. 169 f. e MELLO, Maria Teresa Villela Bandeira de; PIRES-ALVES, Fernando. Expedições científicas, fotografia e intenção documentária: as viagens do Instituto Oswaldo Cruz (1911-1913). *História, Ciências, Saúde – Manguinhos*, Rio de Janeiro, v.16, supl.1, jul. 2009, p. 139-179.

Chagas, Pacheco Leão e João Pedro de Albuquerque.[40] Destaca-se que não é interesse das páginas que se seguem compreender as especificidades dessas incursões, mas compreender alguns dos elementos comuns a esses adentramentos, bem como o conteúdo e o impacto dos registros produzidos pelos cientistas do Instituto Oswaldo Cruz.

Já nas primeiras incursões pelo interior do Brasil, as investigações científicas acerca da realidade e dos problemas enfrentados pelos habitantes do interior passaram a assumir importância crescente junto às investigações profiláticas. A partir desse momento passou a ser recorrente nos relatórios e diários de viagens dos cientistas de Manguinhos registros sobre a debilidade dos habitantes do interior, apontada como consequência da falta de informação e da escassez de políticas de saúde pública destinadas àquelas regiões. De modo que, o abandono social ao qual essas populações encontravam-se submetidas assumiu centralidade crescente nos discursos produzidos no interior do Instituto.

A partir da análise realizada acerca dos materiais produzidos pelas expedições chefiadas por Arthur Neiva e por Belisário Penna, os pesquisadores Fernando Pires-Alves e Maria Tereza V. B. de Mello identificaram um percurso narrativo presente nesses registros, responsável por articular o meio natural, a vida social e as causas de adoecimento das populações do interior, cujo objetivo era fortalecer e ampliar o alcance do movimento pelo saneamento dos sertões.[41] Neiva e Penna, sanitaristas que também seguiram carreira política, foram personagens importantes não apenas para expandir o alcance das ideias defendidas pelo movimento, mas para ampliar a projeção dos debates suscitados pelas incursões Brasil adentro. Do mesmo modo,

---

40 Sobre o assunto ver: VITAL, André Vasques. Carlos Chagas: na "guerra dos rios": a passagem da comissão do Instituto Oswaldo Cruz pelo rio Iaco (Alto Purus, território federal do Acre, 1913). *História, Ciência, Saúde* – Manguinhos, Rio de Janeiro, v.25, n.1, jan-mar. 2018, p. 51-68.

41 Sobre o assunto ver: MELLO, Maria Teresa Villela Bandeira de; PIRES-ALVES, Fernando. Expedições científicas, fotografia e intenção documentária: as viagens do Instituto Oswaldo Cruz (1911-1913). *História, Ciências, Saúde – Manguinhos*, Rio de Janeiro, v.16, supl.1, jul. 2009, p. 139-179.

também podemos citar o médico e ensaísta brasileiro, Edgar Roquette-Pinto que, além de compor o quadro de algumas das viagens do Instituto Oswaldo Cruz, também participou das incursões da própria Comissão Rondon.[42] Este foi outro grande interlocutor dos debates sobre sociedade e nação no Brasil durante as primeiras décadas do século XX, cuja contribuição para a construção de uma agenda interessada na busca (intelectual e concreta) pelo Brasil do interior não poderia deixar de ser, ao menos, mencionada.

De todo modo, ainda que os registros produzidos pelas expedições científicas do Instituto Oswaldo Cruz tenham deixado uma imagem do sertão brasileiro marcado pelo atraso, abandono e pela doença, é importante destacar que essa condição não foi atribuída ao caráter miscigenado da população, mas a situação de abandono na qual se encontravam. Sendo assim, é importante chamar a atenção para o papel que o movimento sanitarista teve no próprio processo de erosão de interpretações negativas e racistas acerca da identidade mestiça brasileira. A projeção nacional, tanto no meio intelectual quanto político, dos discursos e materiais produzidos pelos cientistas de Manguinhos foi bastante significativa para elevar ainda mais o interesse pelo interior do país. Ao lado da Comissão Rondon, as incursões sanitaristas do Instituto Oswaldo Cruz compõem o quadro das principais iniciativas impulsionadas durante a Primeira República com o objetivo de realizar o reconhecimento e a integração dos sertões do país e nelas também podem ser identificadas questões comuns a Expedição Roncador-Xingu, como se verá adiante.

Antes, é preciso notar que tanto as incursões lideradas por Rondon, quanto as protagonizadas pelo Instituto Oswaldo Cruz atribuíram grande importância ao registro fotográfico, moderno recurso tecnológico do período. Junto aos relatórios, as fotos foram um mecanismo central para informar as populações urbanas acerca das condições de vida no interior, assim como para aproximar um pouco mais esses dois Brasis tão distantes. Entretanto, ao contrário dos discursos propagados por Rondon, que buscavam apresentar

---

42 Sobre o assunto ver: SOUZA, Vanderlei Sebastião de. *Em Busca do Brasil:* Edgard Roquette-pinto e o Retrato Antropológico Brasileiro (1905-1935). Rio de Janeiro: Editora FGV, 2018.

uma visão positivada e, por vezes, romântica do sertão brasileiro a partir da exaltação das suas possibilidades de exploração, os sanitaristas do Instituto Oswaldo Cruz produziram uma análise crítica acerca das consequências decorrentes da ausência de políticas públicas, sobretudo na área da saúde, destinadas às populações interioranas. De modo que, apesar das diferenças de abordagem, ambos os discursos convergiam para a necessidade de integração e de desenvolvimento dos fundos territoriais do país.

As expedições dos cientistas de Manguinhos foram, portanto, pioneiras na constatação empírica e na divulgação de dados e informações acerca das desigualdades regionais e dos problemas crônicos em torno do desenvolvimento do país durante aquele período. É preciso notar que até 1938, quando foi criado o Instituto Brasileiro de Geografia e Estatística (IBGE), não havia um órgão federal incumbido de realizar um levantamento organizado dessas informações. Foi apenas a partir da instauração do Estado Novo e da criação da política da Marcha para o Oeste que as políticas voltadas para o saneamento do interior receberam novo investimento. Apesar da projeção nacional dos trabalhos desenvolvidos pelos médicos sanitaristas durante a década de 1910, foi longo o percurso que levou à consolidação da questão da saúde enquanto fator indispensável para a construção da nacionalidade e do desenvolvimento do país. Ainda assim, se antes os motivos do atraso brasileiro eram atribuídos à colonização e às questões raciais, a partir das incursões do Instituto Oswaldo Cruz, o analfabetismo e a precariedade das políticas de saúde pública passaram, paulatinamente, a figurar como dilemas nacionais.[43]

De modo que, nos anos 1940, durante os trabalhos da Marcha para o Oeste, a interiorização de uma infraestrutura básica na área da saúde e da educação passaram a figurar enquanto tarefa básica a ser levada a cabo pelos

43 Vale mencionar outros dois eventos contribuíram para estimular essa mudança, primeiro a emergência do movimento modernista, nos anos 20, e seu impacto no processo de desconstrução dos determinismos raciais e, não menos importante, a própria queda do sistema federalista a partir de 1930, considerado um obstáculo para uma intervenção efetiva do Estado no sentido do desenvolvimento de uma ação organizada, a nível nacional, de controle das endemias e de investimento de políticas públicas na área da saúde a nível nacional.

novos projetos de integração. Nesse período, "civilizar" o interior significava, sobretudo, sanear e educar seus habitantes, de modo a transformá-los em cidadãos produtivos e socialmente integrados. Essa foi uma tarefa central a ser levada a cabo pela frente de expansão da Expedição Roncador-Xingu e da Fundação Brasil Central.[44] É nesse sentido que, em meio aos preparativos para o início da Expedição Roncador-Xingu, o idealizador do adentramento, o ministro João Alberto, visitou o próprio Instituto Oswaldo Cruz para propor uma cooperação para a realização das políticas voltadas para os problemas sociais e médico-sanitários a serem enfrentados no decurso da política de povoamento do Brasil Central.[45]

Esse episódio é sintomático do impacto das incursões e pesquisas realizadas pelos médicos sanitaristas no início daquele século, responsável por transformar o Instituto, muito rapidamente, em uma referência no assunto. Ainda assim, foi apenas a partir da década de 1940 e do uso de modernos recursos, como o avião, que a região do Brasil Central – que já havia sido percorrida pelos cientistas de Manguinhos – recebeu seu primeiro ambulatório médico.[46] A integração da região à rota do Correio Aéreo Nacional, obra da Expedição Roncador-Xingu, foi um fator decisivo para ampliar a agilidade e o êxito das missões sanitaristas junto às populações sertanejas e indígenas daquela região.

Deste modo, convém chamar a atenção para as conexões entre as atividades desenvolvidas no interior das expedições dos cientistas do Instituto

---

44 Os trabalhos desenvolvidos em torno do saneamento do sertão tiveram bastante vulto no interior da Expedição Roncador-Xingu por meio dos trabalhos pioneiros desenvolvidos pelo médico Noel Nutels, junto aos sertanejos e aos povos indígenas contatados nos decorrer do adentramento dos anos 40. Os trabalhos iniciados nesse período deram origem a criação, nos anos 50, de um serviço de assistência médica às populações indígenas. Sobre o assunto ver: PAZ, Mariza Campos da. *Noel Nutels*: a política indigenista e a assistência à saúde no Brasil central 1994 (1943-1973). Rio de Janeiro: Dissertação de mestrado, UERJ/IMS, 1994.

45 VISITOU O INSTITUTO OSWALDO CRUZ O MINISTRO JOÃO ALBERTO. *Folha da Manhã*, 7 de setembro / nº 22.683 – ano 23. p. 4.

46 GALVÃO, Maria Eduarda Capanema Guerra. A Expedição Roncador-Xingu e a tarefa de ocupar, civilizar e urbanizar o Brasil Central. 2014. Dissertação (Mestrado em História) Fundação Getúlio Vargas, Rio de Janeiro, 2014.

Oswaldo Cruz e as desempenhadas, posteriormente, pela Expedição Roncador-Xingu. Essas duas incursões desenvolveram, cada qual a sua maneira, trabalhos pioneiros voltados para o saneamento dos sertões do país. É nesse sentido que as viagens científicas de Manguinhos foram apontadas como a Marcha para o Oeste do Instituto Oswaldo Cruz.[47]

Seja na Comissão Rondon, nas incursões científicas do Instituto Oswaldo Cruz ou nos trabalhos desenvolvidos pela Expedição Roncador-Xingu, os relatórios e as imagens produzidas no interior desses adentramentos foram responsáveis por registrar importantes aspectos sociais, econômicos, culturais e ambientais do interior brasileiro. Tais incursões foram protagonizadas, via de regra, por funcionários públicos ou vinculados ao aparelho estatal e constituem parte incontornável do processo de interiorização do Estado brasileiro.

Os vários "retratos do Brasil" elaborados no interior da Comissão Rondon e do Instituto Oswaldo Cruz contribuíram não apenas para orientar políticas e projetos posteriores empenhados em integrar economicamente esses espaços ainda pouco ocupados, mas também para suscitar novas formulações no âmbito do pensamento social e intelectual brasileiro. Junto ao impacto das publicações de Capistrano de Abreu e de Euclides da Cunha, responsáveis por alçar dignidade intelectual ao interior do país e seus habitantes, os registros e as pesquisas produzidas a partir dessas duas incursões foram responsáveis por aguçar ainda mais o interesse intelectual em torno do interior e seus temas. Não por acaso, foi em meio a esses importantes adentramentos das primeiras décadas do século XX que a produção historiográfica sobre o tema das bandeiras paulistas ganhou novo fôlego.

1.4 A territorialização do Brasil: historiografia bandeirante

Ainda que a produção historiográfica sobre os bandeirantes do período colonial tenha recebido atenção desde fins do século XIX, em linha com o

47 FILHO, Olympio da Fonseca. *A Escola de Manguinhos*. Rio de Janeiro: Editora Fiocruz, 1974. *Apud* LIMA, Nísia Trindade. Um sertão chamado Brasil: intelectuais e representação geográfica da identidade nacional. Rio de Janeiro: Revan – IUPERJ. UCAM, 1999, p. 85.

crescimento econômico d*O Estado de São Paulo*, foi apenas a partir da década 1920 que as principais interpretações sobre o tema foram produzidas. O clima de época responsável por intensificar essa produção intelectual e cultural de forte expressão regionalista em São Paulo foi marcado não apenas pela crescente centralidade das políticas e dos discursos voltados para o território nacional, mas também pela euforia e pelo otimismo em torno do processo de modernização, enriquecimento e expansão urbana e industrial paulista.

No início do século XX, a rápida modernização de São Paulo foi responsável por inflamar o orgulho dos grupos letrados e dirigentes paulistas em torno dos "adentramentos bandeirantes" do período colonial. Os intelectuais paulistas passaram a realizar a construção de uma história épica, pautada na expansão territorial promovida pelo bandeirantismo, capaz de "justificar" a posição de vanguarda assumida por São Paulo no início daquele século e, até mesmo, capaz de "autorizar" seu papel de condutor do resto do país rumo a sua modernização. As classes dirigentes e econômicas do estado passaram a fazer uso político do bandeirantismo, ao mobilizar a memória bandeirante em prol da construção de um "lastro histórico" para justificar as pretensões de hegemonia e liderança, tanto por parte das elites dirigentes, quanto do setor intelectual paulista.[48]

Nomes como Afonso de Taunay, Alfredo Ellis Jr, José Alcântara Machado, Paulo Prado, entre outros, constituíram importantes integrantes do círculo intelectual empenhado na produção da "epopéia bandeirante", construída no interior do Instituto Histórico e Geográfico de São Paulo (1894) e do Museu Paulista (1895), convertido em Museu Histórico a partir 1917, com a gestão de Affonso de Taunay (1917-1945).[49] Foi, sobretudo, por meio

48 Sobre o assunto ver: ABUD, Kátia Maria. *O sangue intimorato e as nobilíssimas tradições: a construção de um símbolo Paulista, o bandeirante.* Departamento de História, FFLCH-USP, 1985; e SCHNEIDER, Alberto Luiz. *Capítulos de História Intelectual*: racismos, identidades e alteridades na reflexão sobre o Brasil. São Paulo: Alameda, 2019. (Parte dois: A invenção (da memória) de São Paulo: os múltiplos discursos bandeirantes).

49 Sobre o assunto ver: BREFE, Ana Cláudia Fonseca. *Um lugar de memória para a Nação. O Museu Paulista reinventado por Afonso d'Escragnolle Taunay (1917-1945).* Tese de Doutorado apresentada ao Departamento de História do Instituto de Filosofia e Ciências Humanas da Universidade Estadual de Campinas. 1999, e FERREIRA,

dessas instituições que se operou a construção de um passado paulista voltado à expansão territorial para o Oeste. Tal operação, responsável por fixar no imaginário da população a imagem do bandeirante enquanto o símbolo máximo da expansão territorial, não foi realizada apenas por meio da produção historiográfica, mas do discurso museológico, da produção iconográfica, cartográfica, cinematográfica e da edificação de grandes monumentos durante toda a primeira metade do século XX.[50]

Dentre o extenso escopo de intelectuais paulistas empenhados na construção da "épica bandeirante", optamos por destacar a produção de Afonso de Taunay (1876-1958), sujeito com inserção na sociedade e nas instituições paulistas do período e um dos mais influentes historiadores em torno do tema durante a primeira metade do século XX. Foi junto a sua nomeação para o cargo de diretor do Museu Paulista, em 1917, que o historiador lançou as bases para a realização da "operação historiográfica" marcada pela apologia aos bandeirantes e por uma leitura geopolítica da expansão dos homens da capitania de São Paulo no período colonial.[51] Sua principal obra, *História geral das bandeiras paulistas*, foi lançada em 11 volumes entre os anos de 1924 e 1950.[52]

Antonio Celso. *A epopéia bandeirante: letrados, instituições, invenção histórica (1870-1940)*. São Paulo: Editora UNESP, 2002.

50 Sobre o assunto ver: SCHNEIDER, Alberto Luiz. *Capítulos de História Intelectual:* racismos, identidades e alteridades na reflexão sobre o Brasil. São Paulo: Alameda, 2019. (Parte 2 – A invenção (da memória) de São Paulo: os múltiplos discursos bandeirantes). Ver também: BEIER, José Rogério. *Sobre mapas e história*: Affonso Taunay e a formação de uma coleção cartográfica para o Museu Paulista (1917-1922). (no prelo).

51 Sobre o assunto ver: ANHEZINI, Karina. *Um metódico à brasileira: a historiografia de Afonso de Taunay (1911-1939)*. Tese de Doutorado, Unesp (Franca), 2006; BREFE, Ana Cláudia Fonseca. *Um lugar de memória para a Nação. O Museu Paulista reinventado por Afonso d'Escragnolle Taunay (1917-1945)*. Tese de Doutorado apresentada ao Departamento de História do Instituto de Filosofia e Ciências Humanas da Universidade Estadual de Campinas. 1999.

52 Essa importante obra de Taunay ficou marcada por produzir uma visão territorialista da história do país empenhada na defesa da tese de que cerca de dois terços do território nacional teriam sido integrados graças ao empreendimento das bandeiras. A construção e defesa de sua tese foi feita por meio de uma historiografia de tradição metódica, fundada na fidelidade ao documento, ou, sem termos mais críticos, no cul-

Já muito analisada, não é objetivo destas linhas insistir na monumentalização das bandeiras, mas chamar a atenção para um aspecto decisivo de sua obra: a grandeza atribuída aos velhos sertanistas de São Paulo na incorporação de mais da metade do território brasileiro. A leitura apresentada por Taunay, encontrava-se ajustada tanto às pretensões hegemônicas da elite paulista, em franco progresso econômico, quanto ao próprio clima de época marcado pelo interesse (intelectual e político) na exploração do território nacional. De modo que, não se pode esquecer que a leitura do passado é sempre atravessada pelo presente.

Influenciado e orientado pelo próprio Capistrano de Abreu a estudar a história das Bandeiras, Taunay seguiu os passos do mestre que era defensor da produção de monografias especializadas, bem documentadas em fontes primárias, e não sínteses políticas da história do Brasil, ao estilo de Varnhagen.[53] A obra de Taunay se fez notável ao produzir uma visão territorialista da história do país e amplamente documentada em fontes primárias, ao gosto do novo olhar descortinado por Capistrano, empenhada em contar a história daqueles homens que operaram a "conquista do Brasil pelos brasileiros", como ele mesmo colocava. De modo que a valorização da temática dos sertões, por Capistrano – e depois por Taunay, em termos marcadamente ideológicos e regionalistas – é parte importante do processo de construção de um movimento intelectual interessado em pensar o interior brasileiro.

---

to ao documento, nos moldes da história-ciência. Sobre o assunto, ver: ANHEZINI, Karina. *Um metódico à brasileira:* a historiografia de Affonso Taunay (1911-1939). São Paulo: Editora Unesp, 201.

53 Capistrano foi professor particular de Taunay durante os anos de 1888 e 1889 e o grande responsável pelo interesse e pela escolha de Taunay em estudar a história das Bandeiras. Ademais, Capistrano acompanhou a produção intelectual de Taunay de perto, sobretudo, durante as décadas de 1910 e 1920. Karina Anhezini, afirma que a leitura da correspondência enviada pelo mestre à Affonso de Taunay possibilita acompanhar as discussões que permearam a construção das obras de ambos os historiadores a respeito do passado brasileiro. Ver: ANHEZINI, Karina. Um metódico à brasileira: a escrita da história de Afonso de Taunay. *Revista de História,* 160 (1o semestre de 2009), p. 251-253.

Essa agenda interessada no Oeste do país era uma ideia que corria atingindo historiadores, literatos, mas também cientistas, militares e políticos durante as primeiras décadas republicanas, conforme apresentado no item anterior. Ainda assim, o fortalecimento dessa agenda no meio intelectual foi especialmente intensa em São Paulo, em decorrência tanto do uso político da memória bandeirante, quanto da emergência do modernismo, movimento que ampliou o interesse pelo interior em meio às buscas pela identidade do país, questão que será analisada mais à frente.

Cabe notar que o trabalho desenvolvido por Taunay, por meio de sua gestão à frente do Museu Paulista (1917-1945), foi fundamental para a ampliação do alcance do discurso proposto em sua obra, bem como da própria memória bandeirante como um todo.[54] Foi através desse processo multifacetado, do qual Taunay é parte importante, ainda que fosse apenas um entre outros promotores da "epopeia bandeirante", que se construiu uma imagem do antigo sertanista vicentino, enquanto o mais importante símbolo não apenas do regionalismo paulista, mas da própria expansão territorial. O profundo enraizamento dessa associação no imaginário popular motivou, inclusive, a apropriação desse "símbolo da expansão territorial" fora do círculo paulista, com vias à legitimação de projetos e até mesmo políticas de Estado voltadas para a expansão e a integração territorial. É o caso da própria Marcha para o Oeste, mote do projeto político-econômico estadonovista, cuja divulgação e legitimação se deu à luz da memória pública acerca dos antigos bandeirantes.

---

54 Taunay foi responsável por compor, através do Museu Paulista que dirigiu entre 1917 e 1945, um forte discurso visual, em que o bandeirante paulista, devassador do interior da América nos séculos XVI e XVII, era o grande personagem. A composição desse monumental discurso visual e a própria produção historiográfica de Taunay só foram possíveis graças ao suporte material e institucional do próprio Museu, que garantiu a compra de livros raros, documentos, mapas, assim como contratou artistas, escultores e pintores para a edificação da memória bandeirante paulista. Sobre o assunto ver: BREFE, Ana Cláudia Fonseca. *Um lugar de memória para a Nação. O Museu Paulista reinventado por Afonso d'Escragnolle Taunay (1917-1945)*. Tese de Doutorado apresentada ao Departamento de História do Instituto de Filosofia e Ciências Humanas da Universidade Estadual de Campinas, 1999.

Ainda que o período do Estado Novo tenha representado o melhor momento da relação entre o governo de Getúlio Vargas e as classes econômicas e dirigentes d*O Estado de São Paulo*, é no mínimo curiosa a eleição, durante esse período, do bandeirante enquanto símbolo dos novos projetos de expansão e da própria identidade nacional. Mesmo com o processo de aproximação a partir de 1937, não podemos ignorar que foram os paulistas os principais organizadores da coalizão contra o governo instaurado em 1930, cujo momento máximo do anti varguismo e do "paulistanismo bandeirante" foi a eclosão de uma guerra civil em 1932.[55] De modo que, a eleição do bandeirante enquanto o grande personagem da Marcha para o Oeste e a mobilização das características a ele associadas enquanto importante traço da brasilidade, são fatores que demonstram a força e o enraizamento desse personagem no imaginário popular enquanto um símbolo, no limite, incontornável quando o assunto era o território nacional.

Durante a primeira metade do século XX, não apenas essa associação possuía grande força, mas a própria figura de Taunay enquanto historiador das bandeiras e espécie de sacerdote do passado bandeirante.[56] É nesse sen-

55 Foge do interesse do presente capítulo desenvolver uma discussão a fundo sobre o processo de disputas e de aproximação entre *O Estado de São Paulo* e o governo de Getúlio Vargas, essas questões serão desenvolvidas no segundo capítulo de modo a compreender o interesse paulista no financiamento da Expedição Roncador-Xingu. Aqui nos interessa chamar a atenção para a seguinte questão: a mobilização do espírito bandeirante durante um governo que possuía relações conturbadas com *O Estado de São Paulo* é representativa da própria força da associação estabelecida entre o bandeirante e a expansão territorial, por meio de um longo processo historiográfico.

56 A tese acerca dos bandeirantes como conquistadores de terras e gentes é ampla e plural e, de modo algum, uma exclusividade de Affonso Taunay. De modo que, a obra de Affonso Taunay faz parte de uma grande constelação de intelectuais, historiadores, artistas e cronistas que pensaram o Brasil na primeira metade do século XX a partir da noção da conquista do território. A constelação, na qual Taunay foi uma "estrela" entre outras, é ampla e plural. Sobre o assunto ver: SCHNEIDER, Alberto Luiz. Uma estrela na constelação bandeirante: Affonso Taunay, autor de uma leitura territorialista da História do Brasil. In: Alberto Luiz Schneider; Jorge Pimentel Cintra; José Rogério Beier. (Org.). *Affonso Taunay e o Museu Paulista:* um projeto de memória (1917-1945). 1ª ed.Jundiaí: Paco Editorial, 2021, v. 1, p. 99-134.

tido que Taunay foi convidado a participar de dois eventos emblemáticos, já no período do governo de Getúlio Vargas, um nascido no seio dos interesses políticos e econômicos da sociedade paulista e, o outro, organizado no âmbito da própria política varguista da Marcha para o Oeste. O historiador integrou a Comissão de Honra da Bandeira Anhanguera, responsável por organizar, em 1937, uma expedição paulista voltada para o reconhecimento da região do Brasil Central, bem como esteve presente na Missa Votiva da própria Expedição Roncador-Xingu tendo sido encarregado de entregar um volume de sua obra *História Geral das Bandeiras Paulistas*, ao chefe do adentramento. Nos interessa insistir no simbolismo da presença de Taunay nesses dois eventos que, cada qual a sua maneira, buscaram assumir o "espírito" dos velhos paulistas e atualizar os feitos do passado colonial em prol da integração econômica do interior do país. De modo que, não podemos nos esquecer das complexas relações entre produção e legitimação de discursos e a criação e concretização de projetos políticos.

Os episódios acima citados são sintomáticos não apenas do crescente interesse (simbólico e concreto) dos intelectuais, militares, cientistas e políticos em torno do território brasileiro, mas também da centralidade que São Paulo assumiu nesse processo. Conforme visto, essa centralidade decorria do próprio esforço paulista em afirmar a legitimidade (e reforçar o reconhecimento) do histórico papel de São Paulo na construção do país por meio da conquista territorial, assim como em insistir na exequibilidade do seu "projeto civilizatório" de expansão. Discursos esses reclamados pelas instituições e intelectuais paulistas empenhados na construção da mitologia bandeirante desde o século XIX, e que passaram a ganhar novos estímulos após a crise iniciada em 1930 com a perda da hegemonia política paulista e, posteriormente, com o interesse do Estado em torno da exploração econômica do interior.

Ainda assim, é preciso notar que entre a produção historiográfica paulista construída no interior de suas instituições tradicionais e a sua apropriação pelo Estado Novo durante a Marcha para o Oeste, houve um movimento cultural de grande importância para reafirmar os nexos entre o bandeirante, o espaço territorial e a identidade do país, estamos nos referindo a ala *verde amarela* do movimento modernista. Diversos de seus integrantes não apenas dedicaram especial atenção para o estudo das bandeiras paulistas e sua contribuição para a construção da nacionalidade, como integraram, durante o Estado Novo, os meios de comunicação responsáveis por operar a legitimação da Marcha para o Oeste a partir de uma perspectiva nacionalizadora do "espírito bandeirante".

Não apenas a ala *verde amarela*, mas o modernismo como um todo foi um movimento de grande importância que, ao empregar uma busca pela identidade nacional, contribuiu para o clima de entusiasmo em torno da descoberta (intelectual e concreta) do Brasil do interior. De modo que, durante as primeiras décadas da república, a temática do sertão atraiu intelectuais paulistas conservadores e progressistas, inseridos em diversas instituições e correntes intelectuais, desde o Instituto Histórico e Geográfico de São Paulo e do Museu Paulista, até os modernistas. A seguir nos interessa compreender como esse tema figurou entre os modernistas, sobretudo, da ala *verde amarela*, cujas argumentações ideológicas pautadas no bandeirantismo tiveram ampla adesão política durante o Estado Novo, tendo sido utilizadas enquanto mote para a divulgação e legitimação tanto da Marcha para o Oeste, quanto da própria Expedição Roncador-Xingu.

1.5 Modernismo: obsessão pelo Brasil de dentro

A emergência do movimento modernista, marcada pela Semana de Arte Moderna realizada no Teatro Municipal de São Paulo no ano de 1922, não pode ser dissociada do cenário paulista de euforia e otimismo em torno do processo de modernização da capital, assim como do processo de construção de São Paulo enquanto marco da nacionalidade. Ainda que a produção em torno do tema das bandeiras paulistas tenha sido especialmente intensa entre os *verde amarelos*, num primeiro momento a "épica bandeirante" operou, em certa medida, enquanto referencial pelo qual se guiou o grupo modernista como um todo no início de sua investida na promoção de São Paulo em matéria de autoridade artística e intelectual.[57]

57 BERTELLI, Giordano Barbin. República Pau-Brasil: política e literatura no modernismo de Oswald de Andrade. – São Paulo: UFSCar, 2009. 204 f. Dissertação (Mestrado) – Universidade Federal de São Carlos, 2009, p. 91-92.

Entretanto, diferente da produção historiográfica bandeirante construída no interior das tradicionais instituições paulistas, o modernismo não se encontrava enraizado apenas nas pretensões hegemônicas sediadas na "capital bandeirante". A emergência do movimento – cujo mote inicial foi a emancipação da produção artística e intelectual brasileira – estava associada aos acontecimentos em torno do fim da Primeira Guerra Mundial (1914-1918) e à emergência de movimentos nacionalistas em escala internacional. O cenário europeu de completa destruição pós-guerra produziu questionamentos sobre as concepções de mundo e de poder até então vigentes na Europa.[58] A crise do modelo civilizacional europeu produziu no Brasil (e na América como um todo) não apenas a paulatina descrença no ideário liberal, mas também a percepção acerca da decadência do legado cultural europeu. De modo que, o cenário após 1918 foi decisivo para reorientar o olhar nacionalista tanto no âmbito da produção cultural quanto da política de Estado no Brasil.

Por meio do questionamento e até mesmo da recusa da estética europeia, o modernismo – epicentro das mudanças no plano artístico brasileiro –, procurou "inverter os postulados que associavam a Europa à civilização e o Brasil à barbárie, levando ao questionamento dos limites entre esses dois conceitos".[59] Assim, a década de 1920 foi palco para a revisão de representações negativas sobre o interior do país e sua população mestiça, contribuindo para o processo de erosão das interpretações nacionais "europeizadas" pautadas por determinismos raciais, geográficos e culturais.[60]

---

58 EL-DINE, Lorenna Ribeiro Zem. "Ensaio e interpretação do Brasil no modernismo verde-amarelo (1926-1929)". *Estudos Históricos,* Rio de Janeiro, vol 23, n.6, p. 450-468, 2019, p. 454.

59 QUEIROZ, Helaine Nolasco. Verdeamarelo/Anta e Antropofagia: narrativas da identidade nacional brasileira. Dissertação de Mestrado em História Social da Cultura. UFMG, 2010, p. 66.

60 EL-DINE, Lorenna Ribeiro Zem. *Raça, História e Política em Alfredo Ellis Jr. e Cassiano Ricardo.* Universidade Federal do Espírito Santo (UFES), Centro de Ciências Humanas e Naturais, Dissertação (Mestrado), 2010. p. 19-20.,

Ainda que esse processo tenha ganhado novo fôlego com a emergência do movimento modernista, é preciso notar que ele já vinha sendo desenhado desde o começo do século XX. O diagnóstico euclidiano apresentado em *Os Sertões* (1902) e nos relatórios dos cientistas do Instituto Oswaldo Cruz na década de 1910, constituem marcos da nova sensibilidade que passava a atribuir a pobreza do interior e de sua população ao descaso das elites dirigentes. De modo que, as contradições em torno da dicotomia sertão e litoral passaram a assumir ainda mais centralidade para aqueles interessados em interpretar a história do país, sobretudo para os denominados modernistas.

Conforme assinalado por Eduardo Jardim, o período que vai de 1917 a 1924, identificado enquanto o primeiro tempo modernista, ficou marcado por uma certa coesão entre os intelectuais paulistas em torno da renovação dos preceitos estéticos na literatura nacional a partir do questionamento e do combate a literaturas passadistas.[61] Entretanto, em meados da década de 1920 começaram a aparecer as primeiras divergências entre os modernistas, fruto do deslocamento de sua atenção para o tema nacional.[62] A partir desse momento, o foco do movimento literário paulista passou a girar em torno da construção e da afirmação da identidade nacional do país. Essa mudança, que marcou o chamado segundo tempo modernista, foi responsável pela delimitação de dois grupos literários, ambos veiculados por meio de jornais, revistas e pela própria produção literária do período. Estamos nos referindo aos grupos *Verde-amarelo* e *Antropofagia*.[63]

---

61 De modo que foram essas as preocupações responsáveis por unir, na Semana de Arte Moderna, o diversificado grupo composto por Mário de Andrade, Oswald de Andrade, Anita Malfatti, Plínio Salgado, Victor Brecheret, Menotti del Picchia e Guilherme de Almeida, dentre outros. JARDIM, Eduardo. *A brasilidade modernista: sua dimensão filosófica*. Ed. rev. e atual. Rio de Janeiro: Ed. PUC-Rio/ Ponteio, 2016, p. 41-43.

62 *Idem. Ibidem.*

63 Durante a segunda metade da década de 1920, esses dois grupos literários paulistas autointitulados *Verdeamarelo* e *Antropofagia* uniram intelectuais modernistas em torno da tentativa de criação de uma literatura que pudesse ser qualificada de brasileira. Em meio a tantos outros modernistas, desde o norte ao sul do país, esses grupos mantiveram uma atuação pública constante, por meio da publicação em veículos de comunicação

Não é interesse das linhas que se seguem adentrar nas discussões sobre as divergências entre os grupos ou mesmo entre os integrantes do modernismo, sobre isso há bibliografia.[64] Nos interessa chamar a atenção para a seguinte questão: durante o segundo tempo modernista, o ponto fundamental do diálogo e da divergência entre as diferentes correntes e seus integrantes passou a se dar em torno das formas pelas quais se poderia definir o Brasil e a própria nacionalidade brasileira. A "descoberta da nação" era imprescindível e legitimava as propostas estéticas de então.

No alvorecer da década de 1920, interpretar e traduzir o Brasil já constituía tarefa básica a ser desempenhada pelo meio intelectual, cuja curiosidade en-

---

de grande circulação em São Paulo, lançamento de livros e da realização de conferências, com vias a ampliar o alcance de suas propostas para outros estados do país. Ainda que seja comum a associação desses dois grupos aos acontecimentos das décadas posteriores, isto é, como prévias do engajamento político dos escritores considerados seus "líderes" (como foi o caso da associação da Antropofagia às tendências ideológico-esquerdistas de Oswald de Andrade ou o Verdemaarelo ao programa ideológico de direita de Plínio Salgado), não se pode reduzir os projetos literários desses dois grupos aos projetos políticos encabeçados pelos seus integrantes. Cada um desses momentos se insere em contextos distintos, o primeiro momento tecendo um profundo diálogo com os anos 1920, e o segundo dentro de um novo cenário político-social que compreende os anos 1930 e a primeira metade dos anos 1940. Essas questões são de suma importância que precisam ser levadas em conta ao analisar tanto o modernismo, quanto o alcance político de seus integrantes. Sobre o assunto ver: QUEIROZ, Helaine Nolasco. *Verdeamarelo/Anta e Antropofagia:* narrativas da identidade nacional brasileira. Dissertação de Mestrado em História Social da Cultura. UFMG, 2010. p. 42-43.

64 Ainda que se possa falar de dois grandes grupos modernistas, é preciso notar que há importante produção dedicada a compreender as particularidades não apenas desses grupos, mas de seus integrantes. Mesmo que os integrantes de cada um desses grupos partilhassem, em maior ou menor grau, de algum alinhamento estético e até político, também havia divergências dentro dos grupos, sobretudo na Antropofagia, entre Oswald e Mário de Andrade. Sobre o assunto ver: EL-DINE,, Lorenna Ribeiro zem. *A alma e a forma do Brasil:* o modernismo paulista em verde-amarelo (anos 1920) / Lorenna Ribeiro Zem El-Dine. – Rio de Janeiro: s.n., 2017.; BOTELHO, André. *De olho em Mário de Andrade*: uma descoberta intelectual e sentimental do Brasil. Editora Claro Enigma, 2012.; BERTELLI, Giordano Barbin. *República Pau-Brasil*: política e literatura no modernismo de Oswald de Andrade. – São Paulo: UFSCar, 2009. 204 f. Dissertação (Mestrado) – Universidade Federal de São Carlos, 2009.

contrava-se aguçada em decorrência da divulgação dos materiais produzidos pela Comissão Rondon e pelas expedições dos cientistas do Instituto Oswaldo Cruz. Inspirados por esse clima de época, os integrantes do movimento modernista deram novo fôlego ao interesse pelo interior do país por meio da busca (intelectual e concreta) dos elementos constitutivos da identidade nacional.

É nesse sentido que, em 1924, Mário de Andrade, Tarsila do Amaral, Oswald de Andrade, Paulo Prado, Gofredo da Silva Telles e o poeta francês Blaise Cendrars empreenderam uma "viagem de descoberta do Brasil" com destino às cidades históricas de Minas Gerais.[65] Poucos anos depois, em 1927, foi a vez de Mário de Andrade realizar sua incursão pela Amazônia e, entre 1928 e 1929, para o Norte e Nordeste do país, onde desenvolveu importante pesquisa etnográfica acerca da música e do folclore brasileiro.[66] Ainda que não seja interesse da pesquisa realizar a análise a fundo das viagens modernistas pelo interior do Brasil, interessa destacar que os deslocamentos físicos (ou mesmo simbólicos e existenciais) desses artistas e intelectuais consistiam em um veio central para a própria configuração do modernismo, seja para as pesquisas estético-culturais empreendidas Brasil adentro, ou para as figurações sintáticas, lexicais e temáticas que se traduziam em heróis itinerantes, tal qual Macunaíma.[67]

O deslocamento físico desses intelectuais, sintomático do próprio deslocamento do olhar iniciado já no começo do século XX, contribuiu para o fortalecimento do interesse intelectual pelo interior do país. Ainda que essas viagens de descoberta do país tenham sido empreendidas, sobretudo, pelos modernistas associados ao grupo *Antropofagia*, o interior do país também foi tomado pelos integrantes da ala *verde amarela* enquanto elemento chave

---

65 Sobre o assunto ver: AMARAL, Aracy. *Blaise Cendrars no Brasil e os modernistas*. São Paulo: Editora 34, 1997. (primeira edição 1970).

66 Sobre o assunto ver: ANDRADE, Mário de. *O turista aprendiz*. Belo Horizonte, MG: Itatiaia, 2002; LIRA, José Tavares Correia de. *Naufrágio e galanteio*: viagem, cultura e cidades em Mário de Andrade e Gilberto Freyre. *Revista brasileira de Ciências Sociais* – VOL. 20 N. 57.

67 BERTELLI, Giordano Barbin. *República Pau-Brasil*: política e literatura no modernismo de Oswald de Andrade. São Paulo: UFSCar, 2009. 204 f. Dissertação (Mestrado). Universidade Federal de São Carlos, 2009, p. 120-121.

para a compreensão da realidade brasileira. Conforme será visto, as interpretações formuladas no interior deste grupo gozaram de ampla adesão política durante a Marcha para o Oeste estadonovista, tendo sido mobilizadas enquanto subsídio argumentativo do discurso ideológico que visava a incorporação dos "espaços vazios" à economia nacional.

Entre os modernistas do grupo *verde amarelo* – cujos principais expoentes foram Menotti del Picchia, Plínio Salgado e Cassiano Ricardo –, os esforços em imprimir um caráter positivo para o interior e construir um discurso sobre a nacionalidade do país estiveram intimamente associados ao esforço de valorização da história de São Paulo.[68] É nesse sentido que o grupo não apenas elegeu o sertão enquanto elemento chave para a compreensão da realidade tanto paulista, quanto brasileira, mas também insistiu no elogio ao bandeirante – ele mesmo homem do interior – e seu protagonismo histórico ao empregar um trabalho sistemático voltado para o desbravamento e para o cotidiano no sertão.

Junto à eleição do bandeirante, os *verde amarelos* elegeram o próprio território nacional enquanto importante símbolo da nacionalidade brasileira. A dimensão continental do espaço territorial do país foi apresentada enquanto traço de sua originalidade e enquanto fator determinante para a história do país, inclusive da própria épica bandeirante. Conforme Monica Velloso, a associação "nacionalismo-território-heroísmo", constituiu uma das bases do ideário *verde amarelo*, e foi por meio dela que o grupo estabeleceu a relação

68 O grupo verde amarelo teve início oficialmente em 1926 por meio da publicação de um artigo de Menotti del Picchia, no Correio Paulistano. No artigo continha o anúncio da criação da Academia Verde-Amarela, formada por ele, Plínio Salgado e Cassiano Ricardo. O objetivo principal do grupo era o "descobrimento do Brasil", isto é, o descobrimento de sua riqueza cultural escondida pela literatura passadista e pela interpretação, considerada errônea, de outros grupos modernismos. É preciso notar que sua principal bandeira era o nacionalismo, por meio dele que se poderia interpretar o Brasil com todas as duas paisagens, climas, vegetação e raças. Sobre o assunto ver: EL-DINE, Lorenna Ribeiro Zem. *A alma e a forma do Brasil:* o modernismo paulista em verde-amarelo (anos 1920). Tese (Doutorado em História das Ciências e da Saúde). Fundação Oswaldo Cruz. Casa de Oswaldo Cruz, 2017.

São Paulo-brasilidade69. Essas questões podem ser percebidas, em maior ou menor grau, nas produções de diversos integrantes do grupo. Nos interessa, sobretudo, o poema *Martim Cererê* (1928) de Cassiano Ricardo, cuja leitura apresentada em torno do bandeirantismo serviu, anos mais tarde, de base para a propaganda política estadonovista empenhada na legitimação da Marcha para o Oeste, da qual o próprio autor esteve à frente.

Em linhas com as preocupações mais gerais em torno da descoberta do país e da busca por sua nacionalidade, o poema modernista publicado em 1928 procurou explicar, por meio da combinação de episódios históricos e de elementos do folclore nacional, a origem, o desenvolvimento e o significado do Brasil e de seu povo. Orientado por uma visão harmoniosa da mistura racial (marcada por uma igualitarização de fundo biológico associada à hierarquia das funções), e enquadrado no paradigma do bandeirismo, o poema apresentou o movimento em direção ao interior enquanto o valor fundamental da nacionalidade e a principal fonte de riqueza do país.[70] Foi por meio dessa construção que São Paulo foi apresentada enquanto símbolo do Brasil, e por meio da qual Cassiano Ricardo justificou a legitimidade de um Estado forte, hierarquizado e de tonalidade corporativa.

Ainda que *Martim Cererê* seja apenas um dos diversos retratos do Brasil produzidos pelos modernistas na década de 1920, o alcance das ideias propostas na obra foi notável. O poema não apenas foi um grande sucesso de público, mas as interpretações e temas mobilizados em seu interior acabaram ficando eternizadas no imaginário popular das décadas seguintes por meio da própria propaganda política estadonovista empenhada na divulgação e legitimação da Marcha para o Oeste.[71] Entretanto, entre a publicação de 1928

---

69 VELLOSO, Mônica Pimenta. A brasilidade verde-amarela: nacionalismo e regionalismo paulista. *Estudos Históricos*, Rio de Janeiro, vol. 6, n. 11, 1993, p. 89-112. p. 104.

70 Sobre o assunto ver: RICARDO, Cassiano. *Martim Cererê*. 28ª ed. Rio de Janeiro: José Olympio, 1ª edição 1928.

71 Conforme Luiza Franco Moreira, o poema Martim Cererê obteve sucesso imediato de público, tendo marcado forte presença na vida cultural dos anos Vargas. Já em 1934, passados seis anos de seu lançamento, publicava-se em São Paulo a quarta edição da obra (uma nova edição a cada dois anos). Sendo um total de 12 edições, desde

e a apropriação das ideias propostas na obra durante o Estado Novo há um complexo processo, do qual o próprio Cassiano Ricardo é protagonista.

Conforme apontou Luiza Moreira, o poema *Martim Cererê* é o texto precursor do ensaio sociológico *Marcha para Oeste: a influência da "bandeira" na formação social e política do Brasil*, publicado por Cassiano Ricardo no ano de 1940. Esta foi a obra responsável por consolidar a leitura ricardiana na qual o bandeirantismo – isto é, o movimento de adentrar o território – é apresentado enquanto traço da formação social e política do país.[72] E mais, partindo da compreensão de que havia um modelo político moldado pelas heranças históricas deixadas pelas bandeiras, Cassiano Ricardo procurou autorizar o Estado Novo, regime autoritário que chamou a atenção para a necessidade da integração do espaço territorial do país, como parte de uma continuidade histórica.

Ainda assim, é preciso notar que o processo operado por Cassiano Ricardo empenhado na nacionalização do bandeirante, importante símbolo do regionalismo paulista, antes de servir aos interesses políticos do Estado Novo, atendia aos interesses e as pretensões hegemônicas sediadas na capital paulista.[73] De modo que, a associação imediata entre a obra literária e as posições políticas desse intelectual não pode ser colocada como uma continuidade na qual o arcabouço discursivo do verde-amarelismo desemboca na

---

sua publicação até a morte do autor em 1974. A título de comparação, a autora aponta que foi apenas em 1937 que o livro Macunaíma ganhou sua segunda edição. Ver: MOREIRA, Luiza Franco. *Meninos, poetas e heróis:* aspectos de Cassiano Ricardo do modernismo ao Estado Novo. São Paulo: Edusp, 2001, p. 27.

72 A autora produziu uma das primeiras pesquisas acadêmicas de fôlego empenhada na análise da obra de Cassiano Ricardo, desde o modernismo até o Estado Novo. Nesta pesquisa a autora constrói sua argumentação pioneira, demonstrando como o poema Martim Cererê, de 1928, é a base do ensaio sociológico Marcha para Oeste, produzido em 1940. Sobre o assunto ver: MOREIRA, Luiza Franco. *Meninos, poetas e heróis:* aspectos de Cassiano Ricardo do modernismo ao Estado Novo. São Paulo: Edusp, 2001.

73 Sobre o assunto ver: COELHO, George Leonardo Seabra. *O bandeirante que caminha no tempo:* apropriações do poema Martim Cererê e o pensamento político de Cassiano Ricardo, Tese de Doutorado, UFG, 2015., Capítulo 1.

elaboração das bases ideológicas do Estado Novo. Essa associação é, antes, fruto de um trabalho de apropriação do "mito bandeirante" empreendido pelos próprios integrantes do grupo verde amarelo, sobretudo por Cassiano Ricardo ao longo das décadas de 1920 e 1930. É preciso lembrar que antes de integrar o aparelho estatal do Estado Novo, Cassiano Ricardo (e grupo *verde-amarelo* como um todo) atuou na linha de frente da oposição varguista sediada em São Paulo.

Ainda assim, é preciso destacar que os principais expoentes da vertente *verde-amarela*, em especial Cassiano Ricardo e Menotti del Picchia, tiveram forte identificação com o Estado Novo. Instaurado o regime, Ricardo e Del Picchia, assim como outros integrantes do movimento, passaram a ocupar importantes cargos públicos, sobretudo na área da cultura e dos meios de comunicação. Atuando à frente da máquina de propaganda varguista, Ricardo foi responsável por promover um discurso que conferia lugar central ao bandeirante na criação de um repertório político definidor de um senso de urgência na ocupação dos "vazios demográficos" do país. Ao apresentar que a "brasilidade" estaria ligada a um longo processo histórico, iniciado pelos antigos moradores de São Paulo, cujas atitudes e comportamentos caracterizariam a "alma brasileira", a obra de Cassiano Ricardo insistiu no sentido patriótico e nacionalista da Marcha para o Oeste, ainda que sem perder de vista a centralidade da participação de São Paulo nesse processo.

Essas são questões fundamentais para se compreender o alcance político das ideias defendidas pela corrente modernista conservadora durante o Estado Novo. Conforme visto, o culto ao território nacional, o elogio ao bandeirantismo e o senso de urgência e de necessidade de se realizar a integração do Brasil do litoral e do Brasil do interior, marcas da política estadonovista, foram ideias defendidas pelos *verde-amarelos* décadas antes. De modo que, ainda que os integrantes associados ao grupo *Antropofagia*, tenham gozado de maior repercussão e adesão intelectual e cultural a longo prazo, foi a ala conservadora verde-amarela que, nas décadas imediatamente posteriores, desfrutaram de alta adesão política, sobretudo da direita nacionalista durante o governo de Getúlio Vargas.

Conforme apontou Antonio Candido, ao passo que Oswald e Mário de Andrade, Manuel Bandeira, Carlos Drummond de Andrade, entre outros, receberam importante atenção no âmbito da produção acadêmica, os modernistas do grupo nacionalista *verde amarelo*, como Cassiano Ricardo, Menotti del Picchia e Plínio Salgado receberam tímida atenção, sobretudo em decorrência da associação a políticas conservadoras, quando não reacionárias, desses modernistas.[74] A forte identificação desses sujeitos com o processo de modernização autoritária encabeçada a partir do Estado Novo fez com que suas produções, mesmo aquelas da década de 1920, ficassem associadas às questões políticas de períodos posteriores.

Por fim, nos interessa destacar que o modernismo, enraizado em preocupações e questões próprias da década de 1920, foi um movimento de alta relevância para a construção da agenda em torno do Oeste brasileiro que, na virada da década de 1930 para 1940, se tornou uma verdadeira obsessão não apenas do Governo Federal, mas também da própria sociedade paulista. Estamos nos referindo às Modernas Bandeiras, organizadas por meio de amplo acordo entre a elite política, econômica e intelectual de São Paulo e seus mais importantes jornais e instituições científicas. Inspirados pelo clima de época em torno da descoberta do país e animados pelo sentimento regionalista – fortalecido tanto pela produção cultural (da historiografia bandeirante tradicional e, também, modernista), quanto pela crise política iniciada em 1930 – os grupos articulados em torno das modernas bandeiras deram novo fôlego aos adentramentos interessados na exploração do território nacional.

1.6 Rumo ao Brasil Central: das modernas Bandeiras Paulistas à Expedição Roncador-Xingu

Foi no início do ano de 1937 que se operou a atualização (ou mesmo a encenação) das atividades desbravadoras e expansionistas associadas às bandeiras do período colonial por meio da criação das modernas Bandeiras

74 CANDIDO, Antonio. Prefácio. In: MOREIRA, Luiza Franco. *Meninos, Poetas e Heróis:* aspectos de Cassiano Ricardo do Modernismo ao Estado Novo. São Paulo: Edusp, 2001, p. 17.

paulistas, cujo objetivo era atravessar o território nacional rumo Oeste com vias a alcançar a lendária serra do Roncador, localizada na região do Brasil Central. A primeira, denominada Bandeira Anhanguera – em homenagem a Bartolomeu Bueno da Silva, o Anhanguera, desbravador das terras de Goiás – e, a segunda, Bandeira Piratininga – em homenagem ao nome da vila colonial de São Paulo de Piratininga.

Não apenas a organização, mas também o batismo dos novos adentramentos, através de uma clara analogia histórica, refletem o processo cultural que marcou São Paulo desde fins do século XIX, por meio do qual a elite paulista procurou construir e transmitir uma imagem de liderança no contexto nacional que, passando pela edificação da memória bandeirante, chegou à geração modernista. Junto a própria glorificação e atualização da épica bandeirante, havia o interesse em torno da exploração econômica e científica do pouco conhecido interior do país.

O interesse na criação desses empreendimentos encontrava-se relacionado com o cenário político marcado tanto pelo acelerado desenvolvimento econômico paulista, responsável por marcar a progressiva projeção política de São Paulo na esfera nacional durante as primeiras décadas do século XX, quanto pela "vitória revolucionária" liderada por Getúlio Vargas, evento responsável por deslocar as antigas oligarquias paulistas do centro do poder. Este último evento acabou por inflamar o ufanismo paulista e a defesa de sua posição política privilegiada, fruto da antiga ordem oligárquica que ruíra, cujo evento culminante foi a eclosão de uma guerra civil em 1932. Foi, portanto, em meio ao cenário político inaugurado após 1930, responsável por acirrar o "paulistanismo bandeirante", somado ao próprio clima de época interessado em conhecer e interpretar o Brasil de dentro, que as modernas Bandeiras paulistas foram organizadas por meio de uma rede de interesses formada por influentes setores (públicos e privados) da sociedade paulista junto às suas instituições científicas e veículos de comunicação.

Antes de adentrar no universo das modernas Bandeiras paulistas, nos interessa destacar que, embora as primeiras décadas do século XX tenham assistido a diversas iniciativas voltadas para o reconhecimento do espaço territorial do país, os resultados no que tange a integração e exploração econômica desses locais foram bastante modestos. Ainda que as diversas regiões do país tivessem sido interligadas, via telégrafo, entre si e com a capital federal, essas atividades estiveram longe de assegurar a sua definitiva ocupação e integração. De modo que, ainda na década de 1930, o interior do Brasil continuava marcado por "vazios" demográficos e por enormes porções territoriais precariamente articuladas do ponto de vista econômico, assim como continuava a mobilizar grande interesse e curiosidade frente ao limitado conjunto de informações, sobretudo, no que tange a região próxima ao centro geográfico do país, na época chamada de Brasil Central.

Apesar do processo pelo qual passava a produção intelectual do país, empenhada na construção de interpretações positivas do interior e de seus habitantes, tal qual vimos desde Euclides da Cunha até os modernistas, ainda nesse período era grande a permanência de representações que promoviam o interior enquanto um local vazio, perdido no espaço e de difícil penetração. E não apenas o interior, habitado, sobretudo, por diversas populações indígenas, muitas delas ainda não contatados pelo homem branco, ainda era associado a um local que escapava do "domínio da civilização", uma espécie de "esfinge geográfica" que deveria ser desbravada, decifrada e vencida por meio de um "longo e rude progresso civilizador".[75]

A permanência dessas representações – marcadas pela herança de um imaginário de corte colonial – foi responsável por mobilizar, ainda no século XX, atrativos simbólicos e lendários, atribuídos ao interior do país, instigando a curiosidade de exploradores nacionais e estrangeiros. O próprio Brasil Central foi associado a um local lendário e misterioso. Com especial destaque para a região na qual encontra-se localizada a serra do Roncador, uma imensa cordilheira que se ergue como divisor de águas entre o rio Araguaia (GO/MT) e o rio Xingu (MT/PA), habitada por diversos grupos do povo indígena Xavante. Trajeto percorrido tanto pelas Bandeiras paulistas, quanto pela Expedição Roncador-Xingu (1943-1948).

---

75 MACIEL, Laura Antunes. *A Nação por um fio*: Caminhos, Práticas e Imagens da Comissão Rondon. São Paulo, EDUC, 1998, p. 95-96.

Entretanto, antes de ser percorrida por essas duas expedições, a região e a própria serra do Roncador (que deu nome a expedição de 1943), já haviam sido foco de interesse de outros pesquisadores e aventureiros. Nos interessa destacar as viagens empreendidas pelo coronel britânico Percy Fawcett (1867-1925), motivadas pela busca de uma civilização perdida na serra do Roncador.[76] A aventura de Fawcett, que colocava em dúvida a própria existência da serra, foi responsável por aguçar o interesse de outros aventureiros, sobretudo, pelo fato de o coronel ter desaparecido na última expedição de 1925.[77] A própria Bandeira Piratininga teve como pano de fundo de seu primeiro adentramento a investigação da Serra do Roncador e a busca pelos restos de Fawcett. É, portanto, no âmbito desse amplo contexto nacional de crescente interesse e curiosidade em torno, tanto das possibilidades concretas de exploração econômica e científica, quanto dos atrativos simbólicos imaginados associados ao interior do país, que se inserem as modernas Bandeiras paulistas de 1937.

A primeira Bandeira criada foi a Piratininga e seu objetivo era hastear o "Pavilhão Nacional" – entregue aos expedicionários pelo próprio presidente da República, Getúlio Vargas – no alto da lendária serra do Roncador, como um gesto simbólico de sua definitiva incorporação ao espaço territorial brasileiro. Instituída no dia 25 de janeiro de 1937, data do aniversário da própria fundação da vila colonial de São Paulo de Piratininga, a Bandeira foi liderada pelo jornalista paulista Willy Aureli (1898-1968) e contou com um grupo heterogêneo de exploração que, de 1937 a 1963, realizou uma série de investidas Brasil adentro. Os objetivos e propósitos atribuídos a Bandeira abarcavam desde o mapeamento de rios e acidentes geográficos até a realização de estudos de cunho etnográfico.[78]

---

76 Sobre o assunto ver: GONÇALES, Luis Alexandre Franco. *A Expedição Fawcett:* em busca da cidade perdida de Z. Santa Catarina: Clube de autores, 2017.

77 Inclusive durante a Expedição Roncador-Xingu, os irmãos Villas Bôas encontraram uma ossada que foi atribuída ao próprio Fawcett. Sobre o assunto ver: MEIRELLES FILHO, João. *Grandes Expedições à Amazônia Brasileira: Século XX*. São Paulo: Metalivros, 2011, capítulos 7 e 12).

78 Ainda que as atividades dos primeiros anos tenham ficado restritas a região do vale do rio Araguaia e do rio das Mortes, a empreitada, posteriormente, realizou uma série

Nos interessa a primeira incursão, que durou de 1937 a 1938, e cujo objetivo era a gravação de um filme para documentar o trajeto da Bandeira até a Serra do Roncador. Ademais também deveria ser realizado trabalhos de coleta de materiais de espécie vegetal e animal, assim como a coleta de informações sobre as populações indígenas da região percorrida para integrar o acervo das mais importantes instituições científicas paulistas do período, tais quais o Museu Paulista, o Instituto Histórico e Geográfico de São Paulo e o Instituto Biológico do Butantan.[79]

A incursão rendeu diversas publicações e estudos acerca das regiões percorridas. Uma das obras mais conhecidas, intitulada *Roncador* (1939), foi escrita pelo próprio Willy Aureli ao gosto da "épica bandeirante" construída no interior das tradicionais instituições paulistas e às quais a moderna Bandeira encontrava-se ligada. Conforme apontou João Marcelo Maia, no registro de Aureli, São Paulo figurava enquanto o "epicentro do ianquismo nativo" e o Brasil Central enquanto espaço territorial privilegiado para tal expansão.[80] Discurso esse que também foi reforçado pela imprensa paulista empenhada em angariar apoio político e econômico para a viabilização da empreitada. Esse é o principal aspecto que nos interessa compreender.

A ampla mobilização por meio de alguns dos mais importantes periódicos paulistas da época foi responsável por angariar o apoio do Ministério da Viação e o patrocínio do jornal *O Globo* durante o primeiro ano dos adentramentos. Além deste jornal, a Bandeira contou com ampla divulgação d'*O Estado de São Paulo*, assim como da *Folha da Manhã* e da *Folha da Noite*. Essa questão nos interessa pois, conforme será visto, o próprio projeto, os eventos e, sobretudo, a

---

de atividades ao longo do rio Paraná, nos entornos da Ilha do Bananal e nas florestas do Xingu. Sobre o assunto ver: SINOPSE – Dos trabalhos realizados pela "Bandeira Piratininga" nos sertões brasílicos da Bacia Pré-Amazônica – no Vale do Araguaia e rio das Mortes e Tapirapés, desde o ano de 1937 até o ano de 1963. Documentação Socioambiental – 0QD00078. <https://documentacao.socioambiental.org/documentos/0QD00078.pdf>

79 Uma grande exposição as terras dos Chavantes, *Folha da Manhã*, 21 de maio de 1937, p. 18

80 MAIA, João Marcelo Ehlert. Estado *Território e imaginação espacial.* O caso da Fundação Brasil Central. Rio de Janeiro: Editora FGV, 2012, p. 109.

articulação em torno das modernas Bandeiras paulistas resguardam profundas conexões com o programa criado, posteriormente, para a Expedição Roncador-Xingu que, apesar de ter sido impulsionada no âmbito do próprio governo de Getúlio Vargas, recebeu importante apoio político e econômico das classes econômicas paulistas, sobretudo o empresariado industrial.

Inclusive no próprio documento síntese acerca dos trabalhos desenvolvidos pela Bandeira Piratininga, encontra-se registrado nas atividades do ano de 1938, que foi dessa arrancada "que começou a se esboçar a Expedição Roncador-Xingu do Ministro João Alberto".[81] De modo que, tendo em vista o baixíssimo volume de estudos sobre os trabalhos realizados por ambas as Bandeiras, a análise das notícias publicadas nos periódicos paulistas consiste em um material privilegiado para a recuperação de uma série de informações que ajudam a compor o quadro no qual elas foram formuladas e articuladas.

As publicações do grupo Folha, no qual Aureli possuía vínculo de trabalho, apresentam os primeiros anúncios solicitando donativos para a expedição que eram recebidos pela própria redação.[82] As primeiras manchetes que anunciaram a Bandeira Piratininga se utilizaram de dois importantes recursos retóricos para construir o prestígio e despertar o interesse em torno da empreitada. O primeiro elemento mobilizado dizia respeito aos obstáculos e os desafios relacionados a penetração dos "*domínios chavantes*", apresentados enquanto um enorme território inexplorado e bravamente defendido pelos "*ferocíssimos silvícolas*".[83] O outro elemento mobilizado foi justamente o imaginário em torno dos "*mistérios da serra do Roncador*", apresentada enquanto uma "*verdadeira esphynge*" que distanciava "*os mais audazes [exploradores], já pela ressonância de seu nome tetrico apavorante*".[84]

---

81 SINOPSE – Dos trabalhos realizados pela "Bandeira Piratininga" nos sertões brasílicos da Bacia Pré-Amazônica – no Vale do Araguaia e rio das Mortes e Tapirapés, desde o ano de 1937 até o ano de 1963. Documentação Socioambiental – 0QD00078. <https://documentacao.socioambiental.org/documentos/0QD00078.pdf>

82 Rumo aos domínios dos Chavantes, *Folha da Manhã*, 23 de maio de 1937, p. 6

83 Rumo aos domínios dos Chavantes, *Folha da Manhã*, 23 de maio de 1937, p. 6

84 Desvendando os mistérios da Serra do Roncador, *Folha da Manhã*, 25 de maio de 1937, p. 10.

Conforme será visto, ambos os elementos voltaram a ser mobilizados nas notícias que divulgaram a Expedição Roncador-Xingu. Inclusive a própria dimensão imaginativa em torno da lendária serra do Roncador ficou expressa nos escritos de seus expedicionários. Conforme Orlando e Cláudio Villas Bôas registraram em meio aos trabalhos de penetração do ano de 1945: "todos ansiamos por conhecê-la. Sabemos que é uma serra igual às outras, mas quanto mistério, quantas lendas em torno dela! Por mais realistas que queiramos ser, uma grande curiosidade, um quê de mistério mesmo, nos enche de impaciente vontade de chegar lá".[85]

Para além da mobilização dos atrativos simbólicos imaginados associados a região, responsáveis por construir o novo adentramento enquanto uma partida ao exótico, intocado e mítico praticamente desconhecido, também foi enfatizado o caráter "*altamente patriótico*" da empreitada que tinha por objetivo "*devassar*" a região do Brasil Central a partir do reatamento histórico com as bandeiras do período colonial, sendo "*a primeira a partir depois de séculos de interregno*".[86] Ela não seria a única, pelo contrário, naquele mesmo ano assistiu-se a uma nova articulação para a Bandeira Anhanguera. Poucos anos depois, seria a vez da própria Expedição Roncador-Xingu, também divulgada, nesses mesmos periódicos paulistas, enquanto parte desse reatamento histórico com o passado bandeirante.

Com o mesmo objetivo inicial de percorrer a região do Araguaia em direção a serra do Roncador, a Bandeira Anhanguera teve como chefe designado para coordenar seus trabalhos o jornalista Hermano Ribeiro da Silva (1902-1937).[87] Explorador experiente que já havia empreendido, entre 1920

---

85 VILLAS BÔAS, Orlando e Cláudio. A Marcha para o Oeste – A epopeia da Expedição Roncador-Xingu. São Paulo. Companhia das Letras – 2012. (1ª edição 1994). p. 69.

86 Seguiu hontem para Goyaz a "Bandeira Piratininga", *Folha da Manhã*, 22 de junho de 1937, p. 20.

87 Ribeiro da Silva morreu prematuramente, com 35 anos, em plena expedição. Acometido por malária, faleceu em uma fazenda às margens do rio das Mortes em 24 de novembro de 1937, quando o grupo iniciava seu retorno a São Paulo. Seu corpo foi enterrado na margem do rio Araguaia no cemitério de Aruanã. A Bandeira Piratininga que na mesma época percorria aquela região prestou-lhe homenagem confor-

e 1932, outras quatro viagens a região do Brasil Central, as quais lhe renderam algumas publicações de considerável repercussão no meio editorial nacional, fator importante para a construção de seu prestígio nos meios cultos da capital paulista, assim como para qualificar a escolha de sua liderança no adentramento. Para ocupar o cargo de subchefe foi nomeado Francisco Brasileiro, que não apenas já havia acompanhado Ribeiro da Silva na incursão de 1932, cujo objetivo era realizar a exploração do Médio Araguaia, mas que também foi escolhido, anos mais tarde, para ocupar o mesmo cargo dentro da Expedição Roncador-Xingu.

Conforme aponta Luciana Murari, o "marco inicial" da organização da segunda Bandeira pode ser identificado na palestra ministrada no Instituto Histórico e Geográfico de São Paulo, em março de 1937, pelo próprio Hermano Ribeiro da Silva.[88] Intitulado "Nos sertões do Brasil", o pronunciamento de Hermano deitava raízes profundas na obra de Euclides da Cunha, sobretudo, no que tange à crítica euclidiana direcionada a elite republicana em relação a negligência do Estado nos territórios interioranos do país. Em seu discurso, Ribeiro da Silva ainda apontou o baixo volume de materiais e estudos nacionais produzidos sobre o interior, assim como a existência de pontos de interrogação nos registros e mapas existentes. Segundo Murari, os argumentos utilizados por Hermano para a nova incursão eram inseparáveis "de um propósito científico que contribuiria para alavancar a autenticação social do empreendimento, com sua proposta de promover o mapeamento, a descrição geográfica e a prospecção de riquezas no território, simultaneamente abrindo caminho para a pacificação dos xavantes".[89]

---

me conta Willy Aureli em sua obra. Ver: AURELI, Willy. *Roncador*. São Paulo: Leia, 1962. [1a edição 1939].

88 O pronunciamento de Hermano no Instituto Histórico e Geográfico de São Paulo foi publicado, na íntegra, no jornal *O Estado de São Paulo*. Ver: Os sertões do Brasil. *O Estado de São Paulo*, 26 de Março de 1937. p. 3.

89 MURARI, Luciana. No rumo dos sertões inexplorados: a aventura da bandeira Anhanguera de São Paulo à serra do Roncador (1937). *Rev. hist.* (São Paulo), n.179, 2020, p. 7.

Nos interessa chamar a atenção para o esforço empreendido por Hermano em se inserir no "processo civilizatório" incumbido da integração dos sertões brasileiros, assim como em buscar a sua incorporação ao horizonte intelectual nacional de interesse científico ao qual pertenciam importantes incursões, tais quais as viagens empreendidas décadas antes pela Comissão Rondon e as expedições do Instituto Oswaldo Cruz. Pode-se notar que o programa científico da Bandeira era bastante genérico e incorporava objetivos similares aos das incursões anteriores, sobretudo as lideradas por Rondon. Além de realizar trabalhos e estudos científicos que pudessem propiciar a exploração mineral, a Bandeira deveria realizar a coleta de materiais para as coleções de instituições científicas, registrar os principais aspectos e características sobre as regiões percorridas, assim como dar início ao processo de "pacificação" do povo indígena Xavante.[90] Entretanto, os trabalhos em torno do contato com os Xavantes não renderam resultados significativos, tendo sido realizado apenas na década de 1940 em meio aos trabalhos realizados pela Expedição Roncador-Xingu.

Visando garantir o financiamento para a viabilização do segundo adentramento, foi organizada a Comissão de Honra da Bandeira Anhanguera composta por figuras importantes da sociedade paulista, tais quais o próprio Affonso de Taunay, "o historiador das bandeiras" e então diretor do Museu Paulista; Júlio de Mesquita Filho, diretor do jornal *O Estado de São Paulo*; Adriano Marchei, diretor do Instituto de Pesquisas Tecnológicas do Estado; José Pires de Oliveira Dias, secretário da Associação Comercial de São Paulo; José Torres de Oliveira, presidente do Instituto Histórico e Geográfico de São Paulo, entre outros. Conforme aponta Acir Fonseca Montecchi, os intelectuais que compunham a Comissão de Honra "atuavam com a autoridade de detentores do saber histórico e de intérpretes das aspirações materiais do povo", de modo que "a atualização do aparato simbólico e a aprovação das linhas gerais do projeto, passavam por ali".[91]

---

90 Os sertões do Brasil. *O Estado de São Paulo*, 26 de Março de 1937, p. 3

91 MONTECCHI, Acir Fonseca. Teatro de Imagens: a Bandeira Anhangüera através das lentes de Antonio Senatore – 1937. Departamento de História da Universidade Federal de Mato Grosso UFMT, Dissertação (de Mestrado), 2001, p. 22-23.

Assim como a Piratininga, a Bandeira Anhanguera foi divulgada pelos periódicos paulistas. Essa foi outra peça chave da articulação responsável por garantir seu financiamento por parte de importantes segmentos urbanos de São Paulo. A Rádio Bandeirante e o jornal *O Estado de São Paulo* tiveram papel essencial no processo de mobilização e de sensibilização da sociedade paulista ao frisar o compromisso patriótico assumido pelos "*modernos bandeirantes*",[92] e as possibilidades de exploração econômica e científica do adentramento que iria percorrer os "*sertões inexplorados*"[93] do Brasil Central. Nas notícias que divulgaram a Bandeira Piratininga, a glorificação do mítico passado bandeirante também foi amplamente mobilizada, tal qual pode-se perceber em artigo escrito pelo próprio Ribeiro da Silva, no qual declarou que a energia que animava aquele moderno empreendimento era donatária "*da força fecunda e inabalável do imperativo histórico, transmitida pelo maravilhoso passado que os devassadores piratininganos souberam edificar*".[94]

É preciso destacar que as publicações que divulgaram os trabalhos de ambas as Bandeira foram enfáticas ao representar os sertões do Brasil Central enquanto um local privilegiado para a conquista do homem branco e de seu modelo civilizatório. A mobilização dessas representações simbólicas – advindas de uma concepção histórica fundada no pensamento expansionista ibérico – eram artefatos de suma importância para São Paulo, pois fazia parte de uma herança cultural que regulava as relações da elite paulista com o território nacional.[95] Sendo assim, ainda que impulsionada em um contexto de franca apropriação objetiva e simbólica de territórios situados fora do alcance da institucionalidade estatal, não podemos perder de vista as motivações e os interesses político-ideológicos específicos nos quais encontravam-se enraizadas a organização dessas modernas Bandeiras.

---

92 A "Bandeira Anhanguera" embrenhou-se nos sertões. *O Estado de São Paulo,* 11 de agosto de 1937, p. 12.

93 No rumo dos seretões inexplorados. *O Estado de São Paulo,* 15 de maio de 1937, p. 9.

94 No rumo dos sertões inexplorados. *O Estado de São Paulo,* 15 de maio de 1937, p.9.

95 MONTECCHI, Acir Fonseca. *Teatro de Imagens*: a Bandeira Anhangüera através das lentes de Antonio Senatore, 1937. Departamento de História da Universidade Federal de Mato Grosso UFMT, Dissertação (de Mestrado), 2001, p. 20.

É nesse sentido que foi realizado um grande evento na capital paulista para a partida da Bandeira Anhanguera, assim como uma missa votiva, cuja cerimônia procurou materializar o esforço da reconstrução simbólica de um espaço ritual que remetia às cerimônias realizadas no período colonial para a partida das primeiras bandeiras paulistas. A ampla mobilização (simbólica e concreta) realizada no interior da sociedade paulista é sintomática do uso político que se fazia do bandeirantismo em prol da afirmação (e do reconhecimento) do histórico papel de São Paulo na construção do país.

Conforme noticiado pelo jornal *O Estado de São Paulo*, a realização do evento se deu em importantes pontos históricos da capital paulista. Iniciada com uma missa na igreja São Francisco, os expedicionários e o público em geral seguiram para o Pateo do Collegio, marco da fundação de São Paulo, onde ocorreu a benção do "pavilhão nacional" ao som da banda da Força Pública estadual e de uma apresentação de canto orfeônico de alunos da Escola Normal Padre Anchieta. Por fim, em um ato de enorme simbolismo, todos seguiram para a Basílica São Bento onde foram depositadas coroas de flores no mausoléu de Fernão Dias Paes Leme – o "caçador das esmeraldas" do período colonial.[96]

A escolha da Basílica São Bento enquanto a parada final do evento não foi fortuita. O local havia assumido importância para a memória bandeirante, expressão não apenas do vínculo entre os beneditinos e os bandeirantes durante o período colonial, mas da operação memorialística realizada por Affonso de Taunay durante a reforma do Mosteiro, responsável por reafirmar o histórico vínculo daquele local com as arrancadas paulistas, que segundo o historiador saíam do velho Mosteiro.[97] De modo que, o simbolismo do evento realizado para a partida da Bandeira Anhanguera dispensa maiores comentários.

---

96 As despedidas da "Bandeira Anhanguera". *O Estado de São Paulo*, 25 de julho de 1937, p. 11. e Partida da "Bandeira Anhanguera". *O Estado de São Paulo*, 27 jul. 1937, p. 12

97 Sobre o assunto ver: SCHNEIDER, Alberto Luiz. "Entre a História e a memória: A invenção do bandeirante Fernão Dias Paes e o Mosteiro de São Bento (São Paulo)". In: *30º Simpósio Nacional de História ANPUH*, 2019, Recife. Anais do 30° Simpósio Nacional de História – História e o futuro da educação no Brasil, 2019.

Nos interessa chamar a atenção para a reprodução, anos mais tarde, desse mesmo espaço ritual para a partida da Expedição Roncador-Xingu, empreendimento que embora nascido no interior da política estadonovista da Marcha para o Oeste, também contou com generosas doações da sociedade paulista. Assim como na primeira, a cerimônia de 1943 também contou com a presença de Affonso de Taunay que, em ato simbólico, entregou ao chefe da expedição um volume de sua obra *História Geral das Bandeiras Paulistas.*[98] Para além dos interesses propriamente econômicos, questão que será desenvolvida no segundo capítulo, a grande acolhida por parte da sociedade paulista também estava relacionada com a intensa divulgação da Expedição Roncador-Xingu nos principais jornais paulistas por meio dos mesmos recursos retóricos utilizados anos antes.

O adentramento de 1943 voltou a ser mobilizado nos jornais paulistas, os mesmos que haviam divulgado as modernas Bandeiras, enquanto uma partida ao exótico por meio das características atribuídas tanto a região da serra do Roncador, apresentada enquanto o "lugar mais desconhecido do mundo", quanto aos Xavantes, apresentados enquanto "matadores de gente".[99] Divulgado por meio da exaltação de seus "objetivos patrióticos, científicos e econômicos",[100] o adentramento também foi apresentado como parte do reatamento histórico das "tradições de arrojo e idealismo que caracterizaram os antigos pioneiros paulistas".[101] Inclusive, a expedição também foi noticiada enquanto uma "nova bandeira",[102] em clara analogia não apenas às bandeiras do período colonial, mas, sobretudo, as do ano de 1937.

A realização da solenidade para a partida deste adentramento, nascido no interior do projeto da Marcha para o Oeste, possuía ao menos duas inten-

98 GUASTINI, Mario. BANDEIRISMO. *O Estado de São Paulo*, 7 de agosto de 1943, p. 3.

99 Grande expedição partirá em breve para a Serra do Roncador. *O Estado de São Paulo*, 4 de junho de 1943, p. 8.

100 Expedição ao Roncador-Xingú. *O Estado de São Paulo*, 11 de junho de 1943, p. 4.

101 Notícias diversas: a bandeira Roncador-Xingú: missa votiva e sua próxima partida. *O Estado de São Paulo*, 5 de agosto de 1943, p. 5.

102 Notícias do Rio: uma nova bandeira. *O Estado de São Paulo*, 12 de junho de 1943, p. 10.

ções. Primeiro era uma forma de contemplar "o glorioso passado paulista" e, sobretudo, as generosas doações responsáveis por viabilizar o novo empreendimento. Segundo, era uma forma de reforçar a própria legitimidade das modernas Bandeiras organizadas no seio da sociedade paulista em 1937, de modo a criar uma continuidade entre elas e a nova política de Estado engendrada após a instauração do Estado Novo.

Ainda que as modernas Bandeiras paulistas tenham recebido pouca atenção da historiografia – via de regra, relegadas às notas de rodapé nos estudos sobre o movimento de "expansão para o Oeste" durante o governo de Getúlio Vargas –, destacamos a centralidade dos projetos para elas desenvolvidos para compreender o substrato em que se desenrolaram os eventos subsequentes, tal qual a própria Expedição Roncador-Xingu. Conforme apresentado, o projeto formulado para as modernas Bandeiras Paulistas, assim como a articulação para a viabilização desses empreendimentos por meio de uma rede estabelecida entre, instituições científicas, influentes setores da sociedade paulista e ampla mobilização jornalística, resguardam profundas conexões com o projeto e a articulação em torno da Expedição Roncador-Xingu, conforme atestou o próprio documento síntese da Bandeira Piratininga.

Cumpre destacar que a análise das notícias publicadas nos jornais paulistas sobre as modernas Bandeiras foram elementos centrais para compreender este fenômeno, que é expressivo no interior das mobilizações da sociedade civil paulista, mas que converge com o que seriam os rumos da política estatal durante o Estado Novo. Por fim, cabe notar que esse importante corpo documental não foi utilizado como mera fonte de informação, mas como uma força social ativa. Compreende-se que a imprensa é responsável por produzir determinadas narrativas, cuja atuação delimita espaços, demarca temas, mobiliza opiniões, constituindo adesões e consensos. E mais que isso, a imprensa não apenas assimila interesses e projetos de diferentes forças, mas muitas vezes é ela mesma espaço privilegiado de articulação desses projetos.[103]

103 CRUZ, Heloisa de Faria; PEIXOTO, Maria do Rosário da Cunha. "Na oficina do historiador: conversas sobre história e imprensa." Projeto História. *Revista do Programa de Estudos Pós-Graduados de História*. ISSN 2176-2767, [S.l.], v. 35, dez. 2009. p. 259.

Esse é o caso no qual se insere, cada qual a sua maneira, tanto as modernas Bandeiras quanto a Expedição Roncador-Xingu. Ambos os adentramentos não apenas foram divulgados através de alguns dos mais importantes jornais paulistas do período, mas seus projetos foram formulados também no interior desses meios de comunicação. Entretanto, é preciso notar que a construção do projeto e da divulgação das modernas Bandeiras se deu no período imediatamente anterior ao início da intervenção da censura estadonovista que começou a gradualmente limitar a atuação política da imprensa a partir de novembro de 1937. Ao passo que durante a divulgação da Expedição Roncador-Xingu, em 1943, esses veículos de comunicação já se encontravam sob o controle do Departamento de Imprensa e Propaganda (DIP).

Em outras palavras, enquanto o projeto das modernas Bandeiras, articulado no ano de 1937, através de uma abordagem propagandística pautada na recuperação do "glorioso passado" bandeirante elaborada pela (e para) sociedade paulista em um contexto de exacerbado regionalismo, o projeto da Expedição Roncador-Xingu, formulado e divulgado na década de 1940, já sob a intervenção do DIP, consistiu em uma apropriação discursiva do projeto das modernas bandeiras reformulado pelo Estado Novo e direcionado para a sociedade paulista. A mobilização dos mesmos temas, eventos e tipo de cobertura, é indicativo dessa apropriação.

Essa foi uma importante estratégia mobilizada pela máquina de propaganda estadonovista para construir o prestígio em torno do novo adentramento, assim como para garantir o apoio político e econômico para sua viabilização. De modo que, a compreensão e a análise dos nexos entre as representações simbólicas e a articulação concreta em torno dos projetos formulados para as modernas Bandeiras e para a Expedição Roncador-Xingu são parte importante da busca empreendida nesta pesquisa. Ainda assim, nos resta analisar os interesses econômicos concretos (e enraizados na década de 1940) responsáveis por motivar o apoio econômico do empresariado industrial paulista, questão que será desenvolvida no segundo capítulo.

Apesar das diversas iniciativas empreendidas Brasil adentro durante as primeiras décadas republicanas, os resultados no que tange a ocupação e exploração econômica do interior do país foram bastante modestos e os trabalhos desenvolvidos estiveram longe de assegurar a sua definitiva integração. Ainda assim, a guinada rumo ao Oeste do país assumiu grande expressão no meio político e, sobretudo, no meio intelectual durante aqueles anos. Conforme visto, a centralidade da questão territorial e das argumentações de conteúdos geográficos, geopolíticos e mesmo geoestratégicos acabaram por fundamentar algumas das mais importantes interpretações da história do país formuladas durante a Primeira República.

De modo que, estudar a conquista e ocupação do território nacional durante os anos 1940, momento no qual localiza-se a Expedição Roncador-Xingu, pressupõe o entendimento da longevidade desse movimento, polissêmico e multifacetado, e da centralidade desta temática na historiografia e no pensamento social brasileiro.[104] Teóricos como Roger Chartier e Michel de Certeau, chamaram a atenção para as complexas relações entre a formulação e a difusão de discursos e a mobilização de consciências, interesses e ações concretas, públicas ou privadas.[105] Assim, partindo do pressuposto que o pensamento intelectual exerce importante função na formulação de agendas públicas, é fundamental levar em conta o investimento discursivo em torno da expansão para o Oeste, questão que perpassa a centralidade da temática do próprio "sertão" brasileiro. Como apontou o geógrafo Antonio Carlos Robert Moraes:

> É no bojo de muitas descrições cronológicas de lugares sertanejos que a tese do desconhecimento geográfico como critério qualificador do sertão ganha corpo. Nesse sentido, por lógica, o devassamento intelec-

---

104 Ver: SOUZA, Candice Vidal e. *A pátria geográfica*: sertão e litoral no pensamento social brasileiro. Goiânia, Universidade Federal de Goiás, 1997; LIMA, Nísia Trindade. Um sertão chamado Brasil: Intelectuais e representação geográfica da identidade nacional. Rio de Janeiro: Renavan: IUPERJ, UCAM, 1999 ; MAIA, João Marcelo Ehlert. A terra como invenção: o espaço no pensamento social brasileiro. Rio de Janeiro: Jorge Zahar Ed., 2008.

105 Ver: CERTEAU, Michel de. *A Escrita da História*. Rio de Janeiro: Forense Universitária, 1982. e CHARTIER, Roger. *A História Cultural: Entre Práticas e Representações*. Lisboa: DIFEL, 1990.

> tual do sertão seria o pioneiro passo de sua superação prática enquanto tal. Conhecer e divulgar um dado espaço desconhecido iniciaria o processo de sua transformação, seu fim enquanto sertão.[106]

É nesse sentido que se buscou apresenta obras, assim como movimentos artísticos e intelectuais de grande impacto para a construção e para ampliação do horizonte das interpretações sobre os sertões do país. Essa guinada intelectual rumo ao interior foi parte fundamental do processo que redimensionou a centralidade do próprio interesse político-econômico em torno da integração nacional, questão que adensou maior força política a partir de 1940. Desde a dignidade intelectual atribuída ao sertão por meio da produção de Capistrano de Abreu e Euclides da Cunha, passando pela historiografia bandeirante, até o movimento modernista, foi longo, complexo e diverso, o processo responsável por render ao interior brasileiro uma posição privilegiada, tanto no âmbito da produção intelectual, quanto, posteriormente, no âmbito das políticas de Estado brasileiras.

Deste modo, buscou-se realizar uma espécie de itinerário durante toda a Primeira República e início do governo de Getúlio Vargas, que pudesse não apenas ajudar a compreender o processo de construção de uma agenda interessada em interpretar e integrar o interior do país, mas que pudesse levar ao recorte temporal e espacial da presente pesquisa: o Brasil Central nos anos 1940. Apesar dos objetivos e interesses distintos, todas as incursões apresentadas percorreram, em maior ou menor grau, a região do Brasil Central. Tal qual vimos, desde a Comissão Exploradora do Planalto Central do Brasil, ainda no século XIX, passando pelas atividades da Comissão Rondon e das expedições do Instituto Oswaldo Cruz, chegando até as modernas bandeiras paulistas, já no final da década de 1930. É, portanto, por meio dessa longa "genealogia" de incursões destinadas ao Brasil de dentro que se chega à Expedição Roncador-Xingu.

---

106 MORAES, Antonio Carlos Robert. "Sertão: Um "outro" geográfico". *Revista da Rede Brasileira de História da Geografia e Geografia Histórica*: Terra Brasilis (Nova Série), 4 – 5, 2003, p. 4.

Dos empreendimentos aqui apresentados, entende-se que a Comissão Rondon e as modernas Bandeiras paulistas têm importância incontornável para compreender o objeto desta pesquisa, pois foi deles que a Expedição emprestou grande parte de sua carga simbólica e, até mesmo, política, responsáveis por orientar as formas de ocupação do espaço e o exercício da autoridade pública nos locais percorridos. Ainda assim, em maior ou menor grau, todos os eventos e discursos aqui apresentados e analisados foram responsáveis pela construção do interesse pelo Oeste do país e ajudam a compreender o processo histórico que levou até o projeto varguista de ocupação do interior denominado Marcha para o Oeste.

É nesse sentido que as discussões no campo da política e da cultura durante a Primeira República são importantes para esta pesquisa. Em outras palavras, as ideias e as práticas operadas na Expedição Roncador-Xingu não foram eventos isolados, pelo contrário, encontram-se enraizadas na história do Brasil moderno.

A seguir busca-se debruçar sobre o contexto estadonovista no qual encontra-se inscrita a Marcha para o Oeste com o intuito de compreender os interesses em torno da criação da Expedição Roncador-Xingu, assim como os interesses econômicos que mobilizam o apoio político e econômico do empresariado industrial paulista para a viabilização do adentramento.

2. Estado e sociedade em Marcha para o Oeste

Diferente do capítulo anterior, onde focou-se em compreender o processo de construção de uma agenda político-cultural interessada em interpretar e integrar o Oeste do país durante as primeiras décadas do período republicano, o presente capítulo tem por interesse os anos 1930 e 1940, momento de consolidação dessa agenda por meio da instauração de uma política voltada para a integração dos fundos territoriais do país. A instauração do Estado Novo (1937-1945) e a emergência da ideologia da Marcha para o Oeste marcaram uma alteração na relação entre o Estado e o espaço territorial brasileiro.

Ainda que a Primeira República (1889-1930) tenha ficado marcada pela construção do interesse pelo interior do país, os projetos impulsionados Brasil adentro durante esse período não podem ser identificados em uma política de Estado unificada e organizada por meio de um projeto político-econômico. Nesse período, o interesse e a curiosidade pelo interior se deram nas discussões no campo mais da cultura do que na política. De modo que as atividades impulsionadas nesses anos ficaram mais atreladas ao reconhecimento (intelectual e concreto) do espaço territorial do país do que propriamente a sua integração.

A ausência de uma política de Estado unificada fez com que os projetos do período ficassem associados, no imaginário social brasileiro, a determinados sujeitos ou expedições, como foi o caso da Comissão Rondon (1900-1930) e das incursões do Instituto Oswaldo Cruz (década de 1910), conforme se apresentou no capítulo anterior. Foi apenas a partir de fins da década de 1930 que o interesse em torno da integração dos fundos territoriais do país se consolidou por meio da emergência da Marcha para o Oeste. A instauração do Estado Novo em 1937, marcou o início de uma política estatal responsável por redimensionar e politizar a centralidade da questão territorial em prol da superação de um cenário fragmentário e do desenvolvimento econômico do país.

Isso posto, é de interesse deste capítulo compreender as bases da nova diretriz político-econômica iniciada em 1937 e orientada a partir da ideologia da Marcha para o Oeste. O objetivo que se coloca é desvelar os nexos entre a política de expansão territorial e a política de industrialização impulsionadas durante esse período, com vias a compreender os interesses em torno do financiamento da Expedição Roncador-Xingu (1943-1948) por meio do apoio político e econômico do empresariado industrial paulista.

A frente de expansão da Expedição Roncador-Xingu e da Fundação Brasil Central, como se verá neste capítulo, não foi a única frente de atuação da Marcha para o Oeste. Durante o início dos anos 40, momento auge dos trabalhos impulsionados sob o signo da integração territorial, também foram criadas as Colônias Agrícolas Nacionais. De modo que foi realizada uma análise dos contornos mais gerais desses dois projetos e os interesses aos quais eles atendiam.

Durante o Estado Novo os interesses da burguesia industrial dos grandes centros urbanos do Sul (atual Sudeste), como era o caso de São Paulo, passaram a figurar de forma subjacente nos projetos governamentais de unificação e integração nacional. Assim, procurou-se apresentar o processo de aproximação entre o empresariado industrial paulista e o governo de Getúlio Vargas após as alterações promovidas na estrutura representativa com instauração do Estado Novo, responsáveis por possibilitar maior participação desse setor na esfera política. Essa questão é de interesse central do presente capítulo, pois elucida a compreensão dos interesses do empresariado industrial paulista em torno do financiamento da Expedição Roncador-Xingu.

Para tanto, procurou-se compreender o projeto industrialista que estava sendo construído naquele período por meio da atuação de suas principais lideranças, tal qual Roberto Simonsen (1889-1948) que na época ocupava a presidência da Federação das Indústrias d*O Estado de São Paulo* (Fiesp), entidade que realizou importante articulação para o financiamento da Expedição Roncador-Xingu. A análise que se segue foi pautada em parte da produção intelectual e da atuação política dessa liderança que ocupou a linha de frente não apenas da construção e defesa dos interesses do empresariado industrial, mas do processo de aproximação com o governo de Getúlio Vargas ao ocupar importantes cargos dentro do aparelho estatal durante o Estado Novo.

Assim, as perguntas que se colocam neste subcapítulo são: quais seriam os interesses do empresariado industrial paulista, representado na figura do próprio Roberto Simonsen e da Fiesp, em financiar a Expedição Roncador--Xingu? Ou, em outras palavras, como os interesses do empresariado industrial paulista encontravam-se contemplados na nova política econômica organizada a partir da ideologia da Marcha para o Oeste?

2.1 Políticas territoriais e interesses econômicos: a Marcha para o Oeste

A ocupação e a exploração econômica do Oeste do país assumiram nova centralidade com a instauração do Estado Novo (1937-1945) e a emergência da ideologia da Marcha para o Oeste. A nova política de Estado centralizadora e nacionalista acabou por inaugurar um período de intensa intervenção estatal destinada a organizar e impulsionar o desenvolvimento socioeconômico do país. Para tanto se fazia necessário a consolidação de uma economia capitalista de base nacional capaz de abolir ou, ao menos, amenizar o regionalismo econômico (e político) que havia marcado a configuração do espaço territorial brasileiro até o final da Primeira República e que vigorava ainda na década de 1930.

A chamada Marcha para o Oeste previa a expansão da autoridade estatal pelo vasto território brasileiro, bem como a ampliação do mercado interno do país por meio da integração econômica de seus fundos territoriais. Durante esse período o Estado criou um sofisticado aparelho burocrático empenhado em orientar e conduzir os investimentos em setores estratégicos como a promoção de infraestrutura de comunicação e transporte, assim como a normalização dos usos do solo e distribuição populacional. Estes foram os pilares de atuação dos projetos impulsionados sob o signo da Marcha para o Oeste, tal qual a própria Expedição Roncador-Xingu (1943-1948), cujo objetivo era acelerar o processo de integração econômica do antigo estado de Mato Grosso por meio da urbanização e do encaminhamento de levas de migrantes para a região.

O projeto da Marcha para o Oeste não apenas se tornou a principal bandeira da ocupação e da integração do espaço territorial do país, mas foi através dela que se operou a atualização do movimento de conquista dos sertões através do culto ao "espírito bandeirante" e da centralidade atribuída a esse episódio histórico no processo de ocupação e de construção do território brasileiro[1]. A atualização dessa "antiga vocação nacional", ganhou novos e modernos contornos no período estadonovista por meio da conjugação entre uma proposta de interiorização do Estado aliada a um projeto de intervenção econômica voltada para o desenvolvimento da indústria nacional, principal atividade econômica em expansão naquele período.

É preciso notar que, apesar das altas taxas de crescimento industrial durante meados da década de 1930, até a instauração do Estado Novo, a proteção ao desenvolvimento da indústria nacional não se configurava enquanto uma prioridade da política econômica do governo de Getúlio Vargas[2]. De

1 Essa leitura das arrancadas bandeirantes no período colonial, conformadas através de um longo processo político e historiográfico, conforme apresentado no capítulo anterior, foi elemento central mobilizado para a promoção e para a legitimação da Marcha para o Oeste, questão essa que será desenvolvida mais adiante, no subcapítulo 2.4.

2 Entre os anos de 1934 e 1937, o crescimento industrial foi notório, sobretudo quando comparado a agricultura. Ao passo que a agricultura cresceu pouco mais de 3% ao ano, o produto industrial cresceu mais de 11% ao ano. Sobre o assunto ver: ABREU, Marcelo de Paiva. Crise, crescimento e modernização autoritária, 1930-1945. In: ABREU, Marcelo de Paiva (Org.). *A ordem do progresso: dois séculos de política econômica no Brasil.* São Paulo: Grupo Editorial Nacional. Publicado pelo selo Editora Atlas, 2020, p. 88.

modo que, a própria política da Marcha para o Oeste constitui uma expressão da centralidade que o desenvolvimento industrial assumiu a partir desse período. Conforme será visto, os principais projetos impulsionados sob o signo da Marcha – tais quais as Colônias Agrícolas Nacionais e a frente de expansão da Expedição Roncador-Xingu e da Fundação Brasil Central – desenvolveram trabalhos determinantes para ampliar a produção e o escoamento industrial.

Durante esses anos, os interesses da burguesia industrial dos grandes centros urbanos do Sul (atual Sudeste), com destaque para São Paulo, passaram a figurar de forma subjacente nos projetos governamentais de unificação e integração nacional.[3] A nova organização institucional autoritária instaurada a partir de 1937 permitiu que as classes dominantes – tal qual a própria burguesia industrial – usufruíssem de importante participação na formulação do projeto político-econômico estatal por meio dos conselhos técnicos e econômicos estadonovistas. Conforme será visto, essa mudança foi central para que o Estado assumisse o projeto industrialista de forma mais clara e em linhas com os interesses da burguesia industrial dos grandes centros econômicos do país.[4]

3 Apesar do fortalecimento político pelo qual a burguesia industrial passou durante a década de 1930, não se pode afirmar que no período do Estado Novo existia uma burguesia industrial hegemônica capaz de impor toda uma política econômica ao Estado. Entretanto, durante o Estado Novo, a nova organização estatal autoritária e a adoção de uma política de intervenção econômica voltada para o desenvolvimento da indústria nacional acabaram por favorecer os interesses da burguesia industrial. Ainda assim, esse foi um processo tenso de negociação entre os representantes dessa classe o regime estadonovista. Sobre o assunto ver: LEOPOLDI, Maria Antonieta P. *Política e interesses na industrialização brasileira: as associações industriais, política econômica e o Estado*. São Paulo: Paz e Terra, 2000.

4 As novas políticas voltadas para a expansão de toda uma infraestrutura voltada para a ampliação da produção (e do escoamento) industrial, bem como as novas formas de representação dos interesses da burguesia industrial em meio a nova organização estatal autoritária constituem elementos centrais do processo que inaugurou um novo momento da relação entre o governo de Getúlio Vargas e a burguesia industrial, sobretudo a paulista. Essas questões serão aprofundadas mais a frente, nos subcapítulos 2.3.

O projeto de ocupação e integração do Oeste era parte fundamental da mudança que o Estado procurava operar no centro dinâmico da economia nacional: de um país exportador de bens primários, para um país urbano-industrial cuja economia passava a se voltar "para dentro". É nesse sentido que se fazia necessário o enfrentamento de uma série de questões comuns à realidade brasileira, conformadas por sua formação colonial. Tais quais a alta concentração demográfica litorânea, seu perfil rural e agroexportador, a limitada rede de transporte e comunicação entre as regiões brasileiras e a enorme desigualdade socioeconômica que separava os diversos brasis. Nesse período, a mera existência de vastas porções territoriais que escapassem do poder do Estado era elemento central das contradições de uma sociedade periférica em franco processo de urbanização e industrialização como o Brasil.

A nova política econômica se voltou para a valorização e o incentivo das atividades econômicas que não fossem destinadas exclusivamente ao mercado internacional e que pudessem permitir um maior intercâmbio econômico dentro das fronteiras nacionais. Conforme Marcelo de Paiva Abreu, esse movimento iniciado já em 1930 – em decorrência do impacto da Grande Depressão – passou por um processo de amadurecimento após 1937, passando de uma política de contenção de crise, para uma política de Estado com objetivos reguladores na área econômica e empenhada na industrialização e na ampliação do mercado interno do país.[5]

A nova diretriz político-econômica foi apresentada à população brasileira pelo próprio Getúlio Vargas à meia noite do dia 31 de dezembro de 1937. Do Palácio Guanabara, o discurso presidencial foi transmitido para todo o Brasil através do rádio:

> O ano que se inicia será de trabalho intenso e de realizações fecundas. A ação do Estado não se limitará às tarefas rotineiras adminis-

---

5 Sobre o assunto ver: ABREU, Marcelo de Paiva. Crise, crescimento e modernização autoritária, 1930-1945. In: ABREU, Marcelo de Paiva (Org.). *A ordem do progresso*: dois séculos de política econômica no Brasil. São Paulo: Grupo Editorial Nacional. Publicado pelo selo Editora Atlas, 2020, p. 79-104.

> trativas. Ajustando-se ao rítmo do progresso nacional, procurará dar-lhe direta e indiretamente, estímulos novos e meios adequados para a expansão.
>
> A civilização brasileira, mercê dos fatores geográficos, estendeu-se no sentido da longitude, ocupando o vasto litoral, onde se localizaram os centros principais de atividade, riqueza e vida. Mais do que uma simples imagem, é uma realidade urgente e necessária galgar a montanha, transpôr os planaltos e expandir-nos no sentido das latitudes. Retomada a trilha dos pioneiros que plantaram no coração do Continente, em vigorosa e épica arremetida, os marcos das fronteiras territoriais, precisamos de novo suprimir obstáculos, encurtar distâncias, abrir caminhos e estender as fronteiras econômicas, consolidando, definitivamente, os alicerces da Nação.
>
> O verdadeiro sentido de brasilidade é a marcha para o Oeste. No século XVIII, de lá jorrou a caudal de ouro que transbordou na Europa e fez da América o Continente das cobiças e tentativas aventurosas. E lá teremos de ir buscar; dos vales férteis e vastos, o produto das culturas variadas e fartas; das entranhas da terra, o metal com que forjar os instrumentos da nossa defesa e do nosso progresso industrial.
>
> Para tanto, empenharemos todas as energias disponíveis. Não será, certamente, obra de uma única geração, mas é a que tem de ser feita, e ao seu início queremos, por isso, consagrar o melhor dos nossos esforços.
>
> Persistiremos na disposição de suprimir as barreiras que separam zonas e isolam regiões, de sorte que o corpo econômico nacional possa evoluir homogeneamente, e a expansão do mercado interno se faça sem entraves de nenhuma espécie.[6]

Foi por meio deste discurso que o presidente Vargas anunciou a Marcha para o Oeste e convocou a população brasileira em torno do novo "propósito

6 VARGAS, Getúlio. No limiar do ano de 1938 (Saudações aos brasileiros, pronunciada no Palácio Guanabara e irradiada para todo o país, à meia noite do dia 31 de dezembro de 1937). VARGAS, Getúlio. In: *A Nova Política do Brasil*. Rio de Janeiro: Livraria José Olympio, 1938, Vol.V, p. 124-125.

nacional". No fragmento acima selecionado fica expresso o senso de urgência em torno da ocupação territorial e da integração econômica do país, assim como a sua centralidade para a consolidação do progresso industrial brasileiro. Mais do que isso, a partir desse momento, a ampliação do mercado interno passou a ser mobilizada enquanto garantia para o desenvolvimento da indústria nacional, bem como para o crescimento econômico do país.

Além do tom nacionalista do discurso, é possível notar o esforço retórico empreendido pelo presidente ao apresentar o ímpeto desbravador e expansionista associado aos bandeirantes – representado na figura dos "pioneiros" – enquanto um importante traço da identidade nacional.[7] Nesse período, a memória acerca dos antigos bandeirantes – estimulada por intelectuais paulistas em pleno acordo com as pretensões hegemônicas dos setores político-econômicos do estado – já estava consolidada enquanto o lastro histórico do empreendedorismo e da identidade paulista. Assim, evocar o "espírito bandeirante" como o cerne do novo projeto era evocar ideologicamente a centralidade de São Paulo na nova conjuntura político-econômica iniciada com o Estado Novo. Não é interesse das linhas que seguem aprofundar na questão, uma vez que ela será abordada mais adiante, entretanto é preciso notar que a valorização do bandeirantismo foi uma das estratégias estadonovista mobilizada para angariar o apoio político de São Paulo, importante centro industrial do país, em meio a nova diretriz político-econômica centralizadora e autoritária.

Também foram feitas menções ao papel central que o trabalhador nacional assumiria enquanto "agente dinâmico" do "progresso" do país, responsável pelo "domínio total do meio físico vasto e rico que lhe cumpre explorar e defender"[8]. Nesse sentido, cabe notar que a própria eleição do bandeirante enquanto grande personagem-símbolo da Marcha e toda a mobilização em torno de seu espírito desbravador e expansionista (apresentados enquanto

---

7 A identificação entre o "espírito bandeirante" e a Marcha para o Oeste foi amplamente mobilizada na propaganda oficial e em outros discursos presidenciais empenhados na divulgação e na legitimação do novo projeto expansionista. Esta é uma questão de relevância para a pesquisa e será trabalhada na segunda parte (2.2) deste capítulo.

8 *Ibidem*, p. 126.

traço da brasilidade), tinham por objetivo comunicar ao trabalhador nacional o papel que ele deveria desempenhar em meio ao novo programa político inaugurado com o Estado Novo. Conforme o discurso de Vargas, cabia ao trabalhador nacional a tarefa de ocupar e tornar produtiva as regiões interioranas do país de modo a assegurar sua integração econômica em prol da expansão do mercado interno brasileiro. Essa é uma questão importante, pois nos permite compreender os nexos entre o projeto de ocupação do interior e a política de valorização do trabalho e do trabalhador nacional, ambos os projetos faziam parte do mesmo programa ideológico nacionalista.[9]

No decorrer do referido discurso, Vargas também destacou importantes atividades que seriam levadas a cabo pelo Estado em prol do projeto de interiorização, como o reequipamento de portos, a construção de novas linhas ferroviárias e a abertura de rodovias.[10] O presidente ainda declarou que "em conexão com tais empreendimentos, visando, precisamente, facilitar e garantir a sua execução" havia o interesse na instalação de uma grande siderúrgica por iniciativa do Estado.[11] De modo que, a partir das questões mobilizadas neste discurso, duas nos parecem centrais: primeiro, o incremento da intervenção estatal em prol da integração econômica do país; segundo, o esforço retórico empreendido pelo presidente para convocar os brasileiros em torno

---

9 É interessante notar que o projeto modernizador impulsionado por Vargas, seja nos meios urbano ou rural, implicava na transformação da antiga noção degradante de trabalho, fruto da história escravocrata brasileira, em prol do desenvolvimento do país. É nesse sentido que a produção de uma narrativa voltada para a valorização do trabalho e do trabalhador brasileiro, teve início logo nos primeiros anos do seu governo e continuou a ser enfatizado durante o projeto de ocupação do interior, até a queda de Vargas. Sobre a questão trabalhista no governo Vargas ver: GOMES, Ângela Maria Castro. *A invenção do trabalhismo*. Rio de Janeiro: Editora FGV, 2005. e FERREIRA, Jorge. *Trabalhadores do Brasil:* o imaginário popular (1930-1945). Rio de Janeiro: 7letras, 2011.

10 VARGAS, Getúlio. No limiar do ano de 1938 (Saudações aos brasileiros, pronunciada no Palácio Guanabara e irradiada para todo o país, à meia noite do dia 31 de dezembro de 1937). In: VARGAS, Getúlio. *A Nova Política do Brasil*. Rio de Janeiro: Livraria José Olympio, 1938, Vol.V, p. 125.

11 *Ibidem*, p. 125.

da Marcha para o Oeste, apresentada enquanto medida fundamental para a consolidação do desenvolvimento econômico do país.

Alcir Lenharo, em texto dos anos 1980, apontou que o conteúdo mítico em torno do movimento de integração territorial presente na retórica da Marcha, visava estimular a sensação de participação política em um momento no qual os canais institucionais de participação coletiva estavam fechados.[12] Do mesmo modo, autores como Otávio Guilherme Velho, em fins dos anos 1970, e Elizabeth Cancelli, no início dos anos 1980, apontaram que o forte apelo ideológico da Marcha para o Oeste foi um importante mecanismo para autorizar e justificar a guinada autoritária do projeto político estadonovista, responsável por conferir ao Estado o poder de comandar e conduzir, através de um sofisticado aparato burocrático, a colonização e o direcionamento de investimentos pelo espaço territorial brasileiro.[13] De modo que a Marcha para o Oeste foi uma das principais vigas ideológicas da estratégia de dominação e de construção do Estado após 1937.

Entretanto, conforme apontou Dulce Portilho Maciel, a guinada autoritária protagonizada por Vargas a partir da instauração do Estado Novo contou com o apoio de diversos segmentos da sociedade brasileira – tais quais a burguesia industrial emergente, grupos políticos tradicionais, segmentos das forças armadas e da classe média urbana – cujos interesses em torno da nova política econômica também convergiam para a formulação de uma dada noção de Estado, com base na qual se justificava a centralização autoritária do regime.[14] Conforme será visto, os projetos impulsionados sob o

---

12 LENHARO, Alcir. *Sacralização da Política*. Campinas, SP: Papirus, 1986. p. 15

13 Sobre o assunto ver: CANCELLI, Elizabeth. *Estratégia para o flagelo*. Dissertação (Mestrado em História do Brasil. Universidade Estadual de Campinas. Campinas, 1984; CANCELLI, Elizabeth. *O Estado Novo em Marcha para o Oeste*. Curitiba: CRV, 2017; e VELHO, Otávio Guilherme. *Capitalismo Autoritário e Campesinato*. São Paulo: Difel, 1979.

14 MACIEL, Dulce Portilho. Estado e território no Centro-Oeste brasileiro (1943-1967) Fundação Brasil Central (FBC): a instituição e inserção regional no contexto sócio-cultural e econômico nacional. *Anais do XXVI Simpósio Nacional de História – ANPUH*. São Paulo, julho, 2011, p. 1-2.

signo da Marcha para o Oeste, durante os primeiros anos da década de 1940, respondiam interesses de amplos setores da sociedade brasileira, sobretudo o empresariado industrial, o militar e, ainda que em menor grau, as oligarquias rurais.

Após a divulgação da Marcha para o Oeste, a primeira medida tomada no sentido do planejamento dos projetos de interiorização foi a criação, em 1938, do Instituto Brasileiro de Geografia e Estatística (IBGE).[15] A criação dessa instituição marcou o início de uma produção unificada de um conhecimento sistematizado em escala nacional acerca da população e do espaço territorial brasileiro. A partir desse momento, as tarefas de mensurar, mapear e quantificar o Brasil passaram a assumir ainda mais importância, tornando-se operações centrais a serem realizadas pelo Estado. Por meio da realização de censos demográficos, sociais e econômicos, a atuação do IBGE passou a orientar a administração pública para a promoção de iniciativas voltadas ao desenvolvimento socioeconômico das regiões interioranas do país, de modo a amenizar as desigualdades regionais e fomentar a integração e a expansão do mercado interno brasileiro.[16]

Ainda que a criação formal do IBGE tenha se dado no final da década de 1930, é importante destacar que essa instituição é sintomática de um processo cumulativo de formulações e práticas sobre o território brasileiro, que remonta à década de 1910 e as discussões incipientes acerca da necessidade de superar o federalismo brasileiro e ampliar o poder do Estado central.[17] Conforme explorado no primeiro capítulo, o início do século XX assistiu ao fortalecimento de uma imaginação geográfica acerca do país calcada em representações da identidade nacional e na ânsia de se compreender a formação da nacionalidade brasileira. Muitos dos inte-

---

15 Em janeiro de 1938 foi criado o IBGE por meio do Decreto Lei nº 218.

16 Sobre o assunto ver: ABRANTES, Vera Lucia Cortes. O IBGE e a formação da nacionalidade: território, memória e identidade em construção. ANPUH – XXIV SIMPÓSIO NACIONAL DE HISTÓRIA – São Leopoldo, 2007.

17 Sobre o assunto ver: OLIVEIRA, Lúcia Lippi. *A Questão Nacional na Primeira República.* Brasília: CNPq/ Brasiliense, 1990.

lectuais desse período pensavam o país como um espaço em construção, demandando controle e racionalidade.[18] É nesse sentido que, durante a Primeira República, a circulação dessa imaginação espacial contribuiu para o crescente prestígio do saber geográfico e protagonismo dos geógrafos na sociedade civil e em cargos públicos. Do mesmo modo, nesse período foi crescente a importância dos estatísticos e de novas ferramentas aplicadas para o mapeamento e organização do espaço territorial do país. Essa é uma questão importante pois relativiza a excessiva ruptura comumente associada ao pós-1930.

Ainda assim, foi no ano de 1940, durante os primeiros anos da atuação do IBGE, que foi realizado um dos mais importantes censos do país por meio de uma orientação técnica unificada. Conforme afirmava o selo comemorativo do censo de 1940: "O Brasil era um grande desconhecido".[19] Realizado no aniversário de dez anos da "vitória revolucionária" de 1930, o Recenseamento Geral do Brasil, como ficou conhecido, atendia à estratégia política estadonovista empenhada em ampliar e efetivar o controle sobre o território e a população brasileira, assim como legitimar o novo regime. Incumbido de investigar os principais aspectos da vida nacional a partir de censos demográfico, agrícola, industrial, comercial, de serviço, transporte e comunicação, o Recenseamento foi pensado para auxiliar na orientação e na construção das novas políticas territoriais a partir do mapeamento e da quantificação da realidade de cada uma das regiões do país. Não por acaso, foi após a realização do censo de 1940 que os principais projetos de integração territorial passaram a ser impulsionados, como foi o caso das Colônias Agrícolas Nacionais, a partir de 1941, e a frente de expansão da Expedição Roncador-Xingu e da Fundação Brasil Central, criada em 1943.

---

18 Sobre o assunto ver: MAIA, João Marcelo Ehlert. *A Terra como Invenção: o espaço no pensamento social brasileiro.* Rio de Janeiro: ZAHAR, 2008. e LIMA, Nísia Trindade. *Um sertão chamado Brasil: representações geográficas da identidade nacional.* Rio de Janeiro: REVAN, 1999.

19 GOMES, Angela de Castro. População e Sociedade. In: SCHWARCZ, Lilia Moritz. *História do Brasil Nação: 1808-2010 – Olhando para dentro: 1930-1964.* Rio de Janeiro. Objetiva, 2013, p. 46.

Outra tarefa incorporada pelo IBGE foi a discussão sobre a divisão do Brasil em regiões geopolíticas, assunto que já vinha sendo discutido pelos profissionais da área desde o século XIX.[20] A proposta, elaborada por Fábio de Macedo Guimarães, coordenador do setor de Geografia do IBGE, foi tornada oficial em 1942 e previa a criação de cinco grandes regiões: Norte, Sul, Leste, Nordeste e Centro-Oeste. Essa iniciativa era parte da política centralizadora estadonovista empenhada em atenuar as resistências e o sentimento federalista ainda existente por meio da criação de novas regiões, nascidas da própria centralização do regime autoritário, e que deveriam ensejar uma nova maneira de se representar o Brasil em termos espaciais, políticos e culturais.[21]

Os trabalhos desenvolvidos através do IBGE também são sintomáticos do aumento da centralidade das questões territoriais em decorrência do início do segundo conflito mundial (1939-1945).[22] A partir de 1939, o princípio da segurança nacional recebeu nova atenção, atuando de forma direta na elaboração das políticas territoriais brasileiras, que passaram a ser tratadas cada vez mais sob a ótica da geopolítica, sobretudo após a entrada do Brasil na Guerra.[23] Na linguagem da geopolítica, os "vazios" territoriais, isto é, as

---

20 Sobre o assunto ver: FLEMING, Thiers. *Nova Divisão Territorial do Brasil.* Rio de Janeiro, s.d, 1939.

21 Sobre o assunto ver: MESQUITA, Gustavo Rodrigues. A nova divisão regional do Brasil: entre a experiência do federalismo oligárquico e a expectativa do desenvolvimento nacional. *Anais do XXVI Simpósio Nacional de História* – ANPUH. São Paulo, julho 2011.

22 Não se pode esquecer que o trabalho do IBGE de regionalização territorial se consolidou com a criação, em 1943, de cinco novos territórios confirmados nas seguintes unidades: Amapá, Guaporé, Rio Branco, Iguaçu e Ponta Porã. O desmembramento desses territórios foi uma estratégia brasileira voltada para a defesa do território nacional, pois se tratava de espaços pouquíssimos povoados, mas de suma importância para a segurança nacional, sobretudo tendo em vista a entrada do Brasil na Segunda Guerra Mundial um ano antes, em 1942.

23 Durante a Segunda Guerra Mundial, a tônica do espaço vital, originalmente cunhado por Ratzel no século anterior, recebeu nova atenção. Ela estabelecia que as áreas vazias ou mal aproveitadas do planeta deveriam ser ocupadas e exploradas por nações que historicamente tivessem demonstrado eficiência na gestão de territórios. Para Ratzel, cada Nação deve ser do tamanho da sua capacidade de organização e ocupa-

regiões economicamente desarticuladas e pouco povoadas, eram concebidas enquanto ameaças à realização do poder nacional e, portanto, deveriam ser devidamente integradas pelo Estado.

É nesse cenário, cujo pano de fundo era a Segunda Guerra Mundial, que se insere a criação das Colônias Agrícolas Nacionais e as atividades desempenhadas pela Expedição Roncador-Xingu e pela Fundação Brasil Central. Convém apontar que a integração territorial não era uma reivindicação apenas dos emergentes setores urbanos, mas também do setor militar, que compunha uma importante base de apoio do governo. Sendo assim, a Marcha para o Oeste, acenava tanto para a expansão econômica, quanto para a defesa nacional. Questões essas que se acirraram tanto com incremento do desenvolvimento urbano industrial da atual região Sudeste durante o final da década de 1920 e início da década de 1930, quanto pelo início da Segunda Guerra, em 1939.

Ainda que a emergência da Marcha para o Oeste seja, por vezes, associada ao cenário e as preocupações decorrentes da eclosão da Segunda Guerra Mundial, não se pode esquecer que o projeto de interiorização foi anunciado no ano de 1938, isto é, antes mesmo do início do conflito. A Marcha se encontrava enraizada nas mudanças próprias do contexto interno brasileiro – que vivia um processo de transformação econômica, de um país agroexportador com uma população predominantemente rural, para a progressiva predominância do setor industrial na economia e pela crescente e generalizada urbanização de seus habitantes. De modo que, o projeto de interiorização foi expressão do processo pelo qual o país passava desde as primeiras décadas do século XX, acirrado com a instauração, em 1937, de um Estado com forte vocação centralizadora e autoritária e empenhado na consolidação de um capitalismo de base nacional por meio do desenvolvimento industrial.

ção. Desse modo, tendo em vista esse pano de fundo, as áreas "desconhecidas" do sertão brasileiro passaram a ser vistas com preocupação pelo governo. Sobre o assunto ver: REIS, Arthur Cezar. *A Amazônia e a cobiça internacional*. Rio de Janeiro: Record, 1968. p. 135. Para um balanço da obra de Friedrich Ratzel ver: MORAES, Antonio Carlos Robert (org.). *Ratzel*. São Paulo: Ática, 1989; COSTA, Walderley Messias da. *Geografia Política e Geopolítica* [1992]. 2ª ed. São Paulo: Edusp, 2016.

Ainda assim, é preciso notar que a guerra, bem como o cenário internacional como um todo, contribuíram para inflamar as preocupações em torno da integração e defesa do território nacional, e para acirrar o processo econômico pelo qual o país passava, exercendo importante influência nas formulações das políticas do período. Embora não seja interesse deste trabalho aprofundar a questão, cabe destacar que essas mudanças no cenário interno brasileiro, sobretudo no que tange a industrialização, resguardam importantes conexões com a dinâmica global responsável pelo reposicionamento do Brasil na divisão internacional do trabalho a partir de demandas provenientes do centro do capitalismo.[24] É nesse sentido que, junto às iniciativas governamentais na esfera prsodutiva brasileira, o país recebeu importante ajuda financeira internacional, como se vê no caso da Companhia Siderúrgica Nacional, criada em 1941.

Foi com a instauração do Estado Novo, a partir de 1937 que passou-se a realizar o planejamento econômico voltado para o desenvolvimento industrial, assim como orientar e ser o instrumento da promoção e da expansão dos setores econômicos, captando e orientando recursos financeiros e promovendo investimentos diretos nos setores tidos como estratégicos.[25] Esse movimento

---

24 Tal reposicionamento implicava na transição de uma economia centrada na exportação de produtos primários para uma que fosse minimamente industrializada para atender algumas das demandas provenientes do mercado internacional. Esse processo estava atrelado às novas demandas dos países centrais do capitalismo que, por conta da crise de 1929 e da própria guerra, na segunda metade dos anos 1930, já não conseguiam suprir suas necessidades e acabaram por promover um surto de industrialização em países periféricos, como o Brasil. De modo que, a própria crise mundial de 1929 foi um dos principais fatores a precipitar a queda da República Velha e demandar uma nova política econômica para o país, Em suma, não se deve perder de vista que o movimento de industrialização do país não está apenas ligado à dinâmica político-econômica interna, mas liga-se aos desenvolvimentos do capitalismo mundial. Do mesmo modo, o reposicionamento do país no âmbito da divisão internacional do trabalho repercute em reordenamentos na divisão regional do trabalho, conforme se verá mais à frente.

25 Conforme Ricardo Bielschowsky, ainda que o recorte que vai de 1930 até 1945, sobretudo a partir de 1937, tenha representado uma primeira e limitada tomada de cons-

pode ser percebido por meio da criação de novas agências governamentais com objetivos reguladores na área econômica, bem como por meio da promoção de iniciativas governamentais na esfera produtiva.[26] Dois exemplos emblemáticos são a já citada Companhia Siderúrgica Nacional, criada em 1941, e a Companhia Vale do Rio Doce, criada em 1942. A consolidação de uma indústria de base era elemento fundamental para o sucesso da nova política econômica que passava a se voltar "para dentro", pois previa diminuir a dependência brasileira em relação às importações de bens de capital e de matéria prima e consolidar uma maior autonomia para a indústria de bens de consumo.

A proposta integrou, desde o início, a nova diretriz política instaurada com o Estado Novo, entretanto, foi apenas na década de 1940 que o projeto passou a ser levado a cabo após o acirramento da Segunda Guerra e do retorno das dificuldades de importação. Conforme Marcelo de Paiva Abreu, o ano de 1942 marcou a retomada do crescimento industrial no Brasil em decorrência da expansão de políticas creditícias em benefício da indústria frente às dificuldades de obtenção de insumos essenciais e de bens de capital que possibilitasse a ampliação da capacidade, assim como da expansão de novos setores como a produção, tais quais a siderúrgica e metalúrgica.[27]

---

ciência acerca da problemática da industrialização por parte de uma nova elite técnica, civil e militar, que então se instalava nas instituições de orientação e controle implantadas pelo Estado centralizador pós-1930, esse foi um período de origem, isto é, de construção do desenvolvimentismo. Ainda que seu amadurecimento tenha se dado apenas a partir de 1944 e 1945, o período do primeiro governo Vargas, sobretudo o período 1939-45 marcou um salto qualitativo na ideologia industrialista preexistente, adicionando-lhe elementos básicos para a definição de uma estratégia industrial. Sobre o assunto ver: BIELSCHOWSKY, Ricardo. *Pensamento econômico brasileiro: o ciclo ideológico do desenvolvimentismo.* São Paulo: Editora Contraponto, 2007, Capítulo 9.

26 Sobre o assunto ver: ABREU, Marcelo de Paiva. O processo econômico. p. 193-197. In: SCHWARCZ, Lilia Moritz. *História do Brasil Nação: 1808-2010 – Olhando para dentro: 1930-1964.* Rio de Janeiro: Objetiva, 2013.

27 ABREU, Marcelo de Paiva. Crise, crescimento e modernização autoritária, 1930-1945. In: ABREU, Marcelo de Paiva (Org.). *A ordem do progresso: dois séculos de política econômica no Brasil.* São Paulo: Grupo Editorial Nacional. Publicado pelo selo Editora Atlas, 2020, p. 96.

De modo que, tanto do ponto de vista político, quanto do ponto de vista econômico, a Segunda Guerra representou uma inequívoca cumulação à batalha do desenvolvimento industrial. Conforme será visto mais à frente, o início dos anos 1940 representou o melhor momento da aliança entre a burguesia industrial e o governo de Getúlio Vargas. Esse foi um momento chave para que os segmentos industriais pudessem ampliar suas condições de elaboração e de viabilização de propostas e projetos para o fortalecimento da indústria nacional. Não por acaso, foi durante esses anos que foram impulsionados os principais projetos impulsionados sob o signo da Marcha para o Oeste, tais quais as Colônias Agrícolas Nacionais e a própria Expedição Roncador-Xingu.

A seguir iremos nos debruçar sobre esses dois projetos impulsionados no início da década de 1940, cujo objetivo era intensificar as trocas mercantis intersetoriais e inter-regionais com vias a ampliação do mercado interno do país e o desenvolvimento da indústria nacional.

2.2 A conquista da fronteira Oeste: o projeto das Colônias Agrícolas Nacionais e a frente de expansão da Expedição Roncador-Xingu e da Fundação Brasil Central

Os projetos impulsionados nesse período desempenharam importante função ao acelerar – ou mesmo iniciar – o processo de integração econômica dos locais percorridos. Ainda que seus trabalhos tenham se estendido, em maior ou menor grau, para todas as regiões do país, a região, na época, denominada de Brasil Central[28] – em particular o antigo estado de Mato Grosso

28 O termo Brasil Central apareceu pela primeira vez em registros, sobretudo, da segunda metade do século XIX, ainda assim sua utilização só passou a ser mais recorrente a partir do período republicano, sobretudo durante o Estado Novo. Ainda que o termo Brasil Central nunca tenha constituído uma divisão territorial oficial, ele foi deliberadamente utilizado para denominar a área em torno do centro geográfico do país e, até mesmo, com alguma diferença, para denominar a região do Planalto Central ou do Centro-Oeste. De modo que, a própria indefinição de seus limites consistiu em uma característica intrínseca ao próprio uso do termo, tendo sido utilizados para se referir ao interior do país. Sobre o assunto ver: MAIA, João Marcelo Ehlert. *Estado Território*

– foi convertida em um importante palco dos trabalhos de expansão e de integração territorial impulsionados durante a Marcha para o Oeste.

O grande cerrado brasileiro foi tomado enquanto uma fronteira fundamental a ser expandida e integrada, tanto pela sua localização geográfica estratégica para o escoamento interno de mercadorias, quanto para viabilizar o avanço da marcha para a Amazônia e o Norte do país. De modo que, nos anos 1940, durante o processo de atualização do movimento de conquista dos sertões, a região do Brasil Central acabou por assumir o papel ideológico proporcional àquela assumida pela categoria "sertão" durante as últimas décadas do século XIX e início do XX.[29]

Na presente pesquisa parte-se da interpretação que compreende a fronteira enquanto um lugar ainda não plenamente estruturado do ponto de vista da lógica capitalista, mas dotado de alto potencial político-econômico, isto é, que é visto pelo Estado (e/ou pelo capital privado) enquanto um local privilegiado a ser incorporado ao espaço global/fragmentado.[30] No Brasil, o processo da expansão da fronteira encontra-se profundamente associado ao próprio processo de formação do Estado, de modo que este constitui um determinante histórico da expansão da fronteira no país, exercendo maior ou menor poder em diferentes períodos. Durante o Estado Novo, a fronteira

---

e imaginação espacial. O caso da Fundação Brasil Central. Rio de Janeiro: Editora FGV, 2012. (capítulo 3)

29 Partimos da compreensão de sertão proposta por Antonio Carlos Robert Moraes, na qual sertão não é um lugar, mas uma condição atribuída a variados e diferentes lugares. Isto é, trata-se de um "símbolo imposto" a determinadas condições locacionais em determinados contextos históricos. Construída pela produção intelectual enquanto realidade simbólica por muitas vezes relacionada a regiões desconhecidas, isoladas e distantes, o "sertão" também se configurou enquanto categoria de interpretação do Brasil, tendo sido utilizada de diferentes maneiras em diferentes períodos. Sobre o assunto ver: MORAES, Antonio Carlos Robert. "Sertão: Um "outro" geográfico". *Revista da Rede Brasileira de História da Geografia e Geografia Histórica: Terra Brasilis* (Nova Série), 4 – 5, 2003.

30 Sobre o assunto ver: BECKER, Bertha K. Significância Contemporânea da Fronteira: Uma interpretação geopolítica da Amazônia Brasileira. In: AUBERTIN, Catherine (org). *Fronteiras.* Brasília: Editora Universidade de Brasília; Paris: ORSTOM, c1988.

assumiu grande carga simbólica e ideológica, ao passo que o próprio Estado passou a levar a cabo um projeto de expansão que, em parte, se antecipava ao próprio capital – mas também conduzia a sua expansão –, assim como ao movimento demográfico orgânico na abertura dos caminhos para a ocupação econômica do interior do país. Assim, partindo da compreensão que o emblema crucial da fronteira é sua qualidade histórica, nos interessa pensar os projetos do período recortado através das preocupações e agendas próprias do jogo político e econômico de seu tempo.

É nesse sentido que, ao analisar o processo de expansão da fronteira durante o Estado Novo – e de acordo com os interesses próprios da presente pesquisa – partimos do referencial que compreende a expansão da fronteira enquanto a expansão territorial do capital, ou do modo de vida capitalista. Essa expansão não se dá de forma imediata, mas através de um processo complexo e particular, mediante as etapas de cada forma de expansão.[31] De modo que, as regiões que receberam iniciativas advindas da política da Marcha para o Oeste foram impactadas de diferentes formas de acordo com os estágios de integração ou de isolamento no qual se encontravam, assim como de acordo com os interesses econômicos envolvidos na integração de determinados locais.

Conforme visto, o projeto de integração capitalista induzido pelo Estado Novo previa a formação de uma economia nacional por meio de um

31 José de Souza Martins trabalhou duas importantes categorias utilizadas para diferentes análises e enfoques sobre o processo de expansão da fronteira: frente de expansão e frente pioneira. A primeira, procura compreender a ocupação do espaço tendo as populações indígenas enquanto referencial, de modo a analisar a expansão da fronteira demográfica e os conflitos advindos com essa expansão. Já a segunda procura compreender a incorporação de uma nova organização da vida social já pautada no predomínio de relações e formas de produção capitalistas. Esses constituem dois modos diferentes de ver e de analisar um mesmo processo: a expansão fronteira. Embora diferentes, elas não são opostas, pois compõem a multiplicidade e a complexidade intrínseca ao movimento de expansão da fronteira, um local, por natureza do conflito social, do encontro, do desencontro e da alteridade. Sobre o assunto ver: MARTINS, José de Souza. O tempo da fronteira: retorno à controvérsia sobre o tempo histórico da frente de expansão e da frente pioneira. *Tempo Social; Rev. Sociol. USP*, São Paulo, 8(1): 25-70, maio de 1996.

mercado interno unificado em prol do desenvolvimento industrial do país. A localização estratégica do Brasil Central em relação aos grandes centros urbano-industriais do Sul e as demais regiões do país foi um importante fator para que a região fosse tomada enquanto espaço privilegiado para a atuação dos projetos da Marcha para o Oeste.

Durante esse período, a região passou a receber grande investimento voltado para a expansão de infraestrutura de transporte e comunicação, assim como de estímulo ao movimento demográfico voltado para a ocupação dos espaços tidos como "vazios". Ao passo que a frente de expansão da Expedição Roncador-Xingu e da Fundação Brasil Central previa a urbanização da região com vias a ampliação de um mercado consumidor para os produtos industriais do Sul, o projeto das Colônias Agrícolas Nacionais previa a ampliação da produção de bens alimentícios e matérias-primas para o abastecimento dos grandes centros urbano-industriais. De modo que, a proposta de integração da região em uma divisão regional do trabalho previa a seguinte configuração: de um lado, o Sul industrial, fornecedor de produtos industrializados e consumidor de matérias-primas e produtos alimentares, de outro, o Brasil Central, fornecedor de matérias primas e produtos alimentares e consumidor de produtos industrializados.

Conforme Barsanulfo Gomide Borges, esse projeto de inserção do Brasil Central na divisão regional do trabalho a partir de funções específicas dentro da proposta de desenvolvimento industrial da época acabou por iniciar um processo lento e desigual de diversificação e especialização.[32] Ainda que esse processo tenha favorecido o aumento da taxa de urbanização da região, tal qual nos locais percorridos pela Expedição Roncador-Xingu, isso não representou uma alteração significativa na hierarquia urbana, fazendo com que a região continuasse a sofrer influência de sistemas urbanos mais desenvolvidos e industrializados.

---

32 BORGES, Barsanulfo Gomide. A Economia Goiana na divisão regional do trabalho (1930-1960). In: SILVA, Luiz Sérgio Duarte da (org). *Relações cidade-campo: fronteiras. Goiânia*: Ed UFG, 2000. e BORGES, Barsanulfo Gomides. *Goiás nos quadros da economia nacional: 1930-1960*. Goiânia: Ed. da UFG, 2000.

Ainda assim, é preciso destacar que esse movimento que procurava romper com o isolamento econômico do Brasil Central não era uma pauta exclusiva do Estado Novo ou da emergente burguesia industrial, mas também dos representantes das classes políticas e econômicas da região, com especial destaque para o estado de Goiás. Conforme atestado por meio da construção de Goiânia, primeira cidade planejada do Brasil Central, cujo projeto, comumente associado à Marcha para o Oeste, nasceu no interior dos interesses e das disputas oligárquicas da região anos antes da própria instauração do Estado Novo.[33] Ainda que a transferência da capital tenha sido oficializada em 1937 e sua inauguração tenha sido realizada em 1942, isto é, em meio aos trabalhos da Marcha para o Oeste, a construção da nova capital goiana teve início quase uma década antes, em 1933, nos anos iniciais do governo de Getúlio Vargas.

Ainda assim, a importância simbólica da recém-criada Goiânia, foi amplamente mobilizada por Vargas durante o Estado Novo, enquanto mecanismo de promoção e de legitimação da Marcha. Os modernos preceitos urbanísticos da nova capital foram apresentados como um importante modelo do futuro urbano e interiorizado que o Estado Novo projetava para o país. Goiânia passou a representar a estrela maior de uma constelação que começava a ser fomentada no interior brasileiro. De um lado a antiga Cuiabá, de

---

33 O projeto da nova cidade-capital foi proposto por Pedro Ludovico Teixeira, interventor do estado de Goiás escolhido por Vargas em 1930, e vislumbrava tanto atender ao processo de modernização das relações produtivas já em curso, quanto romper com as bases de sustentação da estrutura oligárquica goiana. Vargas evidentemente aprovou o projeto de Ludovico, entretanto, o lançamento da política da Marcha para o Oeste se deu apenas a partir dos anos de 1937 e 1938 com vistas à manutenção de seu governo e à consolidação de seu projeto político. De modo que a associação desses dois projetos não é apenas anacrônica, mas errônea. Ainda assim, ao longo do recorte 1930-1945, tanto Vargas e Ludovico não apenas partilharam de ampla aliança política, mas também estiveram à frente de ações significativas na (re)produção do território goiano e brasileiro. Sobre o assunto ver: SILVA, Genilder Gonçalves da; MELLO, Marcelo de. A Revolução de 1930 e o discurso da ruptura: Goiânia e a Marcha para o Oeste. *Cordis: Revoluções, cultura, política na América Latina*. São Paulo, n. 11, p. 57-89, jul./dez. 2013.

outro Goiânia, a cidade-menina. Não por acaso, foi justamente entre as duas capitais do Brasil Central que foi traçado o percurso da Expedição Roncador-Xingu, empreitada responsável pela urbanização da região.

Assim como Goiânia, as cidades que viriam a nascer no trajeto da Roncador-Xingu, ainda que cravadas em um mundo agrário tradicional, passaram a representar um novo e moderno referencial urbano em pleno sertão, transformando-se no "portal" da conquista do Oeste dos anos 1940. A construção de Goiânia, ainda que nascida dos interesses dos representantes das classes políticas e econômicas da região, foi um fator relevante no processo que elevou a centralidade da região do Brasil Central enquanto local privilegiado para o projeto de integração nacional durante o Estado Novo.

Ainda que o projeto em torno da urbanização do interior do país tenha sido uma bandeira importante dos trabalhos desenvolvidos pela Expedição Roncador-Xingu e pela Fundação Brasil Central, o projeto de instalação das Colônias Agrícolas Nacionais também previa a instalação de centros urbanos junto aos assentamentos rurais. Ainda que o projeto das Colônias não constitua um interesse central da pesquisa, se faz necessário compreender os contornos mais gerais desse projeto, bem como os interesses envolvidos na sua realização e suas conexões com o programa político-econômico do período engendrado a partir da ideologia da Marcha para o Oeste.

2.2.1 As Colônias Agrícolas Nacionais

O projeto de criação das chamadas Colônias Agrícolas Nacionais (CAN) foi formulado pelo Governo Federal em colaboração com os governos estaduais e municipais, por intermédio do Ministério da Agricultura e foi responsável pela criação de sete grandes colônias: em 1941, as Colônias Agrícolas Nacionais de Goiás e Amazonas; em 1942, as colônias do Pará e do Maranhão; em 1943, as colônias "General Osório" (Sudoeste do Paraná) e "Dourados" (no então Território de Ponta Porã, Mato Grosso); e em 1944, a Colônia do Piauí.[34] Seu objetivo consistia em promover a instalação de

34 É preciso destacar que para além destas principais e mais conhecidas Colônias, esse projeto também foi implantado em outros estados brasileiros, como o Rio de Janeiro,

colônias destinadas a receber e fixar, como proprietários rurais, "cidadãos brasileiros reconhecidamente pobres" e com "aptidão para os trabalhos agrícolas".[35] Esses trabalhadores, instalados em pequenos lotes de terra, receberiam crédito e auxílio e se organizariam em cooperativas para produção e comercialização de produtos.

Destaca-se que não é interesse das linhas que se seguem analisar a fundo o projeto das Colônias Agrícolas Nacionais, sobre isso há importante produção historiográfica.[36] Visto os interesses da presente pesquisa, será apresentada uma análise sobre os objetivos mais gerais formulados para esse projeto com vias a compreender seus nexos com a política da Marcha para o Oeste e da proposta de desenvolvimento da indústria nacional.

Alcir Lenharo, em texto dos anos 1980, apontou que as políticas da Marcha para o Oeste, sobretudo no âmbito das Colônias Agrícolas Nacionais, podem ser concebidas enquanto a face rural da política trabalhista aplicada nos centros urbanos voltada para a construção de um novo conceito de trabalhador: disciplinado, produtivo e empenhado no desenvolvimento do país.[37] Ao passo que a legislação trabalhista era uma exclusividade dos trabalhadores urbanos,

---

Guaporé (território que hoje compõem o estado do Rio Grande de Sul) e na região do atual estado do Acre. Além disso, a Marcha ainda estendeu suas atividades também para o estado de Santa Catarina. Sobre o assunto ver: MARIN, Joel Orlando Bevilaqua; NEVES, Delma Pessanha (org). Campesinato e Marcha para Oeste. Santa Maria: Ed. da UFSM, 2013.

35 Decreto-lei nº 3.059, de 14 de fevereiro de 1941.

36 Sobre o assunto ver: DUTRA E SILVA, Sandro. *No Oeste, a terra e o céu: a expansão da fronteira agrícola no Brasil Central.* Rio de Janeiro: Mauad X, 2017 p. 169-214; MARIN, Joel Orlando Bevilaqua; NEVES, Delma Pessanha. Apresentação. In: MARIN, Joel Orlando Bevilaqua; NEVES, Delma Pessanha (org). *Campesinato e Marcha para Oeste.* Santa Maria: Ed. da UFSM, 2013. p. 11.13.; NAGLIS, Suzana Gonçalves Batista. "*Marquei aquele lugar com o suor do meu rosto*": os colonos da Colônia Agrícola Nacional de Dourados-CAND:(1943-1960). Dourados: Editora da Universidade Federal da Grande Dourados, 2014; DAYRELL, Eliane Garcindo. *Colônia Agrícola Nacional de Goiás*: análise de uma política de colonização. 1974. Dissertação (Mestrado) – Instituto de Ciências Humanas e Letras, UFG, 1974.

37 LENHARO, Alcir. *Sacralização da Política.* Campinas, SP: Papirus, 1986, p. 15

o projeto das Colônias representava algum tipo de amparo aos trabalhadores rurais que, nesse período, protagonizavam um movimento crescente de deslocamento para os grandes centros urbanos, sobretudo, Rio de Janeiro e São Paulo, em busca de melhores condições de vida e de trabalho.[38] É nesse sentido que esse projeto tinha por objetivo desestimular o crescente êxodo rural ao reorientar o movimento de grandes levas de trabalhadores para os locais que se tornaram palco da política de integração territorial e que passaram a receber infraestrutura para assegurar a fixação dessas populações.

Ademais, o projeto de ocupação agrária concebido para essas Colônias não era exclusivamente rural. Conforme Sandro Dutra e Silva, a instalação de centros urbanos que pudessem funcionar como núcleos centrais para o povoamento, desenvolvimento e para a construção de novas cidades próximas às áreas atingidas pela expansão agrícola, era parte importante do projeto.[39] Em linhas gerais, as Colônias Agrícolas Nacionais obedeciam a uma dupla função: de um lado, estimular a fixação dos trabalhadores em áreas rurais estratégicas de estados pouco povoados por meio da concessão de lotes de terra, crédito e auxílio para produção agrícola com vias ao aumen-

---

38 O deslocamento de trabalhadores rurais para os grandes centros urbanos entre os anos de 1940 e 1980 foi responsável por inverter decisivamente a curva de concentração da população brasileira que, em 1930, ainda contava com 70% de seus habitantes em zonas rurais, enquanto em 1980 os mesmos 70% encontravam-se em cidades. Fonte: Distribuição da população total brasileira nas áreas rurais e urbanas entre 1940 e 1970 / Serviço Nacional de Recenseamento. Anuário estatístico do Brasil 1962. Rio de Janeiro: IBGE, v.23, 1962.

39 Sandro Dutra e Silva ao se debruçar sobre o tema da expansão da fronteira agrícola no Brasil Central durante o período que vai da década de 1930 a 1950, realizou uma análise sobre a Colônia Agrícola Nacional de Goiás. O autor procurou compreender essencialmente duas questões: primeiro, as políticas de migração e ocupação territorial em Goiás a partir dos discursos da Marcha para o Oeste e as mudanças ocorridas no estado em termos de infraestrutura e modernização da economia; segundo, compreender e evidenciar os diferentes processos da colonização do Oeste do Brasil a partir dos dois modelos urbanos de cidades nascidas do projeto das Colônias Agrícolas de Goiás. Sobre o assunto ver: DUTRA E SILVA, Sandro. *No Oeste, a terra e o céu: a expansão da fronteira agrícola no Brasil Central.* Rio de Janeiro: Mauad X, 2017, p. 169-214.

to da produção de bens alimentícios e matéria prima para o abastecimento dos grandes centros urbano-industriais do país, por outro, incentivar uma maior distribuição regional da renda por meio da urbanização dos locais próximos aos assentamentos agrícolas, com vias a abertura de um novo mercado consumidor para os produtos industrializados nacionais.

Ainda que as políticas territoriais desenvolvidas durante esse período estivessem voltadas para a formação de uma economia nacional em prol do desenvolvimento industrial do Sul, é preciso destacar que esse projeto não atendia exclusivamente aos interesses do capital urbano-industrial. Conforme Barsanulfo Gomide Borges, o Estado optou pela conquista das áreas de fronteira, isto é, a ocupação das extensas porções de terras localizadas no interior distante do país (e ainda não ocupadas pelo poder público ou pela grande propriedade) em detrimento de uma reestruturação da organização rural brasileira, o que implicaria em uma revolução agrária.[40]

Se por um lado o programa político estadonovista procurou operar o deslocamento das oligarquias rurais do eixo político e até mesmo econômico, por outro, isso não significou o combate frontal de sua estrutura organizativa e produtiva. Afinal, ainda que durante o Estado Novo tenha ocorrido o favorecimento da política econômica engendrada pelo empresariado industrial, não se pode esquecer que dela fazia parte a histórica aliança entre as classes econômicas urbanas e rurais. De modo que, a ocupação das áreas de fronteira no Brasil Central (e posteriormente na Amazônia) foi fortemente marcada pela expansão do grande capital urbano-industrial aliado a formas arcaicas de apropriação da terra e de exploração do trabalho.[41]

Conforme Joel Orlando Bevilaqua Marin e Delma Pessanha Neves, a nova política de colonização impulsionada por meio das Colônias Agrícolas Nacionais, cujo objetivo era a intensificação das trocas mercantis intersetoriais e

---

40 BORGES, Barsanufo Gomide. "A fronteira na formação do espaço brasileiro (1930-1980)". In: *Escritas da História: intelectuais e poder*. Élio Cantalício Serpa *ET AL.* (Orgs.). Goiânia: Ed. Da UCG, 2004, p. 224-225.

41 MARTINS, José de Souza. *O tempo da fronteira... Op. Cit.*, p. 35.

inter-regionais, pode ser compreendida pela celebração de alianças dos porta-vozes do governo com os setores que buscavam aumentar o fluxo de capital industrial, comercial e, inclusive, latifundiário no país.[42] Barsanulfo Gomide Borges, ao estudar a inserção do estado de Goiás na economia nacional entre os anos de 1930 a 1960, também apontou esse projeto de colonização nas áreas de fronteira enquanto uma forma de garantir a continuidade da aliança entre os setores urbano-industriais e os grandes proprietários de terra, através de um pacto político que além de manter a antiga estrutura agrária, impedia qualquer medida mais ampla destinada a democratização do acesso à terra.[43]

A própria localização das Colônias Agrícolas Nacionais, implantadas estrategicamente nas áreas ditas "vazias", foi pensada para, na prática, compor uma espécie de linha divisória entre as áreas inexploradas e as ocupadas pela grande propriedade, de modo que muitas delas acabaram por serem incorporadas pelo avanço do latifúndio durante as décadas posteriores.[44] Ademais, o aumento da infraestrutura viária e na área da construção civil, realizados nas regiões dos novos assentamentos, também valorizavam a propriedade de terra e o patrimônio das oligarquias agrárias tradicionais, contribuindo para a reprodução do latifúndio e da agricultura tradicional, sobretudo, no Brasil Central. De modo que o projeto estadonovista de expansão da fronteira agrícola a partir de pequenos assentamentos nas áreas de fronteira não foi politicamente pensado para destruir o latifúndio ou para atacar frontalmente as oligarquias rurais.

Os próprios fundamentos desse tipo de assentamento rural, voltado para o controle do espaço agrário pelo Estado, antecedem o Estado Novo, deitando raízes em iniciativas elaboradas na década de 1920. Conforme apontou Sônia Mendonça, foi durante a Primeira República que esse tipo de iniciativa passou a ser implementada através do Ministério da Agricultura, Indústria

---

42 MARIN, Joel Orlando Bevilaqua; NEVES, Delma Pessanha. Apresentação. In: MARIN, Joel Orlando Bevilaqua; NEVES, Delma Pessanha (org). *Campesinato e Marcha para Oeste*. Santa Maria: Ed. da UFSM, 2013, pp 11-13.

43 BORGES, Barsanulfo Gomide. A Economia Goiana na divisão regional do trabalho (1930-1960). In: SILVA, Luiz Sérgio Duarte da (org). *Relações cidade-campo: fronteiras*. Goiânia: Ed UFG, 2000, p. 249.

44 LENHARO, Alcir. *Sacralização da Política*. Campinas, SP: Papirus, 1986,.p. 15.

e Comércio, responsável por criar, entre 1919 e 1928, uma série de campos de cooperação agrícola, nos quais trabalhadores rurais selecionados recebiam lotes de terras a serem pagos em prestações, assim como treinamento para garantir uma boa produtividade.[45]

De modo que, esse projeto de capitalismo estatal agrarista não é de todo estranho aos experimentos estadonovistas. Essa questão em torno das colônias agrícolas é importante pois também ajuda a relativizar a ruptura política do pós-1930. A continuidade desse tipo de projeto, elaborado no seio da antiga configuração política oligárquica da Primeira República, dá indícios da manutenção de laços do passado, como foi a "imunidade" concedida às oligarquias rurais no que tange a estrutura de produção latifundiária. Ainda que a construção de sedes urbanas junto aos assentamentos rurais com vias a expansão do mercado interno tenha sido uma importante particularidade das colônias da década de 1940, em linhas com o projeto político-econômico voltado para a ampliação da produção industrial, seus fundamentos continuavam enraizados na manutenção da organização agrária tradicional do país. Tanto naquele período quanto nas décadas posteriores, as grandes propriedades continuaram a ocupar lugar privilegiado na produção destinada à exportação e ao abastecimento do mercado interno.

Como resultado dessas propostas de fomento a novas formas de ocupação territorial obtiveram-se apenas tímidos projetos de colonização em terras devolutas, emprestados da antiga ordem política da Primeira República, e realizados sob o impulso de um Estado com forte vocação centralizadora e autoritária. Tal fato levou historiadores e cientistas sociais a enfatizarem a manutenção da estrutura agrária tradicional e a aliança com os grandes proprietários de terra como características marcantes das políticas territoriais varguistas.[46] Nesse período, a manutenção de antigas alianças entre o Estado e os setores

---

45 Sobre o assunto ver: MENDONÇA, Sônia Regina de.*O ruralismo brasileiro: 1888-1931*. São Paulo: Editora Hucitec, 1997.

46 Sobre o assunto ver: VELHO, Otávio Guilherme. *Capitalismo Autoritário e Campesinato*. São Paulo: Difel, 1979; LENHARO, Alcir. *Sacralização da Política*. Campinas, SP: Papirus, 1986; BORGES, Barsanulfo Gomide. *A Economia Goiana... Op. Cit.*

agrários tradicionais era uma importante estratégia em prol da estabilidade política para a viabilização do programa político de industrialização do país.

Ainda que a implantação de assentamentos rurais em pontos estratégicos do território nacional fosse uma das bandeiras levantadas pela Marcha para o Oeste, essa modalidade de ocupação da terra na fronteira não foi prioridade política para o governo de Getúlio Vargas. Conforme Barsanulfo Borges, essa era uma reivindicação de setores urbanos e militares que compunham a base de apoio do governo.[47] Nesse período, o que estava em jogo eram, sobretudo, as questões da segurança nacional e da produção de gêneros alimentícios para o mercado interno, já que os primeiros anos da década de 1940 foram marcados pelo conflito mundial e pelo incremento do desenvolvimento urbano-industrial do Sul.

A seguir iremos nos debruçar sobre uma questão de interesse central da pesquisa: a etapa do projeto de integração territorial protagonizada pela Expedição Roncador-Xingu junto a Fundação Brasil Central. Nessa parte, iremos explorar a organização institucional e os objetivos atribuídos a essas duas agências. As questões expostas a seguir são fundamentais para demonstrar, na prática, o profundo imbricamento entre a política de expansão territorial e o projeto de desenvolvimento da indústria, de modo a iluminar nossa compreensão acerca dos interesses do empresariado industrial paulista em financiar a Expedição Roncador-Xingu.

2.2.2 A Expedição Roncador-Xingu

Idealizada pelo militar pernambucano e ministro da Coordenação de Mobilização Econômica (CME),[48] o ex-tenente João Alberto Lins de Barros (1897-1955), a Expedição Roncador-Xingu foi criada no dia 03 de junho de 1943 através da Portaria nº 77 da CME. Ponta de lança da Marcha para o Oeste, a expedição tinha por objetivo realizar a abertura das vias de

47 BORGES, Barsanulfo Gomide. *A Economia Goiana... Op. Cit.*, p. 251.

48 O órgão foi criado em 1942 e, em linhas gerais, era destinado a orientar a economia brasileira no contexto de emergência gerado pela entrada do Brasil na guerra, responsável tanto por estimular a produção agrícola, quanto industrial do país. Esse órgão e o importante papel que ele desempenhou na malha estadonovista será tratado com maior profundidade no próximo item (2.1.2).

comunicação com o Amazonas através do desbravamento desde o rio Araguaia até a área dos formadores do Rio Xingu, na época considerada uma das regiões “mais desconhecidas da terra” conforme consta no documento que autorizou sua criação.[49] Na prática, isso significava partir do rio Araguaia na fronteira noroeste de Goiás e Mato Grosso, até a bacia do rio Xingu, que tem início no norte de Mato Grosso e se estende cruzando o estado do Pará até se misturar (na sua foz) com o rio Amazonas desaguando no oceano atlântico.

Mapa 1: A expedição no Brasil Central

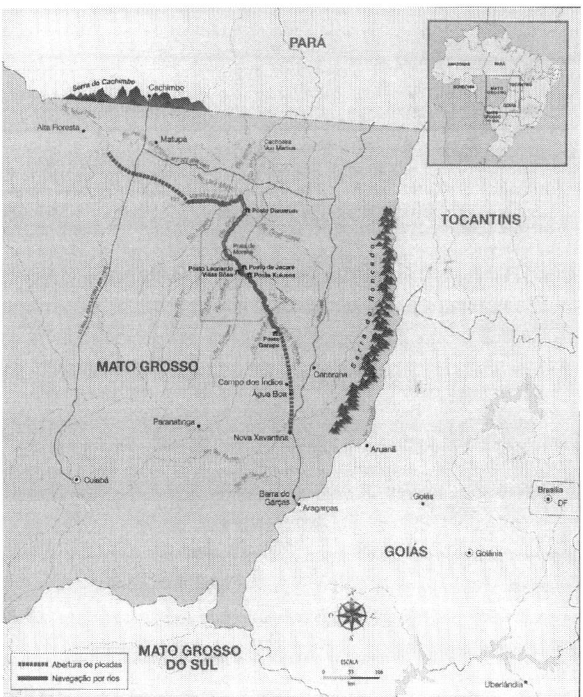

FONTE: VILLAS BÔAS, Orlando. *Histórias e causos*. São Paulo: FDT, 2005. p. 40.

49 Documento da Portaria nº 77, de 3 de junho de 1943, do coordenador da Mobilização Econômica. In: OLIVEIRA, Acary de Passos. *Roncador-Xingu roteiro de uma expedição. Barra do Garças, Araguaia 1943 – Rio das mortes. Xavantina 1944*. Goiânia: UFGO, 1976, p. 175-176.

A primeira etapa dos trabalhos realizados pelos expedicionários consistia no estabelecimento de pontos de comunicação radiotelegráfica e a construção de campos de pouso para a incorporação da região à rota aérea nacional. Posteriormente deveria ser realizada a instalação de uma infraestrutura básica responsável por dar início ao processo de urbanização do Brasil Central, assim como a construção de rodovias e o encaminhamento de levas de migrantes para o seu povoamento. É preciso destacar que além dos objetivos colonizadores e militares-estratégicos, a expedição também tinha uma finalidade científica, que previa a prospecção de minérios, bem como estudos voltados para o mapeamento de aspectos geográficos, agronômicos, botânicos e climáticos da região. Desta forma, além dos expedicionários e dos funcionários da Fundação Brasil Central, a expedição contou com a presença de técnicos, engenheiros, pesquisadores, funcionários do IBGE, médicos sanitaristas e outros profissionais.

Conforme será explorado mais a frente, os relatos deixados por alguns de seus expedicionários atestam que o ambicioso projeto a ser executado enfrentou diversos obstáculos em decorrência de dificuldades de comunicação, problemas de planejamento e logística, assim como os desafios relacionados ao contato com diversas populações indígenas que habitavam as regiões percorridas. Ainda assim, no rastro dos caminhos abertos pela Expedição Roncador-Xingu viriam a nascer, sobretudo nas décadas seguintes, mais de quarenta e três cidades e vilas, além de estradas de rodagem e diversos campos de pouso – boa parte transformados em bases militares.[50]

Ainda que o tema da Expedição Roncador-Xingu, enquanto objeto de pesquisa, tenha recebido tímida atenção da historiografia, a variedade de interesses associados aos seus trabalhos, assim como o cruzamento de sua história com a da Fundação Brasil Central e com a criação Parque Indígena do Xingu, produziu algumas pesquisas com enfoques e interpretações diversas.[51] A pesquisa de

---

50 Sobre o assunto ver: GALVÃO, Maria Eduarda Capanema Guerra. *A Expedição Roncador-Xingu e a tarefa de ocupar, civilizar e urbanizar o Brasil Central.* Rio de Janeiro: FGV, 2014.

51 Foi no âmbito dos trabalhos da Expedição Roncador-Xingu a partir do contato de seus expedicionários com uma série de etnias indígenas localizadas no alto e no baixo

Maria Lucia P. Menezes em torno da criação do Parque deu importante enfoque para os nexos entre a expedição e os interesses comerciais sobre minérios.[52] Já as questões em torno do cenário da Segunda Guerra Mundial foram exploradas por Valdon Varjão que apresentou a expedição enquanto um projeto voltado para a exibição internacional de domínio do território.[53] A pesquisa de Maria Eduarda Guerra Galvão, única que tem a expedição enquanto objeto de pesquisa, investigou o processo de ocupação e urbanização da região percorrida pelo empreendimento.[54] Por fim, mas de grande importância, dois trabalhos são centrais para a presente pesquisa, o de João Marcelo Maia e o de Dulce Portilho Maciel que, ao estudarem a Fundação Brasil Central, deram importante atenção aos interesses em torno da exploração econômica dos locais percorridos pela Roncador-Xingu.[55] Ao passo que Maia chamou a atenção para os interesses na exploração dos recursos naturais da região, Maciel apontou os interesses em torno da expansão e do desenvolvimento do mercado interno em prol do progresso industrial do Sul.

Ainda que as questões acima apontadas façam parte do diversificado espectro de atividades e interesses associados a Expedição Roncador-Xingu, a presente pesquisa tem por objetivo desvelar as questões em torno dos interesses propriamente econômicos em torno deste adentramento, sobretudo aqueles associados ao desenvolvimento industrial do Sul, questão trabalhada por Maciel, ainda que atrelada à Fundação Brasil Central. O interesse da pesquisa diz respeito ao aparelhamento da Expedição Roncador-Xingu que, em

---

Xingu que teve origem o projeto de criação do Parque Indígena do Xingu, primeira terra indígena homologada no Brasil. Ainda que o projeto tenha nascido ainda no final da década de 1940, a realização do projeto foi possível apenas em 1961.

52 MENEZES, Maria Lucia Pires. *Parque Indígena do Xingu – A construção de um território estatal*. Campinas, SP: Editora da UNICAMP, 2000.

53 VARJÃO, Valdon. *Aragarças: portal da Marcha para o Oeste*. Brasília: Senado Federal, Centro Gráfico, 1989.

54 GALVÃO, Maria Eduarda Capanema Guerra. *A Expedição Roncador-Xingu... Op. Cit.*

55 MAIA, João Marcelo Ehlert. *Estado Território e imaginação espacial. O caso da Fundação Brasil Central*. Rio de Janeiro: FGV, 2012. e MACIEL, Dulce Portilho. Estado e território no Centro-Oeste brasileiro (1943-1967). Fundação Brasil Central (FBC): a instituição e inserção regional no contexto sócio-cultural e econômico nacional. *Anais do XXVI Simpósio Nacional de História – ANPUH*. São Paulo, julho 2011.

decorrência do esforço de guerra, não contou com subsídio público, tendo sido financiada por importantes segmentos urbanos da sociedade brasileira, com especial destaque para o empresariado industrial paulista.

Mesmo com as limitações impostas pela delimitação de um enfoque a ser trabalhado, compreendemos que os demais interesses associados à Expedição Roncador-Xingu não são secundários. Pelo contrário, elas são expressão dos interesses e preocupações próprias daquele período, tendo impactado tanto a formulação dos objetivos, quanto das práticas estatais engendradas pela expedição Brasil adentro. É o caso da influência do cenário da Segunda Guerra Mundial na realização das políticas de integração territorial daqueles anos e seus nexos com o setor militar. Embora a Expedição Roncador-Xingu não tivesse nascido no espectro do setor militar, poucos meses após sua criação ela foi considerada de interesse militar para fins de direito através do Decreto nº 5.801, em 08 de setembro de 1943.[56]

De modo que, a Expedição Roncador-Xingu teve dois principais focos de atuação: um voltado para a integração econômica do interior, que atendia diretamente os setores urbanos dos grandes centros do país, como o empresariado industrial, e outro ligado a defesa do território nacional frente o cenário da Segunda Guerra, que atendia os interesses do setor militar. Cabe lembrar que a expedição não só foi idealizada pelo militar João Alberto, mas sua chefia foi entregue ao tenente-coronel Flaviano Matos Vanique ao lado do capitão da Força Aérea Brasileira, Antônio Basílio. Conforme se verá no terceiro capítulo, os interesses econômicos e militares coexistiram durante todo o período de atuação da Expedição Roncador-Xingu.

Mais que isso, a expedição teve papel importante no desenvolvimento das Forças Armadas, sobretudo para o nascente setor aéreo. O adentramento incorporou e levou a cabo o objetivo de expansão da rota aérea nacional pelo interior do país através da construção de bases militares que pudessem servir de pontos de apoio para os trabalhos do Correio Aéreo Nacional (CAN), criado em 1931, assim como da própria Força Aérea Brasileira (FAB), criada

---

56 Decreto nº 5.801, de 8 de setembro de 1943, do presidente Getúlio Vargas. In: OLIVEIRA, Acary de Passos. *Roncador-Xingu roteiro de uma expedição. Barra do Garças, Araguaia 1943 – Rio das mortes. Xavantina 1944*. Goiânia: UFGO, 1976, p. 177.

apenas um ano antes da expedição. Esse vínculo, responsável por fornecer à expedição o uso do transporte aéreo, foi elemento central para a realização dos objetivos atrelados à integração econômica do interior, tal qual o projeto urbanizador realizado pela Fundação Brasil Central.

Ao passo que ficava a cargo da vanguarda expedicionária a abertura dos caminhos, reconhecimento do território, instalação de bases radiográficas e abertura dos campos de pouso, ficava a cargo dos funcionários da Fundação Brasil Central a construção de uma infraestrutura, como rodovias, aeroportos, escolas, hospitais, hotéis, indústrias e o encaminhamento de levas de migrantes para a região. Atividades essas que se beneficiaram do transporte aéreo, responsável por garantir a logística e a agilidade do avanço do empreendimento, bem como a rápida instalação das estruturas urbanas de Aragarças e Xavantina, as duas primeiras cidades plantadas pela expedição.

Ainda que a consolidação do processo de urbanização iniciado pela Expedição Roncador-Xingu tenha se dado, sobretudo, nas décadas posteriores a sua atuação, durante o recorte de 1943 a 1948 desenvolveram-se importantes atividades voltadas para o reconhecimento e o estudo dos locais percorridos, além da construção de Aragarças e Xavantina. A análise aprofundada acerca dos trabalhos desenvolvidos pela Roncador-Xingu e da realidade enfrentada Brasil adentro, será realizada no terceiro capítulo. Por ora, nos interessa compreender as questões institucionais e as práticas estatais engendradas por esse projeto, questão que diz respeito à própria atuação da Fundação Brasil Central, instituição criada para realizar o planejamento e a organização da expedição, mas que acabou desenvolvendo uma série de outros projetos no interior do país.

2.2.3 Fundação Brasil Central

Instituída em 4 de outubro de 1943, através pelo Decreto nº 5.875, a *Fundação Brasil Central*, no ato de sua criação, passou a ter sob seu poder de atuação as "zonas compreendidas nos altos rios Araguaia, Xingu e no Brasil Central e Ocidental".[57] Tendo em vista o vasto território a ela subordinado – por vezes até impreciso, considerando a inexistência de uma região demarcada ou deno-

57 Decreto-Lei presidencial nº 5.878 de 4 de outubro de 1943. In: MEIRELES, Silo. *Brasil Central: notas e impressões*. Rio de Janeiro: Biblioteca do Exército, 1960.

minada "Brasil Ocidental" –, assim como o enorme escopo de suas atividades, inversamente proporcional à sua capacidade financeira e administrativa, a vida institucional da Fundação Brasil Central foi marcada por uma série de controvérsias e conflitos, boa parte motivada pela expansão violenta do poder estatal sobre áreas tradicionalmente ocupadas por comunidades locais, agricultores e povos indígenas. Igualmente complexa era a relação da Fundação com o Serviço de Proteção aos Índios (SPI) que, em meio a controvérsias, procurava facilitar os trabalhos desempenhados pela Fundação e pela frente de expansão da Roncador-Xingu, cujo avanço rumo áreas de ocupação indígenas era regra.[58]

Mapa 2: Roteiro da Expedição Roncador-Xingu

FONTE: Silo Meireles. *Brasil Central: notas e impressões*. Rio de Janeiro: Biblioteca do Exército, 1960, p. 52.

58 Sobre o assunto ver: GARFIELD, Seth. *A luta indígena no coração do Brasil:* política indigenista, a Marcha para o Oeste e os índios Xavante (1937-1988). São Paulo: Editora Unesp, 2011.

Embora a Fundação tenha sido criada enquanto órgão público, seus primeiros estatutos a classificavam como uma fundação de direito privado. Na prática isso significava que a Fundação tinha autorização para angariar patrimônio próprio através de recursos independentes, assim como possuía grande autonomia de atuação – respondendo apenas ao Presidente da República – e, também, jurisdição sobre a terra que lhe havia sido cedida pelos governos estaduais por até dez anos.[59]

É preciso lembrar que a Fundação foi inicialmente instituída para presidir e administrar o planejamento e a regulação do aparato estatal nos espaços percorridos pela Roncador-Xingu, de modo que todo o arsenal de recursos financeiros, os materiais e o pessoal recrutado para atuar na expedição, composta por engenheiros, agrimensores, médicos, sertanistas, pilotos e trabalhadores braçais, dentre outros, passaram, no ato de sua criação, para a Fundação. Entretanto, até pelo seu caráter híbrido, em pouco tempo a Fundação teve o escopo de suas atividades e recursos ampliado, passando a realizar e a controlar empreendimentos de grande vulto e complexidade. Inclusive, a Fundação também passou a auxiliar outros órgãos estadonovistas voltados para a "batalha da borracha" e até se envolver com pesquisas antropológicas no Alto Xingu.

Para a realização deste extenso escopo de atividades, a Fundação contava com escritórios administrativos em São Paulo (SP), Rio de Janeiro (RJ), Uberlândia (MG), Rio Verde (GO), Caiapônia (GO), Belém (PA) e Santarém (PA) e com três bases no decorrer dos caminhos percorridos pela Roncador-Xingu: Aragarças (GO), Xavantina (MT) e São Félix (MT). Do mesmo modo, para dar conta da gestão dos diversos projetos que seriam desenvolvidos no decorrer do vasto território concedido para as atividades da Fundação, Getúlio Vargas escolheu o ex-tenente João Alberto Lins de Barros para ocupar o cargo da presidência e Artur Hehl Neiva[60] para o cargo de secretário geral.

---

59 Decreto-Lei presidencial nº 5.878 de 4 de outubro de 1943. *Op. Cit.*

60 Artur Neiva, considerado, durante o período de 1930 e 1950, um dos principais teóricos, no Brasil, sobre a questão da imigração estrangeira. Ele exerceu importante função enquanto ideólogo durante o governo Vargas, tendo sido escolhido, em 1943, para o cargo de secretário-geral da Fundação Brasil Central para coordenar as ques-

A escolha deste nome para a presidência não foi fortuita. Desde 1942, João Alberto ocupava o cargo de ministro da Coordenação de Mobilização Econômica, órgão responsável pelo controle da economia em meio ao esforço de guerra. Sua escolha levou em conta a capacidade de articulação que Lins de Barros tinha junto às "classes econômicas" do país, visto o vulto das exigências financeiras necessárias para dar conta de tal empreitada. A habilidade de João Alberto já havia sido colocada à prova no processo de aparelhamento da Expedição Roncador-Xingu, no qual o ministro foi responsável por angariar generosas doações do empresariado industrial paulista e carioca.

Segundo Seth Garfield, a Fundação também procurou persuadir industriais paulistas a criar empresas privadas no Brasil Central para a exploração de seus recursos e, assim, incentivar o desenvolvimento o povoamento da região.[61] Durante a gestão de João Alberto, que durou de 1943 a 1947, a Fundação passou a administrar a Estrada de Ferro Tocantins, de propriedade da União, e ainda chegou a constituir quatro empresas subsidiárias com investimentos iniciais de grande vulto, sob a forma de sociedades: a Entrepostos Comerciais FBC Ltda., a Transportadora Amazonas Ltda. e as Usinas Central Sul-Goiana S/A e Fronteira S/A. Destacamos que não é interesse das linhas que se seguem compreender a fundo cada um desses empreendimentos, mas apresentar algumas questões mais gerais em torno do variado espectro de trabalhos e iniciativas empenhadas no desenvolvimento e na integração das regiões interioranas ao mercado interno do país.

A instalação das usinas Sul-Goiana (GO) e Fronteira (MG), tinha por objetivo ampliar a produção e o abastecimento do interior do país com açúcar e álcool, sobretudo em Goiás, pois a Sul-Goiana consistiu no primeiro

---

tões em torno do projeto de direcionamento de migrações para as regiões percorridas pela Expedição Roncador-Xingu. Neiva era filho de Arthur Neiva, importante médico sanitarista do Instituto Oswaldo Cruz que, durante a década de 1910, realizou importantes viagens pelo interior do país. Sobre o assunto ver: MARQUES, Guilherme dos Santos Cavott. Artur Hehl Neiva e a Politica Imigratória no Brasil entre as décadas de 1930 e 1950. Anais do 2º Encontro Internacional História e Parceiras. Outubro, 2019.

empreendimento deste gênero instalado no estado, e previa o abastecimento do sul e sudoeste de Goiás e leste de Mato Grosso.[62] Outro importante empreendimento foi a firma Entrepostos Comerciais Brasil Central Ltda, cuja finalidade era a ampliação de entrepostos de venda de mercadorias nas seguintes rotas: primeiro, entre Uberlândia (MG) e Aragarças (GO), isto é, no decorrer do trajeto de penetração da Expedição Roncador-Xingu; segundo, na região amazônica pelo rio Tapajós, que desagua na cidade de Santarém (PA); e terceiro através do rio Tocantins que deságua em Belém (PA).[63] Entretanto, as limitações em relação ao sistema de transportes no país dificultaram o sucesso da empreitada, sobretudo nas rotas da região amazônica, cujos entrepostos deveriam distribuir além de produtos industrializados vindos de São Paulo, gêneros de subsistência produzidos em estados vizinhos.

Por outro lado, conforme aponta Maciel, na rota da Roncador-Xingu, o movimento de vendas nos armazéns da firma parece ter sido bastante satisfatório, chegando inclusive a produzir mudança nos hábitos de consumo da população.[64] O sucesso da empreitada nessa região foi decorrente, sobretudo, da rápida instalação de infraestrutura de transporte e comunicação com a construção das cidades de Aragarças e Xavantina, que em um intervalo de poucos anos passaram a ser tomada como centro de referência pela população de toda a região do alto Araguaia, nos estados de Goiás e Mato Grosso.

---

62 Apesar do pioneirismo do empreendimento, tanto a Sul-Goiana, quanto a Fronteira, acabaram por ter vida curta. Conforme Dulce Portilho Maciel, já na década de 1950, ambas as usinas acabaram passando para a intervenção do Instituto do Açúcar e do Álcool (IAA), devido a problemas de insolvência bancária, sendo posteriormente privatizadas após a venda das ações da Fundação e a acidentada trajetória sob a administração dessa entidade. Sobre o assunto ver: MACIEL, Dulce Portilho. Estado e território no Centro-Oeste brasileiro (1943-1967) Fundação Brasil Central (FBC): a instituição e inserção regional no contexto sócio-cultural e econômico nacional. *Anais do XXVI Simpósio Nacional de História – ANPUH*. São Paulo, julho, 2011.

63 A firma que tinha sede em São Paulo teve suas filiais instaladas nas cidades de Uberlândia (MG), Aragarças (GO), Belém (PA) e Santarém (PA). Apesar do alto investimento, assim como as Usinas, a empresa foi extinta em meados da década de 1950, após diversos episódios de má administração por gestores de diferentes níveis de responsabilidade. Sobre o assunto ver: MACIEL, Dulce Portilho. *Op. Cit.*, p. 7-8.

64 *Idem. Ibidem.*

Por fim, nos interessa apresentar as atividades desenvolvidas em torno da Estrada de Ferro Tocantins, que ficou sob a administração da Fundação entre os anos de 1945 e 1967.[65] As atividades de expansão da linha férrea Tocantins foram responsáveis pela transformação sócio-espacial das áreas adjacentes à Estrada, em decorrência dos trabalhos de ampliação serviços públicos básicos, tais quais escolas e postos de saúde e até serviço de radiocomunicação e energia elétrica, realizados pela Fundação Brasil Central. De modo que, no decorrer de seu trajeto, nasceram novos aglomerados urbanos que também passaram a ser tomados como pontos de referência para as populações da região.

As atividades voltadas para a ampliação dos meios de transporte para a chegada de produtos básicos e de produtos industrializados do Sul para as regiões mais isoladas, assim como a instalação de infraestrutura de saúde e educação, era uma importante estratégia voltada para a ampliação dos atrativos da região de modo a fixar a população no território, e garantir o sucesso do direcionamento de levas de migrantes com vias ao crescimento daqueles locais e a sua transformação em pólos urbanos. Entretanto, muitos dos trabalhos desenvolvidos pela Fundação Brasil Central tiveram vida curta em decorrência de problemas administrativos e financeiros, bem como de escândalos de corrupção, sobretudo após a gestão de João Alberto. Apesar da criação de empreendimentos de vulto, tal qual os apresentados acima, o maior legado da Fundação Brasil Central ficou condicionado aos trabalhos desenvolvidos no decorrer dos caminhos de penetração da Expedição Roncador-Xingu, de modo que, o término da etapa Roncador-Xingu marcou, junto a saída de João Alberto da presidência no ano anterior, o início de um período conturbado e controverso para a Fundação Brasil Central.

---

65 A Estrada que ficava sob administração da União desde 1920, havia sido inaugurada em 1905 com a finalidade de proporcionar condições para o escoamento de mercadorias transportadas pela via fluvial Araguaia-Tocantins, entre a região Centro-Oeste e a cidade de Belém (PA), cujo porto possibilitava acesso a outros mercados, do país e do exterior. O trecho inaugurado em 1905 tinha a extensão de 45 quilômetros, tendo aumentado para 82 em 1916, chegando a 117 quilômetros em 1945, período em que a Fundação providenciou a remodelação dos trechos mais vulneráveis da ferrovia. Sobre o assunto ver: MACIEL, Dulce Portilho. *Op. Cit.*, p. 8-9.

O sociólogo João Marcelo Maia, ao estudar a Fundação Brasil Central durante a gestão de João Alberto, apontou que a articulação de seu primeiro presidente no centralizado aparato estatal do Estado Novo eram elementos centrais que davam sustentação para a captação de recursos e para a organização administrativa da Fundação.[66] Outra questão central levantada por Maia era a experiência veterana do primeiro presidente da Fundação em incursões Brasil adentro. Lins de Barros já havia percorrido grandes porções do território nacional ao lado de Luis Carlos Prestes na coluna dos anos 1920, experiência que lhe havia rendido importante capital cultural para, nos anos 1940, não apenas idealizar uma empreitada do porte da Expedição Roncador-Xingu, mas também levar a cabo a presidência da Fundação em meio a uma área de atuação tão extensa quanto pouco conhecida. Conforme o sociólogo:

> [...] a gênese da FBC não deve ser buscada apenas nos decretos oficiais que a criaram. A extensão de suas atribuições explicam-se, em parte, pelo próprio capital burocrático e político amealhado por João Alberto no interior da máquina estatal estado-novista. Por sua vez, o próprio João Alberto fazia parte de uma rede de ex-tenentistas que atravessavam cortes ideológicos, sendo formado numa experiência social reformadora e um sentido missionário de "descoberta do Brasil". Ao lado desses setores, os sertanistas e os sanitaristas surgiam como profissionais das expedições aos interiores, espécie de "burocratas de novo tipo" capazes de digerir o clássico imaginário sobre a região e produzir um saber empírico sobre as práticas estatais de controle e desbravamento de território.[67]

O apontamento feito por Maia sobre o capital burocrático e político em torno de João Alberto permite a compreensão de uma questão central: a lógica de atuação e as práticas estatais engendradas pela Fundação Brasil Cen-

---

66 Sobre o assunto ver: MAIA, João Marcelo Ehlert. *Estado Território e imaginação espacial. O caso da Fundação Brasil Central.* Rio de Janeiro: Editora FGV, 2012. (capítulos 2 e 6)

67 MAIA, João Marcelo Ehlert. *Estado Território e imaginação espacial... Op. Cit.*, p. 93.

tral também faziam parte de um processo cumulativo de saberes e práticas sobre o interior do país, anteriores ao próprio Estado Novo. Ainda que esse seja um projeto nascido no interior da política de Estado de fins da década de 1930 e da primeira metade da década de 1940 e, portanto, enraizado nas questões próprias daqueles anos, a sua lógica de atuação deitava raízes no conjunto de representações formuladas sobre o interior do país e de práticas engendradas desde pelo menos o início do período republicano. Conforme apresentado no primeiro capítulo, a Primeira República marcou um período central para a consolidação de uma agenda político-cultural interessada em pensar e integrar o interior do país.

Os documentos, relatórios oficiais e registros de expedicionários da Roncador-Xingu e funcionários da Fundação consistem em um material privilegiado para se compreender como diferentes linguagens sobre o território nacional – mobilizadas tanto na arena política, quanto pelo chamado pensamento social brasileiro – moldaram parte de suas práticas Brasil adentro.[68] Maia, ao realizar a análise desse material elencou três aspectos responsáveis por dar sentido e por impulsionar a interiorização do Estado: primeiro, a própria ausência de uma definição precisa dos limites do que seria a região percorrida, no caso o Brasil Central, apresentado enquanto um espaço indefinido e movediço; segundo, a mobilização de um olhar geopolítico de corte colonial sobre o espaço interno do país, mobilizado não apenas para descrever e controlar, mas para inventar o próprio espaço de atuação da Fundação; e terceiro, a mobilização de uma estética neobandeirante de aventura através da incorporação de temas e modos de narração típicos dos relatos de viagem.[69]

Essas representações pré-existentes sobre o espaço territorial interno do país foram não apenas os pilares responsáveis por moldar as práticas estatais

---

68 Sobre o assunto ver: MAIA, João Marcelo Ehlert. As ideias que fazem o Estado andar: imaginação espacial, pensamento brasileiro e território no Brasil Central. *DADOS – Revista de Ciências Sociais*, Rio de Janeiro, vol. 53, no 3, 2010, p. 621-655.

69 A análise destes três aspectos foi publicada pela primeira vez no artigo acima citado, entretanto, elas foram mais detidamente exploradas no capítulo quatro do livro publicado, posteriormente, por João Marcelo Maia. Sobre o assunto ver: MAIA, João Marcelo Ehlert. *Estado Território e imaginação espacial*... *Op. Cit.*, p. 141-142.

da Fundação Brasil Central e da Expedição Roncador-Xingu, mas também por permitir que fosse possível a própria criação de órgãos e agências dedicadas a um objeto tão ambíguo e fluido como o próprio sertão do Brasil Central. Assim, essa imaginação espacial pré-existente sobre o interior do país operava, fundamentalmente, enquanto mecanismo produtor de sentido, não apenas para moldar as práticas, mas para permitir a elaboração de tal projeto.

Apesar desses três aspectos, amplamente mobilizados no interior dos órgãos estadonovistas voltados para a questão territorial, estarem enraizados em representações produzidas, sobretudo, durante a Primeira República, eles foram evidentemente ajustados e reformulados às perspectivas e aos interesses próprios dos anos 1940, voltados para a necessidade de integrar esse território à lógica de desenvolvimento nacional. A própria elaboração de uma política nacional empenhada em levar a cabo o complexo projeto de integração dos fundos territoriais do país diz respeito às questões próprias do período do Estado Novo. Durante esses anos, a mera existência desses locais que escapavam do poder do Estado – compreendidos como locais "vazios", perdidos no espaço, indomáveis e de difícil penetração – era elemento central das contradições de uma sociedade periférica em franco processo de urbanização e industrialização como o Brasil.

Essa é uma questão de suma importância para compreender o processo que acabou por atribuir ao Brasil Central – a fronteira mais próxima do mundo litorâneo e urbano – a condição de "outro" geográfico, isto é, enquanto um território que deveria ser domado e racionalizado pela ação estatal em prol do desenvolvimento do país. Conforme visto, o Brasil Central foi um importante palco do projeto de integração nacional daquele período a partir da mobilização dos seus atrativos e das possibilidades que sua integração ao mercado interno poderia proporcionar aos interesses do desenvolvimento industrial do Sul.[70]

A centralidade atribuída aos trabalhos desenvolvidos pela Fundação Brasil Central neste subcapítulo se deu em decorrência da própria centralida-

70 Essas questões serão desenvolvidas no terceiro capítulo, momento em que se analisará as notícias que divulgaram a nova empreitada rumo ao Brasil Central.

de dessa agência para a viabilização dos objetivos divulgados em torno da Expedição Roncador-Xingu. Como se destacou, a Fundação ficou responsável por incorporar não apenas o próprio projeto formulado para o adentramento que previa interligar o maciço central brasileiro ao mercado dos grandes centros urbanos, mas os recursos angariados junto ao empresariado industrial paulista, cuja volumosa soma de bens foi responsável por viabilizar o impulso inicial para a nova e ambiciosa etapa do projeto de expansão e integração nacional a partir de 1943.

Resta, ainda, compreender o processo de mudanças que levou a aproximação entre o empresariado industrial paulista e o Governo de Getúlio Vargas responsável por permitir, em 1943, a aliança firmada para a viabilização econômica de um empreitada do porte da Expedição Roncador-Xingu, a qual foi protagonizada por João Alberto – antigo foco da dissidência entre o governo Vargas e *O Estado de São Paulo* – junto às "classes econômicas" paulista, através da articulação de seu principal representante no período, Roberto Simonsen. Essa questão será desenvolvida a seguir.

2.3 Industrialização e expansão territorial: o apoio político e econômico do empresariado industrial paulista para a Expedição Roncador-Xingu

Ainda que o financiamento da Expedição Roncador-Xingu por parte do empresariado industrial paulista seja uma questão conhecida pela historiografia que se debruçou sobre o tema, a questão ainda não foi analisada. Em buscas realizadas no jornal *O Estado de São Paulo,*[71] um dos mais importantes veículos de comunicação paulista da época, descobrimos que a própria *Federação das Indústrias dO Estado de São Paulo* (Fiesp) foi uma importante parceira para o financiamento da Roncador-Xingu, por meio da articulação do economista Roberto Simonsen, na época presidente da entidade de classe e prestigiado representante do empresariado industrial.[72]

71 Federação das indústrias d'*O Estado de São Paulo*. *O Estado de São Paulo*, 18 de junho de 1943 (p. 5)

72 A análise das notícias responsáveis por divulgar os objetivos e interesses mais gerais da expedição, assim como o processo responsável por consolidar seu financiamento junto às "classes econômicas" paulistas encontram-se no terceiro capítulo.

O financiamento dessa importante etapa da Marcha para o Oeste por meio da articulação da Fiesp é expressão do imbricamento entre a burguesia industrial paulista e o governo de Getúlio Vargas durante o período do Estado Novo. A adoção de uma política econômica voltada para o desenvolvimento da indústria nacional, junto a nova organização institucional autoritária foram elementos responsáveis por favorecer a emergente burguesia industrial paulista, bem como por fazer com que o Estado assumisse um projeto industrialista alinhado aos interesses da burguesia industrial dos grandes centros urbano do país, tal qual São Paulo.

O viés de análise desta pesquisa vai na contramão de interpretações que compreendem esse processo de aproximação entre a burguesia industrial paulista e o governo de Getúlio Vargas de forma engessada, seja enquanto a submissão da burguesia industrial paulista frente um governo "todo-poderoso" ou enquanto uma imposição advinda de uma burguesia hegemônica capaz de impor um modelo associativo ao Estado. Partimos da interpretação proposta por Maria Antonieta Leopoldi que compreende as mudanças desse período enquanto um processo de negociação tensa, em que há disputa por interesses econômicos e força política.[73]

O industrial Roberto Simonsen é central nesse processo, visto sua posição privilegiada na linha de frente não apenas da construção e da defesa dos interesses da burguesia industrial durante as décadas de 1930 e 1940, mas do processo de aproximação com o governo de Getúlio Vargas ao ocupar importantes cargos dentro do aparelho estatal durante o Estado Novo. Ademais, durante esse período, não se podia dissociar as lideranças da burguesia

---

73 A autora aponta que em razão da relativa fragilidade do empresariado industrial na economia agroexportadora, assim como em decorrência das próprias alianças de classes que o sustentava, os industriais tiveram que adaptar seu modelo organizativo ao desejado pelo novo governo, entretanto, esse processo se deu através de intensas negociações e concessões junto ao Governo Federal. Já a reação dos industriais foi crescente em relação às sucessivas leis regulando a estrutura sindical, este através de suas lideranças buscou diversos recursos para reformular a proposta organizativa do Governo, sobretudo no que tange aos funcionários do Ministério do Trabalho. Sobre o assunto ver: LEOPOLDI, Maria Antonieta P. *Política e interesses na industrialização brasileira: as associações industriais, política econômica e o Estado*. São Paulo: Paz e Terra, 2000, p. 76.

industrial de suas entidades de classe, afinal a emergência de um novo padrão de relação entre Estado-empresa-empresário industrial capaz de ultrapassar a associação de classe se deu somente após 1964.

A atuação de Simonsen à frente do Centro das Indústrias d*O Estado de São Paulo* (CIESP), na Confederação Industrial do Brasil (CIB) e no Congresso enquanto deputado federal e deputado classista, lhe rendeu importante capital político responsável por garantir o cargo da presidência da Fiesp durante todo o período do Estado Novo, bem como participação nos mais importantes Conselhos Técnicos do período.[74] Junto a essa ampla inserção na vida política nacional, Simonsen foi um *intelectual orgânico* de sua classe,[75] tendo produzido um grande volume de estudos econômicos responsáveis por desenvolver, de forma pioneira, alguns dos elementos básicos do ideário desenvolvimentista no Brasil.

Durante esse período a atuação política das lideranças da burguesia industrial no âmbito do governo ou das entidades de classe – tal qual Simonsen na Fiesp ou Euvaldo Lodi na Firjan e na CNI – eram expressão de uma confiança e uma estruturação crescente do projeto industrialista brasileiro.

---

74 Ademais, em meados da década de 1940, Simonsen figurou enquanto personagem central nas discussões acerca dos rumos da economia nacional no pós-guerra em meio a controvérsia do planejamento da economia brasileira ao lado do economista liberal Eugênio Gudin. Sobre o assunto ver: CUNHA, Alexandre Mendes; CURI, Luiz Felipe Bruzzi. Redimensionando a contribuição de Roberto Simonsen à controvérsia do planejamento (1944-1945). *Am. Lat. Hist. Econ.*, año 22, núm. 3, septiembre-diciembre, 2015, p. 76-107.

75 Antonio Gramsci distinguia os intelectuais tradicionais e os intelectuais orgânicos. Os primeiros dizem respeito aos que se denominam autônomos ou independentes do grupo social dominante, mesmo que estes sejam provenientes desta alegam serem revestidos de características próprias. Já os intelectuais orgânicos seriam, nessa acepção, provenientes da classe social responsável por gerá-los como especialistas e como dirigentes, sujeitos que ocupam posição estratégica para buscar hegemonia do grupo social ao qual pertencem. De modo que, em determinados casos, a trajetória de um intelectual pode se tornar a monografia de uma época. Sobre o assunto ver: GRAMSCI, Antonio. *Os intelectuais e a Organização da Cultura*. Rio de Janeiro: Civilização Brasileira, 1982.

Ainda assim, conforme aponta Ricardo Bielschowsky, durante esse período ainda não havia completa clareza sobre as formas de viabilizar essa via de desenvolvimento, isto é, o projeto ainda não se encontrava plenamente articulado e definido.[76] Assim, não se pode afirmar que a atuação de suas lideranças fosse capaz de precisar o conjunto dos mecanismos e prescrições necessários para a implementação de uma política industrial coerente e sem divergências internas. Por outro lado, ao ocupar a linha de frente, tanto na elaboração, quanto na articulação política do projeto industrialista, a atuação de suas lideranças – como era o caso de Simonsen em São Paulo – exercia importante função organizativa no que tange ao estabelecimento de um consenso em torno dos interesses da burguesia industrial, bem como no estabelecimento de mecanismos para a coerção dos grupos dissidentes desse projeto em construção durante as décadas de 1930 e 1940.[77]

Cabe destacar que não é interesse da presente pesquisa analisar os pormenores das disputas em torno da implementação do projeto ou do pensamento industrialista no Brasil, mas sim compreender os contornos mais gerais dos interesses defendidos pelo empresariado industrial paulista durante esses anos e o processo responsável por fazer com que esses interesses passassem a ser contemplados pelo projeto político-econômico do Estado Novo.

Visto que Simonsen foi um personagem importante no processo de formulação e de articulação desses interesses, a análise que se segue será embasada em parte de sua produção intelectual, que consistia na base de sua atuação política. Conforme será visto, a produção intelectual de Simonsen e sua interpretação sobre a história econômica do país estavam diretamente associadas aos interesses de sua classe e às questões políticas de seu tempo. Sem reduzir os interesses do empresariado industrial à atuação e produção de Roberto Simonsen, podemos tomá-lo como um retrato do fragmento de classe que ele representava naquele período específico.

---

76 BIELSCHOWSKY, Ricardo. *Pensamento econômico brasileiro: o ciclo ideológico do desenvolvimentismo*. Rio de Janeiro: Contraponto, 2004, p. 258.

77 CURI, Luiz Felipe Bruzzi. *Entre a história e a economia: o pensamento econômico de Roberto Simonsen*. São Paulo: Alameda, 2015, p. 86.

2.3.1 O Estado pós-1937 e as novas formas de representação dos interesses do empresariado industrial

O Estado Novo operou uma mudança na estrutura de poder ao deslocar o eixo de representação da sociedade civil do Congresso para os Conselhos Técnicos e Econômicos, possibilitando maior participação das classes dominantes na esfera política. Conforme Marco Aurélio Vannucchi, esse período ficou marcado como o "momento forte" do corporativismo na história brasileira ao passo que o canal de representação dos interesses dos diversos grupos sociais passou a se dar exclusivamente por meio de mecanismos corporativos, como os conselhos, os sindicatos e as ordens profissionais.[78] A nova organização estatal autoritária permitia que, de um lado se exercesse o controle das classes subalternas e, de outro, que as classes dominantes usufruíssem de ampla participação na formulação do projeto político-econômico estatal por meio dos conselhos técnicos e econômicos.

Conforme Luiz Felipe Curi, esse tipo de representação garantia que os interesses industriais pudessem ser representados, sem mediações, dentro do Estado, mesmo em um momento no qual ainda não havia se consolidado a hegemonia da burguesia industrial.[79] De modo que, a organização estatal autoritária instaurada a partir de 1937 acabou por favorecer a burguesia industrial, ao passo que a forma democrática poderia representar uma ameaça aos interesses dessa classe ainda em ascensão. Luiz Werneck Vianna, em texto dos anos 1970, já apontava que o corporativismo foi responsável por dotar o empresariado industrial de um eficiente acesso ao Estado, bem como por elevar a acumulação de capital pelos industriais.[80]

---

78 VANNUCCHI, Marco Aurélio. O momento forte do corporativismo: Estado Novo e profissionais liberais. *Revista Tempo* | Niterói | Vol. 25 n. 1 | Jan./Abr. 2019. p. 199.

79 A instauração da ditadura estadonovista deu início a uma política ainda mais elitista, através da qual os representantes das classes econômicas, tal qual Simonsen, ficariam cada vez mais próximos do círculo de empresários e técnicos ligados a Vargas através de posições mais influentes e de uma participação política estratégica para a defesa dos seus interesses. Sobre o assunto ver: CURI, Luiz Felipe Bruzzi. *Entre a história e a economia... Op. Cit.*, p. 83-84.

80 VIANNA, Luiz Werneck. *Liberalismo e sindicato no Brasil*. Rio de Janeiro: Paz e Terra, 1976, p. 152.

É nesse sentido que os industriais, que haviam integrado a oposição ao governo de Getúlio Vargas, apoiaram a instauração da ditadura do Estado Novo. A partir desse momento, Roberto Simonsen agiu no sentido de assegurar a participação e a defesa dos interesses do empresariado industrial paulista em meio a nova organização política, o que implicava na adesão à nova forma de intervencionismo de um Estado não apenas centralizado, mas autoritário. O apoio de Simonsen, presidente da Fiesp, ao Estado Novo parece estar relacionado com a própria natureza do novo regime e as possibilidades abertas por ele. Em seu livro intitulado *A indústria em face da Economia Nacional*, publicado naquele mesmo ano, Simonsen justificou a instauração do novo regime enquanto medida necessária "ao progresso do paiz".[81]

O acirramento do modelo corporativista durante o Estado Novo, bem como a adoção de uma política econômica voltada para o desenvolvimento industrial foram elementos centrais para consolidar o fortalecimento político e elevar a acumulação de capital pelos industriais. Não se pode esquecer que a indústria já vinha sendo indiretamente favorecida desde meados da década de 1930 com as políticas cambiais e fiscais adotadas frente os problemas advindos com a crise de 1929.[82] Ainda assim, a proteção ao desenvolvimento da indústria nacional não foi uma prioridade até 1937, pelo contrário, por vezes a política econômica de Vargas foi hostil aos interesses dos industriais.[83]

---

81 SIMONSEN, Roberto. *A indústria em face da economia nacional*. São Paulo: Graphica da "Revista dos Tribunaes", 1937.

82 O crescimento do setor foi notório, sobretudo entre 1934 e 1937, período no qual o desempenho da agricultura foi medíocre comparado com os demais setores, em particular com o da indústria. Enquanto o primeiro cresceu pouco mais de 3% ao ano, o produto industrial cresceu mais de 11% ao ano. Sobre o assunto ver: ABREU, Marcelo de Paiva. Crise, crescimento e modernização autoritária, 1930-1945. In: ABREU, Marcelo de Paiva (Org.). *A ordem do progresso... Op. Cit.*, p. 88.

83 É o caso do Tratado Comercial Brasil-Estados Unidos de 1935 que concedia a este o país cláusula de nação favorecida no mercado brasileiro. Simonsen, na época deputado classista pelos sindicatos de empregadores e vice-presidente da Confederação Industrial do Brasil (CIB), era enfaticamente contra o tratado que permitia a entrada no Brasil de produtos que já possuíam similar nacional. Sobre o assunto ver: LIMA, Danilo Barolo Martins de.; CURI, Luiz Felipe Bruzzi. Roberto Simonsen e o Tratado Comercial Brasil-Estados Unidos de 1935: ideias econômicas e participação política. *Anais do 41o Encontro da ANPEC*, 2013.

Conforme aponta Maria Antonieta Leopoldi, a ideia de que existiu um projeto varguista de desenvolvimento industrial que serviu de base para as políticas entre 1930 e 1937 não se sustenta, pois tal projeto foi sendo constituído em cima dos acontecimentos, respondendo aos desafios conjunturais, que não foram poucos, e que precisam ser compreendidos através de uma perspectiva histórica.[84] Entretanto, esse período foi fundamental para o incremento do setor industrial e para o próprio fortalecimento de suas lideranças no jogo político.

Desde o começo da década de 1930, momento no qual Getúlio Vargas chegou ao poder, os industriais dos principais centros urbanos do país – como era o caso de São Paulo, Rio de Janeiro, Minas Gerais e Rio Grande do Sul – já se encontravam organizados em associações setoriais e regionais. É nesse sentido que se faz possível relativizar a tese da imposição/submissão da burguesia industrial frente a nova organização após 1937, ao apontar que existiu uma continuidade no processo de organização do setor industrial, a despeito das mudanças legais e políticas ocorridas depois de 1930 e de 1937.

Esse foi um período de medição de força entre o Estado e os industriais por meio da paulatina afirmação dos seus interesses no Congresso, assim como da afirmação de suas associações regionais, como é o caso da Fiesp e da Firj. Durante esse período também ocorreu a transição de uma geração de líderes industriais para outras, na qual se consolidaram lideranças como Roberto Simonsen em São Paulo e Euvaldo Lodi no Rio de Janeiro. Eleito presidente da Fiesp em 1937, Simonsen passou a fazer parte, como substituto de Lodi, no *Conselho Federal de Comércio Exterior*, órgão diretamente ligado ao presidente, cujas funções excediam a área do comércio exterior, funcionando como um órgão de formulação da política econômica nacional.[85] Durante o Estado Novo, Simonsen continuou a integrar outros Conselhos Técnicos e Econômicos.

84 Sobre o assunto ver: LEOPOLDI, Maria Antonieta. *Política e interesses na industrialização brasileira: as associações industriais, política econômica e o Estado*. São Paulo: Paz e Terra, 2000.

85 CURI, Luiz Felipe Bruzzi. *Entre a história e a economia... Op. Cit.*, p. 67.

Conforme será visto, do ponto de vista da criação de novas instituições, o Estado Novo significou uma guinada no sentido do planejamento econômico e do fomento à produção industrial. Ainda assim, os anos iniciais do novo regime ficaram marcados por embates e negociações entre o governo Vargas e as lideranças do empresariado industrial, algumas delas protagonizadas pelo próprio Simonsen, que já ocupava a linha de frente da representação dos interesses dos industriais em São Paulo.

Uma das primeiras questões colocadas em pauta foi a crítica ao modelo sindical proposto pelo decreto nº 1.402 de 1939, que previa garantir um controle mais restrito do Estado sobre as associações de empregadores, isto é, as entidades de classe, igualando a estrutura de representação dos industriais a do trabalhador. Conforme aponta Leopoldi, para Simonsen, enquanto líder industrial, o decreto de 1939 visava o desaparecimento das associações e das federações privadas de classe não apenas da indústria, mas do comércio e da engenharia, de modo que houve uma pronta ofensiva a partir da coalizão indústria-comércio, especialmente no Rio de Janeiro e São Paulo, cujos resultados foram vitoriosos: foi concedido às entidades privadas dos industriais desses dois estados o caráter de órgão consultivo do poder público.[86] Assegurada a existência e a legitimidade da Fiesp no novo regime, Simonsen permaneceu no cargo da presidência dessa entidade, assim como da CIESP, até 1945.

Outra importante vitória do empresariado industrial naquele período foi a designação, pela primeira vez, de um paulista para a pasta do *Trabalho, Indústria e Comércio*. A escolha de Alexandre Marcondes Filho (1892-1974), em 1941, foi uma forte garantia de aliança entre o governo e o setor empresarial, em especial em São Paulo. Conforme aponta Ângela de Castro Gomes, a escolha de Marcondes, amigo pessoal e aliado de Roberto Simon-

86 O corporativismo desejado pelos burocratas do Estado Novo teve de se adaptar aos limites colocados pelos industriais: em 1940 uma série de decretos "corrigiu" a legislação sindical, atendendo a a diversas reivindicações das associações privadas e oficiais da indústria e do comércio. Foi o caso do decreto de 1941 que logrou caráter de órgão consultivo do poder público à Fiesp, e o decreto de 1943 que concedeu o mesmo caráter para a Cirj. Ver: LEOPOLDI, Maria Antonieta P. *Política e interesses na industrialização brasileira... Op. Cit.*, p. 81-86.

sen, assegurava o fácil acesso do empresariado industrial ao ministério e as questões ali decididas, tais quais as políticas de regulamentação das relações de trabalho, a elaboração da Consolidação das Leis do Trabalho e a própria consolidação da estrutura sindical dos industriais.[87] Ademais, nesse mesmo ano foi consolidado o *Plano Siderúrgico Nacional* através da criação da *Companhia Siderúrgica Nacional*, fruto de importante articulação para a coalizão rumo às indústrias pesadas, da qual Simonsen fez parte.

No ano seguinte, em 1942, o Brasil entrou na Segunda Guerra Mundial contra o Eixo. A mudança no cenário político-econômico levou Vargas a criar, naquele mesmo ano, a *Coordenação de Mobilização Econômica* (CME). Este órgão ganhou status de um superministério, criado para a organização da economia nacional em meio ao esforço de guerra, responsável por absorver parte das funções do *Conselho Federal de Comércio Exterior* e por controlar a carteira de crédito do Banco do Brasil.[88] Este era um órgão de suma importância para organizar os negócios do Estado. Para o cargo da Coordenação foi escolhido o

---

87 A gestão de Marcondes Filho foi importante, sobretudo pelo momento no qual foi inaugurada, concomitante com a consagração do entendimento entre a grande e a pequena e média empresas, através da dobradinha Simonsen (presidente) e Morvan Dias Figueiredo (vice-presidente) na direção da Fiesp. Ver: GOMES, Ângela de Castro. *A invenção do trabalhismo*. Rio de Janeiro: Editora FGV, 2005, p. 184-185.

88 Conforme Edgar Carone, o poder desse ministério não poderia ser mais amplo. Ficava a seu cargo às seguintes atribuições: orientar a mineração, a agricultura e a pecuária, no sentido de maior produção; controlar, através do Banco do Brasil, a importação e exportação de matérias-primas, produtos semimanufaturados e manufaturados; coordenar os transportes no país e para o exterior; planejar e fiscalizar o racionamento; investir no mercado de trabalho; investigar o custo, os preços e os lucros das mercadorias, matérias e serviços; fixar os preços máximos, mínimos e básicos; exigir dos produtores licenças devidas; fixar os limites e quantidades de qualquer mercadoria a ser vendida; levantar os estoques; propor medidas em defesa da economia. Ademais, o órgão, por sua vez, tem poder de baixar normas para o exercício de sua função, promover empréstimos e requisitar mercadorias. Sua ação foi exercida em todo o território nacional através de órgãos federal, estadual e municipal. Ainda havia uma multa prevista para os que se opusessem à sua ação e o julgamento cabe ao Tribunal de Segurança Nacional. Ver: CARONE, Edgard. *O Estado Novo (1937-1945)*. Rio de Janeiro: Editora Bertrand Brasil, 1988, p. 85-86.

ex-tenente João Alberto Lins de Barros, importante base aliada de Vargas desde 1930, ano no qual havia sido escolhido para ocupar o cargo de interventor d*O Estado de São Paulo*, acirrando a oposição protagonizada pelo estado, cujo resultado foi uma guerra civil em 1932, da qual São Paulo saiu derrotado. A escolha desse nome para a Coordenação foi uma jogada política de Vargas, pois afirmava sua força frente aos industriais paulistas.

No mesmo ano também foi criado o *Conselho Consultivo da Coordenação de Mobilização Econômica*, o qual contou com ampla participação da burguesia industrial, inclusive o próprio Simonsen. Foi por meio da Coordenação de Mobilização Econômica que João Alberto concebeu a frente de expansão da Expedição Roncador-Xingu e da Fundação Brasil Central, importante etapa da Marcha para o Oeste. O projeto atendia diretamente os interesses do setor industrial, pois previa a ampliação do mercado interno do país, bem como inaugurar uma nova etapa de exploração econômica do maciço central brasileiro. Criada no interior do mais importante órgão responsável por regular a economia durante o esforço de guerra, a Expedição Roncador-Xingu contou com ampla acolhida do empresariado industrial paulista, bem como do comércio. Visto as vitórias políticas somadas pelos industriais paulistas no que tange ao Ministério do Trabalho e à regulamentação dos seus sindicatos, a articulação realizada por Simonsen para angariar o apoio político e econômico da Fiesp era indispensável.

No mesmo ano da articulação protagonizada por Simonsen em prol da viabilização da Expedição Roncador-Xingu, ele foi integrado ao *Conselho Nacional de Política Industrial e Comercial* (CNPIC) criado pelo Decreto-lei n.º 5.982, de 10 de novembro de 1943. Sua criação representou uma tentativa de composição do governo com o empresariado industrial que, através de suas principais lideranças pressionava por uma participação mais intensa na formulação das alternativas de política econômica em decorrência do esforço de guerra e, posteriormente, para se pensar a economia nacional no pós-guerra.[89] Foi, portanto, através desse Conselho que as lideranças industriais

89 Foi neste órgão que foram formuladas propostas de planejamento industrial debatidas como possíveis vias de planejamento industrial para o Brasil, tal qual o relatório

foram chamadas a participar do planejamento das atividades do Estado, exercendo importante influência sobre a formulação das políticas industrial, do comércio exterior, de tributação e energia, entre outras.

Do ponto de vista tanto político quanto econômico, o esforço de guerra representou uma inequívoca acumulação à batalha do desenvolvimento, através da ampliação da participação das lideranças do setor dentro do aparelho estatal, da expansão de políticas fiscais, monetárias e creditícias em benefício da indústria e através da transformação do parque industrial brasileiro a partir dos equipamentos de transporte, do aumento da produção siderúrgica e do crescimento de novos setores, tal qual a metalurgia e a indústria de bens de capital.[90]

De modo que, o Estado Novo, sobretudo a partir da década de 1940, representou o melhor momento da aliança entre a burguesia industrial e o governo de Getúlio Vargas. Esse foi um momento chave para que os segmentos industriais pudessem ampliar suas condições de elaboração e de viabilização de propostas e projetos para o fortalecimento da indústria nacional. Não por acaso, foi durante esse período que os principais e mais vultosos projetos, impulsionados sob o signo da Marcha para o Oeste, foram desenvolvidos com vistas à expansão e a unificação do mercado interno do país.

Visto que a articulação para o financiamento da Roncador-Xingu se deu (dentre outras formas) por meio da articulação da Fiesp e que seu presiden-

---

elaborado em 1944, por Simonsen que seria o documento inicial da conhecida controvérsia sobre o planejamento, com Gudin. Sobre o assunto ver: NETO, Leovigildo Melgaço Tolentino. As contribuições de Simonsen ao desenvolvimentismo brasileiro a partir da controvérsia do planejamento. *Revista de economia regional, urbana e do trabalho*, Volume 04, N. 02, 2015; CUNHA, Alexandre Mendes; CURI, Luiz Felipe Bruzzi. Redimensionando a contribuição de Roberto Simonsen à controvérsia do planejamento (1944-1945). *Am. Lat. Hist. Econ.*, año 22, núm. 3, septiembre-diciembre, 2015, p. 76-107

90 Conforme Marcelo de Paiva Abreu, durante a guerra, sobretudo o ano de 1942, ficou marcado pela aceleração do crescimento industrial, permitindo, pela primeira vez desde a década de 1920, a acumulação de reservas cambiais e o retorno da entrada de capitais privados norte-americanos após longo período de desinteresse. Sobre o assunto ver: ABREU, Marcelo de Paiva. Crise, crescimento e modernização autoritária, 1930-1945. In: ABREU, Marcelo de Paiva (Org.). *A ordem do progresso... Op. Cit.*, p. 93-103.

te era Roberto Simonsen, nos interessa compreender como o industrial se posicionou no que tange as questões em torno da expansão e da integração territorial. Para tanto, iremos analisar duas importantes produções de Simonsen, fundamentais para compreender a visão do autor sobre o assunto. Visto que sua produção intelectual pioneira operava de forma organizativa no processo de construção do projeto industrialista, sobretudo aquele ligado à vertente nacionalista e ao setor privado e que pode ser identificado na Fiesp, compreendemos que ela consiste em uma importante fonte para desvelar os interesses defendidos pelos industriais nesse período.

2.3.2 Entre a atuação política e a produção intelectual de Roberto Simonsen: indústria e mercado interno

A produção intelectual de Simonsen é extensa e teve início ainda na década de 1910. Os textos produzidos nesse período e na década seguinte possuíam uma natureza mais técnica relacionada a sua formação de engenheiro com discussões sobre o tema da racionalização do trabalho.[91] A partir de 1928, com sua entrada na CIESP em função da formação do sistema corporativo de representação do empresariado industrial, sua elaboração intelectual passou a se pautar na afirmação progressiva da indústria frente à agricultura, e na construção de uma proposta de proteção à indústria nacional. Essa segunda fase da produção de Simonsen atravessou toda a década de 1930 e início da década de 1940 e é nela que se localizam os dois textos que serão analisados a seguir.[92] Os textos selecionados para a análise são: *História*

---

91 A produção mais importante desse período foi "O trabalho moderno organizado", de 1919, no qual Simonsen aborda a organização racional do trabalho (taylorismo) com o aumento da produtividade industrial e um possível melhoramento das condições de vida tanto do trabalhador quanto em relação ao atendimento de demandas sociais em geral. Sobre o assunto ver: FREITAS JUNIOR, Moacir de. *O industrial e o salário: a contribuição de Roberto Simonsen para os estudos sobre padrão de vida de trabalhadores no Brasil*. 2013. 171 f. Tese (doutorado). Universidade Estadual Paulista Júlio de Mesquita Filho, Faculdade de Ciências e Letras (Campus de Araraquara), 2013.

92 Esse período também foi marcado por outras importantes produções intelectuais de Simonsen, tal qual *As crises no Brasil* (1930), *A indústria em face da Economia Nacional*

Econômica do Brasil, 1500-1820, de 1937 e *Recursos econômicos e movimentos populacionais*, de 1940.

A obra *História Econômica do Brasil, 1500-1820*, publicada em 1937, foi fruto da atuação de Simonsen na Escola Livre de Sociologia e Política enquanto professor da cadeira de História Econômica. Foi nesse ambiente intelectual que Simonsen produziu e divulgou parte fundamental de seu pensamento econômico ao lecionar o curso *História Econômica do Brasil*, no ano de 1936, que deu origem à publicação de mesmo nome no ano seguinte. Cabe destacar que a década de 1930 foi um momento importante do processo de afirmação dos interesses industriais no terreno político. A própria criação da Escola Livre de Sociologia e Política, em 1933, era expressão das novas articulações mobilizadas em São Paulo para ampliar suas possibilidades de participação na nova realidade do país após a derrota na guerra civil de 1932.[93] Inclusive, o próprio Simonsen, junto a outras importantes personalidades da sociedade paulista da época, esteve à frente da sua fundação.

A instituição tinha por objetivo a formação de profissionais capazes de ajudar a tocar os "negócios do Estado", tendo em vista que as políticas do período apontavam para um crescente aumento das funções do Estado intervencionista se afastando cada vez mais do Estado liberal.[94] O

(1937), Aspectos da história econômica do café (1938) e *Evolução industrial do Brasil* (1939). Sobre o assunto ver: CEPÊDA, V. A. *Roberto Simonsen e a Formação da Ideologia Industrialista no Brasil: limites e impasses*. 2004. Tese (Doutorado em Ciência Política). Faculdade de Filosofia, Letras e Ciências Humanas, Universidade de São Paulo, São Paulo, 2004.

93 É nesse contexto que se insere a criação da Universidade de São Paulo (USP). Ambas as instituições de ensino foram criadas para a formação de gerações de intelectuais e profissionais capazes de atuar e influir no terreno político e para a melhoria do país. Ainda que a criação de ambas as instituições tenha se dado num mesmo clima político, cada qual obedecia a objetivos e projetos distintos, sendo a primeira voltada para a formação de quadros técnicos, vinculado a um ensino mais prático, ao passo que a USP possuía um projeto mais voltado para a investigação intelectual e teórica.

94 LIMONGI, Fernando. "A Escola Livre de Sociologia e Política em São Paulo". In: MICELI, Sérgio. *História das ciências sociais no Brasil*. São Paulo: Vértice/IDESP, 1989. p. 218-219.

projeto pedagógico da Escola tinha a pretensão de produzir e transmitir um conhecimento norteado por uma concepção prática e utilitária, forjadora de um projeto modernizador para o Brasil e voltada para a compreensão dos mecanismos da sociedade urbano-industrial que se pretendia construir por meio da racionalização.[95] A criação dessa instituição foi uma importante estratégia não apenas do empresariado industrial, mas de outros setores urbanos de São Paulo, empenhados em ampliar as suas possibilidades de atuação no âmbito administrativo e político durante o governo de Getúlio Vargas.

É nesse ambiente político e intelectual que Simonsen produziu História *Econômica do Brasil, 1500-1820,* obra que contém a chave da interpretação de Simonsen para a história do Brasil. A interpretação proposta nesta obra foi responsável por dar suporte à sua argumentação mais puramente econômica, cujos eixos eram o protecionismo e o planejamento, bem como foi a base histórica para a construção do ensaio *Recursos econômicos e movimentos populacionais,* de 1940, que será analisado mais à frente.

Na obra publicada em 1937, Simonsen propõe uma abordagem para o período colonial que converge para o seguinte argumento: os ciclos econômicos pautados em produtos de exportação eram incapazes de promover o progresso nacional, pois as riquezas que produziam se dilapidavam conforme as variações do mercado internacional. Para o autor, somente a indústria voltada para o mercado interno poderia, de fato, possibilitar o progresso e a riqueza permanente ao país. Para além da tese da obra, nos interessa chamar a atenção para dois pontos centrais: o primeiro, corresponde a perspectiva nacionalista adotada por Simonsen e, o segundo, diz respeito à importância das atividades econômicas voltadas para o mercado interno.

95 Esse projeto pedagógico da ELSP seria o resultado da influência de três grupos intelectuais da elite paulista: os engenheiros ligados ao IDORT e formuladores de uma "pedagogia do industrialismo"; os educadores vinculados ao movimento escolanovista; e os modernistas que se articularam em torno do recém-fundado Departamento de Cultura do Município de São Paulo. Sobre o assunto ver: SILVA, Marina Correa Vaz da; NADAI, Elza. *Da maria fumaça à fumaça das fábricas: a Escola Livre de Sociologia e Política de São Paulo (1922-1940).* 1994. Universidade de São Paulo, São Paulo, 1994.

A primeira questão aparece logo no primeiro capítulo do livro, quando o autor aponta que a primeira manifestação de força entre os povos que se encontravam na vanguarda do progresso e da civilização "foi a fixação de uma consciência nacional de suas próprias aspirações e necessidades".[96] O nacionalismo apresentado por Simonsen era voltado para um objetivo bem claro: chamar a atenção para a necessidade de se fixar uma consciência nacional para superar o estágio de desorganização e atraso econômico em que se encontrava o Brasil naquele período. Já a segunda questão, em torno da centralidade das atividades econômicas voltadas para o mercado interno, é possível ser observada no decorrer de toda a obra, desde sua estruturação, até os enfoques temáticos escolhidos pelo autor.[97]

Simonsen aponta que, durante o período colonial, as atividades econômicas voltadas para o mercado interno foram responsáveis por assegurar não apenas a interiorização do território, mas a própria unidade nacional, podendo ser consideradas enquanto um esboço incipiente da própria "consciência nacional". A leitura de Simonsen, evidentemente anacrônica, buscava encontrar no passado colonial brasileiro explicações para os entraves ao progresso do país, assim como as origens de uma identidade ou consciência nacional. Para o autor, durante o

---

96 SIMONSEN, Roberto. *História Econômica do Brasil*. Brasília: Senado Federal, Conselho Editorial, 2005. 589p. – (Edições do Senado Federal; v. 34), p. 50.

97 Dos quinze capítulos, sete deles são dedicados às atividades econômicas voltadas para o mercado interno. São eles os capítulos (3) Aproveitamento econômico das terras de Santa Cruz; (7) Outros fatores econômicos da ocupação da terra: a pecuária; (8) Ainda a pecuária: sua contribuição para a formação unitária do Brasil; (9) Os fundamentos econômicos da expansão paulista; (10) Ciclo da mineração (parte 1); (11) Ciclo da mineração (parte 2) e (12) Os fundamentos econômicos da ocupação do amazonas.
Ao passo que os demais capítulos são dedicados à compreensão do significado econômico da colonização através da análise dos núcleos produtores de gêneros voltados para o mercado externo e, ao período joanino junto a um balanço da colonização e das questões levantadas pela independência. São eles os capítulos: (1) Introdução, antecedentes; (2) Fases econômicas de Portugal e Espanha; (3) Aproveitamento Econômico das terras de Santa Cruz; (4) Políticas coloniais; (5) Ciclo do Açúcar; (6) A mão de obra servil no período colonial; (13) O comércio do Brasil na era colonial; (14) Dom João VI no Brasil e (15) Autonomia econômica e soberania política.

período colonial, as atividades econômicas com potencial de produzir riquezas permanentes para o país eram a pecuária, o expansionismo paulista, a mineração e a ocupação do vale amazônico para a extração das drogas do sertão, já no Brasil de Simonsen essa atividade era a indústria voltada para o mercado interno.

Em diálogo com importantes "intérpretes" da história do país, tal qual Francisco Varnhagen (1816-1878), Capistrano de Abreu (1853-1927), Afonso de Taunay (1876-1958), Alfredo Ellis Jr (1896-1974), entre outros, Simonsen formulou uma interpretação na qual os fundamentos econômicos da conquista do interior figuravam enquanto os fatores responsáveis pela construção da trama social que manteve o Brasil unido. A primeira atividade econômica explorada foi a pecuária, considerada pelo autor enquanto a atividade responsável não apenas pela interiorização e ocupação territorial, mas por articular os arquipélagos populacionais que constituíam o Brasil colônia, ao passo que as riquezas advindas da atividade de criação, responsável pela indústria do charque, ficavam incorporadas ao país, impulsionando as atividades do mercado interno.[98]

Sobre o expansionismo paulista, a visão apresentada pelo autor, cuja principal referência era Taunay, reproduzia muito da historiografia comprometida com as pretensões hegemônicas paulistas através da exaltação dos feitos bandeirantes em assegurar a posse territorial do Brasil com suas dimensões continentais. O autor reconhece a existência de dois ciclos (interpretação proposta por intelectuais paulistas do período, tal qual Taunay e Ellis Jr), o primeiro de despovoação motivado pela caça ao gentio e o segundo de povoação do território a partir da descoberta dos metais preciosos.[99]

Já as atividades mineradoras eram consideradas, por um lado, mais próximas da lógica cíclica de outros produtos de exportação, mas, por outro, o autor reconhecia a sua contribuição para a ocupação do interior ao mobilizar importante fluxo populacional.[100] Por fim, a ocupação da região amazônica

98 Sobre o assunto ver: SIMONSEN, Roberto. *História Econômica do Brasil... Op. Cit.,* capítulos 7 e 8.

99 Sobre o assunto ver: SIMONSEN, Roberto. História Econômica do Brasil... Op. Cit., capítulo 9.

100 *Idem,* capítulos 10 e 11.

e suas incipientes ligações com o planalto central foram apresentadas por Simonsen enquanto um feito notável da colonização portuguesa e de grande importância para assegurar a unidade brasileira, fechando, junto às outras atividades, a trama social e comercial interna brasileira durante a colônia.[101]

É preciso destacar que as principais atividades econômicas apresentadas pelo autor enquanto os fatores responsáveis por articular os arquipélagos populacionais que constituíam o Brasil colônia eram, justamente, os fatores mobilizados durante a Marcha para o Oeste estadonovista, sobretudo na etapa de penetração da Expedição Roncador-Xingu e da Fundação Brasil Central. Conforme será visto mais à frente, o empreendimento (e a própria Marcha) foram mobilizados através de seus sentidos patriótico e nacionalista à luz do espírito desbravador e expansionista bandeirante. Ademais, o empreendimento que previa justamente conectar a região amazônica aos grandes centros urbano-industriais do país, por meio da abertura das vias de comunicação através do Brasil Central, previa também a abertura de novos espaços para atividades agropastoris e para prospecção de metais.

A Marcha para o Oeste marcou um período de retomada do movimento "original" dos primeiros séculos da colonização do Brasil, isto é, para dentro, para o sertão e para o Oeste. É nesse sentido que, durante esse período, houve não apenas a retomada do incentivo às principais atividades econômicas responsáveis pela interiorização e pela integração territorial e populacional durante o passado colonial, mas a própria mobilização do "espírito bandeirante" enquanto um importante traço da identidade do país.

O Brasil de Simonsen, mesmo que em franco processo de industrialização, ainda possuía características conformadas pelo seu passado colonial, tal qual a produção agrícola para exportação e a existência de um enorme espaço territorial pouco aproveitado do ponto de vista econômico, cuja configuração continuava a ser marcada pela existência de arquipélagos populacionais e econômicos. É nesse sentido que a nova política econômica voltada para o desenvolvimento da indústria nacional encontrava-se aliada

---

101 *Idem*, capítulo 12.

a integração territorial. Nesse período, a indústria era a principal atividade econômica em expansão e, ao contrário da produção agrícola para exportação, permitia um maior entrelaçamento entre as várias regiões do país. A indústria tinha o potencial de proporcionar mercados amplos para as produções de matérias-primas vegetais, minerais e animais, do mesmo modo que demandava a abertura de novos mercados consumidores para os produtos industrializados produzidos nos grandes centros urbanos.

A partir da análise da obra *História Econômica do Brasil*, pode-se compreender que, desde meados da década de 1930 (momento de produção da obra), a expansão do mercado interno já figurava enquanto uma preocupação de Simonsen, que na época ocupava a presidência da Confederação Industrial do Brasil (CIB), responsável por representar os industriais do eixo Rio de Janeiro, sul de Minas e São Paulo. Isso posto, nos parece que a questão da expansão do mercado interno para a ampliação da produção e do escoamento industrial era parte importante do projeto de industrialização que vinha sendo construído pelo setor através de suas lideranças durante esse período. Mais ainda, era uma demanda do processo de industrialização para a transição de uma economia baseada no setor primário para uma economia industrializada.

De modo que, antes mesmo da criação da Marcha para o Oeste estadonovista, Simonsen já sinalizava que a superação dessa marca colonial da economia brasileira se daria através do fortalecimento do mercado interno e dos intercâmbios dentro das fronteiras nacionais, nucleadas pela centralidade da indústria enquanto principal atividade econômica. As questões acima expostas nos ajudam a compreender tanto a mudança de posição de Simonsen, que vai da linha de frente da oposição ao governo Vargas à integrante de seu governo a partir de 1937, quanto do próprio processo de criação da política da Marcha para o Oeste. Conforme Ricardo Bielschowsky, "Simonsen foi levado a aprimorar a concepção desenvolvimentista ao sabor das disputas políticas que enfrentava e a disseminá-la numa militância político-intelectual que correspondeu a uma verdadeira jornada ideológica".[102] De modo que, a

102 BIELSCHOWSKY, Ricardo. *Pensamento econômico brasileiro: o ciclo ideológico do desenvolvimentismo*. Rio de Janeiro: Contraponto, 2004, p. 82.

produção intelectual de Simonsen e sua interpretação sobre a história econômica do país estavam diretamente associadas aos interesses de sua classe e às questões políticas de seu tempo.

Com a instauração do Estado Novo e a adoção de uma política econômica que passava a se voltar "para dentro" e para o desenvolvimento da indústria nacional, a produção intelectual de Simonsen passou a apresentar contornos mais definidos no que tange ao projeto industrialista que ele representava e defendia. A partir dos anos 1940, momento no qual Simonsen ocupava posição privilegiada no interior do aparelho estatal, novos aspectos e preocupações passaram a figurar nas suas produções, tal qual a preocupação em relação às condições gerais de vida da sociedade nas diferentes classes e a questão dos desequilíbrios econômicos internos e seus nexos com os deslocamentos populacionais no decorrer da história brasileira. É nesse contexto, distinto do anterior, que se localiza o ensaio *Recursos Econômicos e movimentos populacionais* (1940).[103]

Visto que o período da década de 1930 e 1940 ficou marcado pelo fluxo crescente das migrações internas, produzindo um enorme êxodo rural, parece pertinente que esse tema tenha figurado na produção intelectual de Simonsen. Não apenas pela atualidade da questão naquele período, mas também por suas conexões com o desenvolvimento da indústria, afinal a maior parte do fluxo migratório do período era direcionado para os grandes centros urbano-industriais, sobretudo para São Paulo. O que chama a atenção é o pioneirismo de Simonsen. Conforme Arthur de Aquino e Lidiane Maciel, este ensaio foi possivelmente o único trabalho de um economista brasileiro, ainda na primeira metade do século XX, a defender uma política migratória a partir do planejamento e intervenção direta do Estado.[104]

Ademais, ainda que a mobilização estatal de correntes populacionais para as novas regiões foco da política de integração econômica nacional tenha cons-

---

103 Também nesse período temos outra importante produção de Simonsen intitulada *Níveis de vida e a economia nacional* (1940).

104 AQUINO, Arthur de; MACIEL, Lidiane Maria. As migrações internas à luz do pensamento de Roberto Simonsen: uma análise crítica do ensaio "recursos econômicos e movimentos das populações". *Tempos Históricos*. VOL 23, p. 84, 2º semestre de 2019.

tituído elemento central da Marcha para o Oeste estadonovista, esse tipo de iniciativa só passou a ser implantada a partir de 1941 com as Colônias Agrícolas Nacionais e, posteriormente, em 1943, com a frente de expansão da Expedição Roncador-Xingu e da Fundação Brasil Central. Roberto Simonsen defendeu, em 1940, a necessidade da planificação das migrações internas enquanto medida necessária ao progresso econômico mais equilibrado do país, através do referido ensaio produzido para ser apresentado no Oitavo Congresso de Científico Americano, sediado em Washington, e publicado no Brasil naquele mesmo ano no segundo volume da Revista Brasileira de Estatística (RBE).[105]

O ensaio consiste na aplicação do arcabouço interpretativo dos ciclos econômicos, formulado na obra *História Econômica do Brasil*, à dinâmica populacional brasileira. A exposição proposta pelo autor articula a questão dos desequilíbrios econômicos internos junto aos deslocamentos populacionais e o desenvolvimento industrial. Simonsen aponta, logo no início do texto, o caso dos Estados Unidos, principal polo industrial americano naquele período, enquanto um importante exemplo a ser seguido pelo restante do continente. Conforme o autor, o país havia concluído, ainda no século XIX, o "deslocamento das fronteiras econômicas para o Oeste" através de extensa "rede de estradas de ferro, construídas para o transporte de grande massa de minério, matérias primas e gêneros alimentação", e que essa foi a medida responsável pelo "desenvolvimento de sua vultosa indústria e de seu comércio exportador".[106] Nesse texto é reafirmada a posição de Simonsen, tal qual já havia sido esboçada anteriormente, em torno da necessidade de um movimento de interiorização e a importância desse processo para a consolidação de um mercado interno interligado capaz de conectar as diversas regiões de um país e de assegurar seu progresso industrial, tal qual ocorrera nos Estados Unidos e tal qual começava a ser impulsionado no Brasil.

---

105 Essa revista consiste em uma publicação oficial da Associação Brasileira de Estatística (ABE) juntamente com o Instituto Brasileiro de Geografia e Estatística (IBGE) e sua criação se deu em 1940. O ensaio de Simonsen foi publicado no segundo volume da revista do primeiro ano de sua circulação.

106 SIMONSEN, Roberto. Recursos econômicos e movimentos populacionais. *Revista Brasileira de Estatística*, Ano I, n. 2, p. 200-201, abril-junho de 1940.

Em seguida, o autor apresenta o caso brasileiro a partir de uma série de dados acerca da sua população e sua distribuição por unidades federadas, apontando que os estados com menor grau de concentração populacional são aqueles localizados justamente na fronteira Oeste, isto é, Mato Grosso, Amazonas e Acre.[107] Locais esses que seriam percorridos pela Expedição Roncador-Xingu a partir de 1943. Simonsen aponta a extensão continental do país, junto às dificuldades de transportes e a pequena densidade populacional nessas regiões, como os fatores responsáveis por retardar a velocidade evolutiva de diversos fenômenos econômicos e sociais no país.[108]

O autor demonstra sua preocupação com os fortes desequilíbrios econômicos internos existentes no decorrer do território brasileiro, atribuindo essa situação à economia colonial pautada em ciclos econômicos responsável por moldar, durante toda a história brasileira, o deslocamento da sua população. É nesse sentido que o autor apresenta um panorama detalhado e extenso sobre "as migrações no passado e recursos econômicos" através dos diversos ciclos e fatores econômicos que mobilizaram o deslocamento da população brasileira desde o período colonial até o momento da produção do ensaio, sendo eles: o gado, o açúcar, a mineração, a extração da borracha, o café e a indústria. O autor ainda dedica um tópico do ensaio para analisar o índice de produtividade e os níveis de vida no Brasil a partir de suas unidades federadas. Não é interesse das linhas que se seguem realizar uma análise a fundo da exposição de Simonsen sobre o assunto, mas sim chamar a atenção para a seguinte questão: a construção deste ensaio converge para a defesa de uma política migratória a partir do planejamento e intervenção direta do Estado enquanto iniciativa central para o desenvolvimento industrial brasileiro.

A última sessão do ensaio intitulada "migrações planificadas" contém a defesa da posição assumida pelo autor, na qual ele argumenta que "os acontecimentos já existentes da geografia humana e da geografia econômica e as observações diretas dos fatos estão, pois, a demonstrar que é possível melhorar consideravelmente a situação geral do Brasil pelas migrações internas,

107 *Idem*, p. 202-203.

108 SIMONSEN, Roberto. *Recursos econômicos e movimentos populacionais... Op. Cit.*, p. 204.

cientificamente organizadas, completadas por imigrações de elementos estrangeiros selecionados".[109] Ademais, Simonsen ainda assinala a importância da formulação de um projeto planificado de migrações a partir de uma "cooperação de técnicos especializados" para a efetiva ocupação e desenvolvimento econômico das regiões de interesse nacional.[110]

Deste modo, fica clara a posição de Simonsen sobre a necessidade de um "plano colonizador" e da centralidade do planejamento estatal voltado para a orientação e o controle dos fluxos migratórios internos para as novas áreas de expansão, sobretudo aquelas localizadas na fronteira Oeste. Tal qual foi realizado, a partir de 1941, através do projeto das Colônias Agrícolas Nacionais, que previa o direcionamento e a fixação de levas de trabalhadores em zonas rurais de recente ocupação, ou mesmo através da frente de expansão da Expedição Roncador-Xingu e da Fundação Brasil Central, cujo projeto de urbanização do Brasil Central previa a fixação de 200 famílias por ano nas novas zonas urbanas que eram construídas.

Ademais, é preciso lembrar que os próprios trabalhos da Expedição Roncador-Xingu possuíam, para além dos interesses econômicos de exploração da região, importante finalidade científica. Conforme será visto no terceiro capítulo, o adentramento contou com a presença de técnicos, engenheiros, funcionários do IBGE, médicos sanitaristas e pesquisadores de importantes instituições do período, tal qual o Museu Nacional. Desde o momento da divulgação de seus trabalhos ficou expresso que deveriam ser levados a cabo estudos sobre os aspectos geográficos, agronômicos, botânicos e climáticos da região, de modo a indicar as formas de ocupação e de aproveitamento do solo das regiões percorridas, que previam desde a exploração de minérios até a abertura de terras para pastagens e produção agrícola.

A análise da produção intelectual de uma liderança industrial do porte de Roberto Simonsen é fundamental para ampliar nossas possibilidades de compreensão acerca dos interesses mais gerais defendidos pelo empresariado industrial paulista durante o período recortado. É preciso lembrar que, ao ocupar a linha de frente, tanto na elaboração quanto na articulação do pro-

---

109 *Idem*, p. 224.

110 *Idem*, p. 224-225.

jeto industrialista, Simonsen desempenhava uma importante função organizativa no que tange ao estabelecimento de um consenso em torno dos interesses do empresariado industrial paulista. O projeto industrialista daqueles anos, ainda que em processo de construção, já sinalizava para a centralidade da expansão do mercado interno através de políticas planejadas para o desenvolvimento econômico das regiões mais distantes dos grandes centros urbano-industriais. A partir das questões acima expostas se torna mais acessível a compreensão acerca da adesão desse setor à nova política varguista no pós-1937, assim como o interesse do empresariado industrial paulista, através da Fiesp, em viabilizar as atividades da Expedição Roncador-Xingu.

Ainda assim, a aproximação que levou ao estabelecimento de uma aliança entre o empresariado industrial e o Governo Federal deve ser vista através de uma perspectiva histórica, isto é, enquanto um processo que não estava dado, mas que foi sendo construído a partir das questões e dos acontecimentos próprios daquele período. A própria criação da Marcha para o Oeste é parte desse processo histórico que marcou as décadas de 1930 e 1940, tendo exercido papel fundamental ao moldar as formas como o Brasil Central começou a ser articulado à economia industrial do Sul, como é o caso de São Paulo, inaugurando um projeto de integração subordinado, cuja consolidação se deu, sobretudo, nas décadas posteriores.

Ainda que os resultados práticos da Marcha para o Oeste durante a década de 1940 tenham sido modestos, ela representou a primeira política de Estado planejada voltada para a integração econômica da fronteira Oeste atrelado a um projeto de desenvolvimento industrial do país. A política levada a cabo durante esses anos não apenas inaugurou os modernos projetos voltados para a integração do Brasil Central, como também consolidou a eleição dessa região enquanto a grande fronteira brasileira do século XX, e a forma sua de integração ao capitalismo nacional.

A seguir, iremos nos debruçar acerca dos discursos e da propaganda política responsável por impulsionar o projeto expansionista construído a partir da ideologia da Marcha para o Oeste e legitimado à luz do espírito bandeirante. Afinal, a associação entre a Marcha e os "feitos bandeirantes" do período colonial também foi um dos mecanismos responsáveis por garantir a viabilização da nova política e o próprio apoio político e econômico do empresariado industrial paulista.

2.4 Discurso e propaganda da Marcha para o Oeste: o culto ao "espírito bandeirante" e a legitimação do regime autoritário

Com a emergência da Marcha para o Oeste, a propaganda estadonovista e os discursos presidenciais passaram a investir nos nexos entre a identidade nacional e o movimento de conquista do território. O novo projeto de interiorização passou a ser associado à afirmação moderna da nacionalidade, bem como à promessa de uma nova realidade socioeconômica para o país. Conforme visto, ao lado da industrialização, a ocupação territorial foi apresentada enquanto a base para a modernização e para o desenvolvimento econômico brasileiro. Entretanto, a ocupação territorial não era só um tema econômico, mas geoestratégico e nacional, com forte simbolismo na história do país. Assim, a associação entre a Marcha para o Oeste e a afirmação da nacionalidade foi um importante mecanismo utilizado para justificar não só a legitimidade do projeto, mas do próprio regime do Estado Novo.[111]

Ao passo que a propaganda estadonovista e os discursos presidenciais divulgavam a imagem de uma grande comunidade que marchava junto rumo ao desenvolvimento brasileiro, o Estado organizava e conduzia o avanço autoritário pelo interior do país. Conforme se verá, a propaganda empenhada na divulgação da Marcha procurou mobilizar a dimensão mítica e simbólica do movimento de povoamento e colonização.[112] As narrativas produzidas

---

111 Conforme aponta Antonio Carlos Robert Moraes, a afirmação da nacionalidade consiste em uma importante estratégia para justificar a existência do Estado nacional e o seu exercício legítimo do poder em diversos períodos da história nacional. Ver: MORAES, Antônio Carlos Robert de. *Território e História no Brasil.* São Paulo: Hucitec, 2002, p. 79.

112 Esse investimento realizado em torno da construção da identidade nacional por meio da articulação com mitos em torno conquista do espaço territorial não foi uma exclusividade do Estado Novo ou da história brasileira, essa foi uma operação realizada de diferentes maneiras durante toda a história do país, bem como em outros países

nesse período buscavam impor símbolos e mitos de fácil universalidade, cujo objetivo era mobilizar a adesão da população por vias mais próximas da fé do que da razão crítica.[113]

O resgate do bandeirantismo foi a principal estratégia para a divulgação e para a legitimação do novo projeto de interiorização. Nesses anos, a memória pública acerca dos antigos bandeirantes, estimulada há décadas pela produção historiográfica paulista, já se encontrava consolidada enquanto importante símbolo do movimento de expansão territorial do país. Conforme trabalhado no primeiro capítulo, na leitura formulada pela "historiografia bandeirante", a conquista do espaço territorial do país operada pelos bandeirantes do período colonial havia sido interpretada enquanto o evento fundador da nacionalidade. Entretanto, não se pode esquecer que essa leitura sobre as bandeiras do período colonial encontrava-se enraizada no esforço empreendido pelo meio intelectual e político paulista empenhado na legitimação (e no reconhecimento) do histórico papel de São Paulo na construção do país por meio da conquista territorial.[114]

Na década de 1940, essa tradição de pensamento, profundamente paulista, ganharia novas perspectivas. Junto à emergência da Marcha para o Oeste operou-se a reconfiguração do papel histórico dos bandeirantes. O Estado Novo procurou operar a nacionalização deste símbolo historicamente construído

---

erigidos sob o signo da conquista de enormes espaços territoriais, como é o caso dos Estados Unidos. Sobre o assunto ver: AMADO, Janaína. Construindo mitos: a conquista do Oeste no Brasil e nos EUA. In: PIMENTEL, Sidney Valadares; AMADO, Janaína (Orgs.). *Passando dos limites*.Goiânia: Ed. da UFG, 1995. e OLIVEIRA, Lucia Lippi. *Americanos*: representações da identidade nacional no Brasil e nos EUA. Belo Horizonte: Editora UFMG, 2000.

113 Sobre o assunto ver: ESTERCI, Neide. "O mito da democracia no país das bandeiras". 1972. Dissertação (Mestrado em Antropologia Social). Universidade Federal do Rio de Janeiro, Rio de Janeiro, 1972.

114 Discursos esses que haviam sido produzidos e reclamados pelas mais importantes instituições e intelectuais paulistas empenhados na construção da mitologia bandeirante desde o século XIX, e que passaram a ganhar novos estímulos após a crise iniciada em 1930 com a perda da hegemonia política paulista e, posteriormente, com o crescente interesse do Estado em torno da exploração econômica do interior.

enquanto um personagem do regionalismo paulista. A mudança ficou expressa na máxima afirmada (e repetida) pelo Presidente Getúlio Vargas: "o verdadeiro sentido de brasilidade é a Marcha para o Oeste".[115] A partir desse momento, o ímpeto de adentrar e conquistar novas terras historicamente associado aos antigos moradores de São Paulo passaria a ser apresentado enquanto um traço comum a todos os brasileiros, isto é, enquanto um traço do caráter nacional.

O resgate do bandeirantismo e do culto ao "espírito bandeirante" durante o projeto da Marcha deve ser compreendido no interior do cenário político das décadas de 1930 e 1940. Conforme visto, a instauração do regime estadonovista deu novos ares para a relação conflituosa entre o governo de Getúlio Vargas e as classes dominantes d*O Estado de São Paulo*. Ainda que o período do Estado Novo tenha representado o melhor momento da relação entre esses pólos anteriormente dissidentes, é no mínimo curiosa a eleição desse personagem associado ao regionalismo paulista enquanto símbolo do novo projeto, bem como da própria identidade nacional.

Apesar do processo de aproximação política iniciado a partir de 1937, não se pode ignorar que os paulistas haviam ocupado a linha de frente da coalizão contra o governo instaurado em 1930, cujo momento máximo do anti-varguismo e do "paulistanismo bandeirante" ficou marcado pela eclosão de uma guerra civil no ano 1932. Isso posto, a eleição do bandeirante enquanto o grande personagem da Marcha para o Oeste e a mobilização das características a ele associadas enquanto importante traço da brasilidade, não parecem ter constituído escolhas fortuitas. Pelo contrário, esse movimento é parte da estratégia do regime estadonovista para angariar o apoio político de São Paulo – maior centro industrial do país – em meio a nova diretriz político-econômica centralizadora e autoritária. Assim, evocar o "espírito bandeirante" como o cerne do novo projeto era evocar (ainda que ideologicamente) a centralidade de São Paulo na nova conjuntura político-econômica.

---

115 VARGAS, Getúlio. No limiar do ano de 1938 (Saudações aos brasileiros, pronunciada no Palácio Guanabara e irradiada para todo o país, à meia noite do dia 31 de dezembro de 1937). VARGAS, Getúlio. In: *A Nova Política do Brasil*. Rio de Janeiro: Livraria José Olympio, 1938, vol. V, p. 125.

Apesar do processo intelectual e propagandístico empenhado em realizar a nacionalização deste símbolo do regionalismo paulista, a noção de conquista territorial operada pelos bandeirantes já se encontrava profundamente enraizada no imaginário popular enquanto obra realizada pelos homens de São Paulo. Sobretudo, em fins dos anos 1930 e começo dos anos 1940, momento no qual a operação historiográfica e cultural em torno do bandeirantismo já se encontrava consolidada por meio de importantes publicações sobre o tema – como era o caso da monumental obra de Affonso de Taunay, Alfredo Ellis Jr e Alcântara Machado –, bem como por meio de monumentos, pinturas, discursos museológicos e até do cinema.[116]

Cabe lembrar que os bandeirantes foram o tema de um número significativo de produções cinematográficas durante as décadas de 1930 e 1940.[117] Inclusive, no ano de 1940, ano emblemático para a Marcha para o Oeste, Humberto Mauro (1897-1983) realizou o filme *Os bandeirantes*, cuja orientação da pesquisa histórica foi conduzida pelo próprio Taunay.[118] Ainda que a narrativa do filme tenha sido enfática na defesa de importantes aspectos do mito fundador paulista, sem conseguir diluir os contornos regionalistas do discurso, a produção contou com o patrocínio do Instituto Nacional de Cinema Educativo (INCE), órgão estatal de fomento ao cinema do Estado Novo. Conforme apontou Márcia Juliana Santos, em poucos filmes produzidos pelo Governo Federal essa construção seria possível.[119] Assim, o filme é sintomático não apenas do investimento em torno do assunto durante o Estado Novo, mas da posição que as arrancadas paulistas ocuparam no quadro das representações que se faziam do Brasil sob o olhar institucional durante aqueles anos.

---

116 Sobre o assunto ver: SCHNEIDER, Alberto Luiz. *Capítulos de História Intelectual: Racismos*, identidades e alteridades na reflexão sobre o Brasil. São Paulo: Alameda, 2019. (Parte 2: A invenção (da memória) de São Paulo: os múltiplos discursos bandeirantes).

117 Sobre o assunto ver: SANTOS, Márcia Juliana. *Da capital bandeirante às imagens do cinema institucional de São Paulo, 1930-1940*. 2011. Tese (Doutorado em História) – Pontifícia Universidade Católica, São Paulo, 2011.

118 Sobre esse filme, ver: MORETTIN, Eduardo Victorio. *Cinema e história:* uma análise do filme os bandeirantes. 1994. Universidade de São Paulo, São Paulo, 1994.

119 Sobre o assunto ver: SANTOS, Márcia Juliana. *Da capital bandeirante... Op. Cit.*, p. 162.

Naquele mesmo ano de 1940 foi publicada a obra *Marcha para Oeste: a influência da Bandeira na formação social e política do Brasil* (1940), de Cassiano Ricardo. A publicação, empenhada na nacionalização do bandeirantismo procurou construir os nexos históricos entre o Estado Novo e as bandeiras do período colonial. Ainda assim, a obra, escrita por um paulista que havia integrado o movimento modernista, não deixou de exaltar São Paulo enquanto marco inicial da conquista territorial no Brasil. De modo que, o discurso "neobandeirante" produzido durante aqueles anos e ajustado em função das necessidades políticas dos anos 1940, não conseguiu se desvincular da centralidade que São Paulo ocupava no processo de ocupação territorial. A análise da obra de Cassiano Ricardo será realizada mais à frente, por ora nos interessa destacar que a interpretação formulada por esse autor esteve na base da própria propaganda política estadonovista, bem como de diversos discursos presidenciais em torno da Marcha para o Oeste.

Inclusive, no mesmo ano da publicação, o próprio Presidente Vargas realizou uma série de viagens pelo interior do país com o objetivo de mobilizar o entusiasmo da população em torno do novo projeto. As incursões pelo território nacional foram um momento chave para a divulgação da Marcha para o Oeste e ficaram marcadas por uma profunda carga simbólica. Ao percorrer de avião cerca de dezesseis mil quilômetros visitando cidades no Centro-Oeste, Norte e Nordeste do país, Getúlio Vargas procurou incorporar o "espírito bandeirante" por meio da imagem do primeiro presidente a ter se deslocado do Palácio do Catete rumo ao Oeste do país.[120] Mais do que isso, essas viagens inauguraram a primeira visita de um presidente da República a uma área indígena.[121] Nessas viagens, Vargas contou com uma comitiva presidencial da qual fazia parte um cinegrafista do Departamento de Imprensa e Propaganda (DIP) empenhado em registrar a incursão. Os materiais produzidos nessas viagens foram divulgados durante todo o regime estadonovista.

---

120 CANCELLI, Elizabeth. *O Estado Novo em Marcha para o Oeste.* Curitiba: Editora CRV, 2017, p. 66.

121 GARFIELD, Seth. *A luta indígena no coração do Brasil:* política indigenista, a Marcha para o Oeste e os índios Xavante (1937-1988). Tradução: Claudia Sant'Ana Martins – São Paulo: Editora Unesp, 2011, p. 38.

As viagens foram centrais para que o próprio presidente divulgasse a Marcha para o Oeste não só para as populações urbanas dos grandes centros litorâneos do país, mas para as populações do interior. Afinal, os principais projetos impulsionados sob o signo da Marcha passariam a ser colocados em prática a partir dos anos imediatamente seguintes: as Colônias Agrícolas Nacionais (1941) e a frente de expansão da Expedição Roncador-Xingu e da Fundação Brasil Central (1943). Não se pode esquecer que 1940 também foi o ano da realização do já citado Recenseamento Geral do Brasil, cujos trabalhos foram de grande importância para orientar a formulação desses projetos.

A visita realizada à Manaus (AM) em outubro daquele ano ficou marcada pelo chamado "Discurso do rio Amazonas". Na ocasião, Vargas expôs a preocupação do governo em torno da dispersão populacional e afirmou o interesse em proporcionar os meios necessários para a integração da região Norte do país. O presidente reforçou a importância das "entradas e das bandeiras" do período colonial e afirmou essas incursões enquanto amostra da histórica "coragem empreendedora e a resistência do homem brasileiro". Do mesmo modo foi apontada a necessidade e a urgência de se "retomar a cruzada desbravadora" com o objetivo de vencer o principal inimigo do progresso e desenvolvimento do país: o "espaço imenso e despovoado". Também foi afirmado pelo presidente que "o nomadismo do seringueiro e a instabilidade econômica dos povoadores ribeirinhos devem dar lugar a núcleos de cultura agrária, onde o colono nacional, recebendo gratuitamente a terra, desbravada, saneada e loteada, se fixe e estabeleça a família com saúde e conforto".[122]

Nos trechos recortados do referido discurso fica expresso o interesse do governo em promover a fixação do homem à terra. Conforme visto, a preocupação em torno da dispersão populacional no interior estava ligada a interesses tanto estratégicos, quanto econômicos. Cabe lembrar que o pano de fundo daqueles anos era formado pelo conflito da Segunda Guerra Mundial e do ponto de vista da Segurança Nacional, os espaços vazios do interior eram uma ameaça à soberania nacional e à realização do poder

122 VARGAS, Getúlio. O "Discurso do Rio Amazonas". *Revista Cultura Política*, Rio de Janeiro, ano I, n.8. 1941, p. 228.

público. Do mesmo modo, o deslocamento de levas de trabalhadores para os grandes centros urbanos e o esvaziamento do campo era uma realidade crescente. A situação representava uma preocupação do ponto de vista econômico, visto a crescente demanda por bens alimentícios e matérias primas voltada para o abastecimento dos centros urbano-industriais do país em franco processo de expansão. Assim, o discurso promovido por Vargas em Manaus dava indícios do que viria a ser uma importante frente dos trabalhos da Marcha para o Oeste: as Colônias Agrícolas Nacionais, criadas no ano de 1941, com o intuito de fornecer estrutura para a fixação dos trabalhadores no campo.

Outro destino estratégico das viagens presidenciais de 1940 foi a recém-construída Goiânia (GO). Na ocasião, o presidente Vargas procurou estabelecer as conexões, mesmo que artificiais, entre a moderna capital do Brasil Central e a Marcha para o Oeste.[123] Na visita, o presidente insistiu nas conexões entre a construção de Goiânia e o projeto da Marcha enquanto "o reatamento da campanha dos construtores da nacionalidade, dos bandeirantes e dos sertanistas, com a integração dos modernos processos de cultura".[124] As conexões entre a nova capital e a Marcha voltariam a ser foco da propaganda do governo no ano de 1942, em meio a realização do evento que ficou conhecido como o "batismo cultural" de Goiânia.

Por fim, Vargas realizou uma visita a Ilha do Bananal (atual estado de Tocantins), cenário das aventuras do coronel inglês Percy Fawcett (1867-1925) e do paulista Hermano Ribeiro da Silva (1902-1937), chefe da bandeira Anhanguera. A escolha do destino foi uma importante estratégia para a divulgação da Marcha para o Oeste, pois conectava o projeto estadonovista a essas duas famosas incursões das décadas anteriores. Conforme visto no primeiro capítulo, tanto Fawcett, quanto Ribeiro da Silva ficaram conheci-

---

123 Sobre o assunto ver: MELLO, Marcelo de. A Revolução de 1930 e o discurso da ruptura: Goiânia e a Marcha para o Oeste. *Cordis: Revoluções, cultura, política na América Latina*. São Paulo, n. 11, p. 57-89, jul./dez. 2013.

124 VARGAS, 1940. *Apud* NEIVA, Arthur Hehl. A imigração e a colonização no governo Vargas. *Cultura Política*, Rio de Janeiro, ano II, n.21, 10 nov. 1942, p. 233.

dos não apenas por liderar grandes adentramentos pelo território brasileiro, mas por terem dado a vida em prol dessas incursões pelo interior do país – o primeiro desapareceu nas proximidades da Serra do Roncador e o segundo morreu às margens do rio Araguaia. Assim, a viagem à Ilha do Bananal tinha o intuito de conectar a Marcha para o Oeste a esses personagens que ficaram consagrados como uma espécie de "mártires" do moderno movimento de conquista territorial do país. Se as incursões anteriores não haviam sido capazes de vencer o interior, com a nova marcha seria diferente, era o próprio presidente quem dava o ritmo da avançada.

Conforme Seth Garfield, na viagem à Ilha do Bananal o presidente posou ao lado dos índios carajá do Brasil Central, cavalgou ao redor da Ilha, atravessou o Rio Araguaia e acampou ao longo de suas margens, bem como anunciou o desejo de explorar o território dos Xavante.[125] Inclusive, na ocasião, o presidente realizou uma série de sobrevoos voltados para o reconhecimento e para o registro fotográfico do vale do Araguaia, sobretudo das áreas indígenas. Cabe lembrar que o território Xavante localiza-se justamente na região da serra do Roncador, onde, anos mais tarde, seria o foco dos trabalhos realizados pela frente de expansão da Expedição Roncador-Xingu e da Fundação Brasil Central.

As viagens de 1940 não seriam as únicas, o presidente voltou a visitar o interior do país em dois momentos emblemáticos. O primeiro foi em 1942 para o já citado "batismo cultural" de Goiânia,[126] cuja viagem tinha por objetivo a divulgação do sentido urbanizador da Marcha para o Oeste.[127] O segundo momento foi na ocasião da visita do presidente aos acampamentos

---

125 GARFIELD, Seth. *A luta indígena no coração do Brasil... Op. Cit.*, p. 35-36.

126 Sobre o assunto ver: SOUZA, Rildo Bento de. Pelas páginas da *Revista Oeste:* poder e imprensa em Goiás (1942-1944). *Revista Territórios & Fronteiras*, Cuiabá, vol.11, n.2, ago.-dez., 2018, p. 238-244.

127 Não se pode esquecer que a frente de expansão da Expedição Roncador-Xingu e da Fundação Brasil Central foi criada no ano imediatamente seguinte ao evento, e que um de seus principais objetivos era dar início ao projeto de urbanização do antigo estado de Mato Grosso. Assim, o evento de 1942 representou um momento importante para apresentar os modernos preceitos urbanísticos de Goiânia enquanto modelo da nova realidade urbana e moderna que o Estado almejava para o Brasil Central.

da própria Expedição Roncador-Xingu em junho de 1945. Essa foi a última viagem realizada por Vargas antes de sua deposição em outubro daquele ano. Com vistas à divulgação do projeto de urbanização e integração econômica do Brasil Central, o presidente realizou uma viagem de três dias para visitar as duas primeiras Bases da Expedição Roncador-Xingu, a do Rio das Garças e a do Rio das Mortes. Os detalhes e a cobertura em torno da visita de Vargas serão trabalhados mais adiante, no terceiro capítulo deste trabalho. Por ora interessa-nos destacar a alta mobilização em torno das viagens presidenciais empreendidas na primeira metade da década de 1940. Tal como as primeiras viagens, esta última também contou com uma comitiva formada por jornalistas e autoridades e foi noticiada nos mais importantes veículos de comunicação do período. A viagem realizada aos acampamentos da expedição encerrou as viagens presidenciais ao interior iniciadas em 1940.

Os discursos e as imagens do presidente em suas diversas incursões Brasil adentro foram reproduzidos pelo *Departamento de Imprensa e Propaganda* (DIP) durante todo o regime. Mais do que mobilizar a população brasileira em torno do novo projeto de interiorização, a divulgação desses materiais produzidos no interior do país tinham por objetivo divulgar a imagem do presidente responsável por estender o assistencialismo do Estado para o sertão sob a bandeira do desenvolvimento econômico e da justiça social. Junto a isso, a divulgação desses materiais atendia ao objetivo de consolidar os nexos entre a figura de Getúlio Vargas e as modernas práticas bandeirantes do século XX.

Conforme visto, o tema do interior ou do Oeste do país, desde início do século, agregou mais e mais relevância, na cultura, na vida política e na própria vida econômica. No Estado Novo, porém, essa agenda – que se poderia chamar de colonização interna – passou a ser assunto de primeira grandeza, a ponto de mobilizar o próprio presidente, bem como todo o Estado, assim como importantes segmentos dos grandes centros urbanos do país associados a interesses privados.

A máquina de propaganda política e a intelectualidade vinculados ao Estado Novo foram a espinha dorsal da legitimação do regime, bem como de seus principais projetos, tal qual a Marcha para o Oeste. Conforme apontou

Mônica Velloso, a dimensão ideológica estadonovista pode ser identificada numa doutrina de "obrigação política", cujo objetivo era o envolvimento dos diversos setores sociais na política do Estado.[128] É nesse sentido que a propaganda governamental procurou insistir na representação de uma comunidade harmônica e participante da nova marcha rumo ao desenvolvimento do país.

A divulgação do conjunto de preocupações que valorizavam os esforços de integrar os sertões e toda a ideologia nacionalista e autoritária de integração nacional se deu, essencialmente, por meio do *Departamento de Imprensa e Propaganda* (DIP) que através do controle da comunicação buscava orientar as manifestações da cultura popular.[129] Criado em fins de 1939, o DIP foi a arma de maior eficácia da disseminação da ideologia estadonovista por meio da centralização do controle das seguintes divisões: divulgação, radiodifusão, cinema, teatro, turismo e imprensa. O DIP era o órgão central que comandava a divulgação do projeto político estadonovista e a censura nos meios de comunicação, atuando no âmbito federal e estadual por meio dos *Departamentos Estaduais de Imprensa e Propaganda* (DEIP). Foi no interior desse órgão que foram produzidos e divulgados os materiais sobre a Marcha para o Oeste por meio de publicações, programas radiofônicos e cinejornais. Além da censura, o Estado investiu na criação de diversas revistas destinadas a propagandear o regime, foi o caso da *Cultura Política, Ciência Política, Estudos e Conferências,* apenas para citar algumas.

Cabe destacar a *Cultura Política: revista de estudos brasileiros* (1941-1945), "voz oficial" da ideologia estadonovista, que atuava como uma espécie de órgão informativo preocupado em formar consciências em linhas com os ideais do regime.[130] Essa revista desempenhou papel central na divulgação da Marcha

---

128 VELLOSO, Mônica. Cultura e poder político: uma configuração do campo intelectual. In: GOMES, Angela Maria Castro; OLIVEIRA, Lucia Lippi; VELLOSO; Mônica Pimenta. *Estado Novo:* ideologia e poder. Rio de Janeiro: Zahar Editores, 1982, p. 71.

129 Ver: VELLOSO, Monica Pimenta. Os intelectuais e a política cultural do Estado Novo. In FERREIRA, Jorge; DELGADO, Lucilia de Almeida Neves. *O Brasil Republicano – Vol. 2*: O tempo do nacional-estatismo. 8a edição. Rio de Janeiro: Civilização Brasileira, 2017.

130 Sobre a revista ver: VELLOSO, Mônica. *História e Historiadores*. Rio de Janeiro: Editora da Fundação Getúlio Vargas, 1996. (Capítulos 4 e 5).

para o Oeste por meio de uma série de artigos empenhados em reafirmar o pioneirismo do Estado Novo ao recuperar o espírito bandeirante para a realização do projeto de ocupação territorial e unificação econômica.[131]

A questão territorial figurou, em maior ou menor grau, em todos os cinquenta e um volumes da revista, publicados entre 1941 e 1945. Durante esses anos, dois assuntos ligados à Marcha para o Oeste receberam importante atenção, tais quais as questões em torno das migrações internas do país e o crescente interesse na integração da Amazônia. Além dos veículos de comunicação voltados para os segmentos urbanos dos grandes centros industriais do país, o projeto de interiorização também foi divulgado por meio da criação de veículos de comunicação para circulação regional nos estados do interior, como ocorreu em Goiás e Mato Grosso – importante palco dos trabalhos da Marcha para o Oeste.[132]

O regime estadonovista também fez uso da produção imagética enquanto um dos mais eficientes instrumentos de divulgação da Marcha para o Oeste. A imagem do "país em movimento" e a ideia da "redescoberta estatal do interior brasileiro", foram elaboradas pelo DIP ao longo do início da década

---

131 Sobre o assunto ver: RICARDO, Cassiano. O Estado Novo e o seu sentido bandeirante. *Cultura Política,* Rio de Janeiro, ano I, n.1, 1941; CARVALHO, Péricles Melo. A concretização da "Marcha para o Oeste". *Cultura Política,* Rio de Janeiro, ano I, n.8, 1941. RICARDO, Cassiano. As bandeiras do século XX. *Cultura Política,* Rio de Janeiro, ano II, n.11, 1942.; SODRÉ, Nelson Werneck. Fronteira móvel. *Cultura Política,* Rio de Janeiro, ano II, n.18, 1942.; ALMEIDA, Rômulo de. A mobilização econômica e o planejamento da expansão do país. *Cultura Política,* Rio de Janeiro, ano III, n.27, 1943.; OLIVEIRA, Beneval de. Variações sobre povoamento e política demográfica. *Cultura Política,* Rio de Janeiro, ano III, n.33, 1943.; PAYA, José Vicent. Os "anhangueras" do século XX. *Cultura Política,* Rio de Janeiro, ano III, n.35, 1943. ROLLEMBERG, Luis Dias. A unidade econômica do Brasil e a fixação da política de zoneamento. *Cultura Política,* Rio de Janeiro, ano IV, n.43, 1944.

132 Sobre a divulgação da Marcha para o Oeste realizada nos jor*nais O Estado de Mato Grosso (MT) e Oeste (GO)* ver: OLIVEIRA, Rosimar Regina Rodrigues de. O progresso na "marcha para o oeste": uma análise enunciativa na imprensa mato-grossense / – Campinas, SP: 2007. e SOUZA, Rildo Bento de. Pelas páginas da Revista Oeste: poder e imprensa em Goiás (1942-1944). *Revista Territórios & Fronteiras,* Cuiabá, vol.11, n.2, ago.-dez., 2018.

de 1940, após as viagens presidenciais pelo interior. Conforme Marcelo Pereira, nesse período foram produzidos cinejornais com títulos como *Marcha para Oeste, A viagem do Presidente ao Oeste* e *Nas selvas do Brasil Central*, por meios dos quais procurou-se retratar esse esforço do Estado em unir o país, exaltar a figura do presidente, apresentando-o como o grande articulador do projeto de união dos fragmentos regionais ao "corpo da nação", bem como construir a imagem de um país que, ao passo que se interioriza, conquista o verdadeiro sentido de brasilidade.[133]

A construção da Marcha para o Oeste enquanto uma cruzada épica de redescoberta contou com a participação de segmentos intelectuais no aparato estatal de propaganda. Durante o Estado Novo, houve uma considerável ampliação de cargos destinados a intelectuais comprometidos com a legitimação do regime autoritário. Destaca-se a participação dos intelectuais vinculados ao grupo *verde-amarelo*, ala conservadora do modernismo, e a "intelectualidade bandeirante", como foi o caso de Menotti Del Picchia, Cassiano Ricardo, Cândido Mota Filho, entre outros. Conforme visto no primeiro capítulo, o culto ao território nacional, o elogio ao bandeirantismo e o senso de urgência e de necessidade de se realizar a integração do Brasil do litoral e do Brasil do interior, marcas da política estadonovista, foram ideias defendidas pelos *verde-amarelos* décadas antes.

Se por um lado, o corpo doutrinário do governo procurou se apropriar do modernismo e estabelecer uma relação de continuidade entre o movimento e o regime, por outro, não se pode esquecer a forte identificação de alguns integrantes do movimento com o processo de modernização autoritária encabeçada a partir de 1937. De modo que esses intelectuais passaram a ocupar importantes cargos públicos, sobretudo na área da cultura e dos meios de comunicação. A legitimação do Estado Novo, bem como da Marcha para o Oeste, se deu em grande parte, através da relação dos intelectuais com o sistema de poder. Estes foram agentes ativos de um "projeto político-pedagógico,

---

133 PEREIRA, Marcelo. *Cinema e Estado Novo*: trabalho e nacionalismo em marcha. 2002. 149p. Dissertação (mestrado). Instituto de Filosofia e Ciências Humanas, Universidade Estadual de Campinas, Campinas, São Paulo, p. 117.

destinado a popularizar e difundir a ideologia do regime".[134] Nesse momento de mudança histórica profunda "a cultura foi entendida como suporte da política e, nessa perspectiva, cultura, política e propaganda se mesclaram".[135]

Atuando à frente da máquina de propaganda varguista, Cassiano Ricardo foi responsável pela produção da base do discurso estadonovista empenhado na legitimação do projeto da Marcha para o Oeste. É de interesse das páginas que se seguem realizar a análise do ensaio *Marcha para Oeste: a influência da Bandeira na formação social política do Brasil*, de 1940, a fim de compreender como a historiografia bandeirante paulista foi apropriada e ajustada pelo modernista *verde-amarelo* para a legitimação do regime autoritário.

2.4.1 Análise da obra Marcha para Oeste: a influência da Bandeira na formação social e política do Brasil (1940) de Cassiano Ricardo

Cassiano Ricardo (1895-1974)[136] foi um dos principais intelectuais ligados ao Estado Novo, cuja produção ocupa lugar central na construção de um discurso legitimador do regime autoritário sob a égide do projeto de expansão territorial. Foi por meio deste ensaio que Ricardo procurou consolidar sua leitura do bandeirantismo enquanto uma constante na sociedade brasileira, na qual a conquista territorial aparece como traço da excepcionalidade brasileira.[137]

O alcance da interpretação e das ideias propostas por Cassiano Ricardo não pode ser resumida a mera publicação da obra, mas deve ser compreendido por meio da sua trajetória intelectual, bem como por meio da inserção do au-

---

134 VELLOSO, Monica Pimenta. Os intelectuais e a política cultural do Estado Novo... Op. Cit., p. 149.

135 CAPELATO, Maria Helena. O Estado Novo: o que trouxe de novo? In FERREIRA, Jorge; DELGADO, Lucilia de Almeida Neves. *O Brasil Republicano – Vol. 2*: O tempo do nacional-estatismo. 8a edição. Rio de Janeiro: Civilização Brasileira, 2017, p. 125.

136 Para um balanço biográfico do autor, ver: MONTEIRO, Amilton Maciel. *Cassiano:* fragmentos para uma biografia. São José dos Campos: Univap, 2003.

137 Este aspecto da obra de Cassiano Ricardo levou a historiografia interessada no tema a estabelecer uma ponte entre sua produção e a produção de Frederick Jackson Turner sobre o processo de conquista da fronteira nos Estados Unidos. Sobre o assunto ver: VELHO, Otávio Guilherme. *Capitalismo Autoritário e Campesinato*. São Paulo: Difel, 1979.

tor na máquina de propaganda estadonovista. Ainda assim, o ensaio de 1940 ajudou a ampliar a inserção de Ricardo no aparelho estatal do Estado Novo. No ano seguinte a publicação, o autor foi nomeado chefe do Departamento de Divulgação Político-Cultural da Rádio Nacional e diretor do matutino *A Manhã*, naquele período o jornal de maior circulação em todo o país.[138]

Ainda que a obra tenha desempenhado importante função ao consolidar a inserção de Ricardo em cargos dessa relevância, é preciso notar que a sua carreira no setor público já vinha sendo construída desde fins da década de 1920. Em 1928, ano da publicação de *Martim Cererê* – obra que marcou a sua consagração no meio modernista paulista – o autor foi nomeado Censor Teatral e Cinematográfico do Gabinete de Investigação da Repartição Central de Política pelo Presidente d*O Estado de São Paulo*. Inclusive, durante a guerra civil de 1932, diversos poemas de *Martim Cererê* foram reapropriados como o canto da liberdade paulistana. Isso posto, destaca-se a profunda conexão entre Cassiano Ricardo e importantes segmentos políticos e intelectuais da sociedade paulista.

Conforme trabalhado no primeiro capítulo, as ideias mobilizadas no ensaio de 1940, foram construídas ao longo da trajetória intelectual do autor, cujo início pode ser identificado na publicação de *Martim Cererê* (1928).[139] O poema de 1928, em linhas com as concepções mais gerais do modernismo paulista, estava preocupada com a descoberta do país e com a busca de sua nacionalidade. O movimento em direção ao interior foi apresentado pelo autor enquanto valor fundamental da nacionalidade e a principal fonte de

---

138 COELHO, George Leonardo Seabra. Marcha para o Oeste: entre teoria e prática. Dissertação (Mestrado em História). Programa de Pós-Graduação em História. Universidade Federal de Goiás, Goiânia, 2010, p. 110-115.

139 As ideias apresentadas na obra modernista voltariam a ser mobilizadas em outras publicações antes de integrar o ensaio de 1940, tais quais o manifesto *Movimento Bandeira* (1935-1937), *O Brasil no Original* (1937) e textos e artigos publicados pelo autor em revistas e jornais do período. Sobre o assunto ver: COELHO, George Leonardo Seabra. *O bandeirante que caminha no tempo*: apropriações do poema Martim Cererê e o pensamento político de Cassiano Ricardo. Tese (Doutorado). Universidade Federal de Goiás, Goiânia, Goiás, 2015.

riqueza do país. Foi por meio dessa construção que Cassiano Ricardo justificou, nos anos 1940, a legitimidade de um Estado forte, hierarquizado e de tonalidade corporativa.

Assim, ainda que Cassiano Ricardo seja, por vezes, apresentado enquanto ideólogo estadonovista, ou seja, que sua interpretação do bandeirantismo enquanto símbolo da identidade nacional do país tivesse sido formulada em função (ou sob a orientação) do regime, tal qual foi apontado na pioneira pesquisa da Luiza Moreira, a produção historiográfica mais recente tem apresentado um novo caminho. Segundo George Leonardo Coelho, antes de servir aos interesses políticos do Estado Novo, a apropriação do símbolo bandeirante como representação nacional foi realizada para defender um "projeto paulista de nação", isto é, a operação atendia aos interesses e as pretensões hegemônicas sediadas na capital paulista.[140]

A identificação dos expoentes da ala *verde-amarela*, como é o caso de Cassiano Ricardo, com o governo de Getúlio Vargas ocorreu somente após a instauração do regime centralizador e autoritário, apresentado a partir de 1938 sob a égide da conquista territorial. É nesse sentido que, ainda que o ensaio de 1940 tenha sido formulado com vistas a legitimação do regime autoritário do Estado Novo, o processo operado para a nacionalização de um símbolo historicamente associado ao regionalismo paulista, não deixou de evocar a conquista territorial dos bandeirantes enquanto uma obra dos homens de São Paulo.

A publicação de 1940 formada originalmente por um único volume de cerca de seiscentas páginas passou a ser composto por dois volumes a partir de sua segunda edição. No decorrer da obra foram abordados diversos temas e questões em torno das bandeiras do período colonial, entretanto podem ser identificados dois importantes eixos de interpretação do fenômeno: um empenhado em compreender sua origem social e outro sobre sua origem político-econômica. Cassiano Ricardo inicia a obra com uma discussão sobre os grupos sociais da colônia com vistas a localização e a caracterização

140 Sobre o assunto, ver: COELHO, George Leonardo Seabra. *O bandeirante que caminha no tempo... Op. Cit.*, capítulo 1.

do "grupo móvel do Planalto". O autor ainda trabalha os nexos entre a bandeira e o cristianismo, e a bandeira e a coroa portuguesa. Também foram tratadas questões em torno da organização racial da bandeira, bem como do papel desempenhado por cada uma das raças nos adentramentos do período colonial. Por fim, com vistas à consolidação da argumentação na qual as bandeiras não seriam um evento extinto, mas um traço da identidade brasileira, Ricardo dedica alguns capítulos para trabalhar o "neobandeirismo" dos séculos XIX e XX.

A multiplicidade de questões trabalhadas na obra foi foco de uma série de estudos produzidos pela historiografia que se debruçou sobre o tema.[141] O interesse das páginas que se seguem é focar em três aspectos centrais que contornam a construção da obra: o papel atribuído a São Paulo na história e no processo de construção do país, o processo realizado para a nacionalização desse símbolo do regionalismo paulista e, por fim, a argumentação utilizada para a legitimar o regime autoritário do Estado Novo e o novo projeto de interiorização.

Nesse sentido se faz importante compreender o diálogo que Ricardo estabeleceu com as tradicionais interpretações produzidas pela historiografia paulista na qual as "origens da nação" são identificadas na saga bandeirante. Isto é, que a conquista territorial pelos bandeirantes dos séculos XVII e começos do XVIII, teria iniciado, segundo essa narrativa, a formação do "Bra-

---

141 Sobre o assunto ver: ESTERCI, Neide. "O mito da democracia no país das bandeiras". Dissertação (Mestrado em Antropologia Social), Universidade Federal Rio de Janeiro, Rio de Janeiro, 1972.; VELHO, Otávio Guilherme. *Capitalismo Autoritário e Campesinato*. São Paulo: Difel, 1979.; LENHARO, Alcir. *Sacralização da Política*. Campinas, SP: Papirus, 1986.; MOREIRA, Luiza Franco. *Meninos, poetas e heróis*: aspectos de Cassiano Ricardo do modernismo ao Estado Novo. São Paulo: Edusp, 2001.; COELHO, George Leonardo Seabra. *Marcha para o Oeste*: entre teoria e prática. Dissertação (Mestrado em História). Programa de Pós-Graduação em História. Universidade Federal de Goiás, Goiânia, Goiás, 2010; COELHO, George Leonardo Seabra. *O bandeirante que caminha no tempo*: apropriações do poema Martim Cererê e o pensamento político de Cassiano Ricardo. 2015. Tese (Doutorado em História) – Programa de Pós-Graduação em História. Universidade Federal de Goiás, Goiânia, Goiás, 2015.

sil nação", bem como teria rendido ao Brasil a dimensão continental de seu território.[142] Se por um lado essa interpretação permite a associação entre o bandeirante e o paulista, por outro, dá margem para a valorização do bandeirante como construtor da unidade nacional e da nacionalidade. Assim, o bandeirante enquanto símbolo regional e enquanto símbolo nacional não são interpretações contrárias, mas caminham juntas tanto na obra de Cassiano Ricardo quanto na historiografia paulista tradicional.[143]

Ainda que a obra tenha insistido na associação entre o bandeirismo e à própria expressão da nacionalidade, a conquista territorial durante o período colonial não deixou de ser apresentada enquanto um processo histórico iniciado pelos antigos moradores de São Paulo, cujas atitudes e comportamentos caracterizariam a "alma brasileira". Isto é, o bandeirante de Ricardo não deixou de ser apresentado por meio do *ethos* paulista. Mesmo quando o autor apresenta o elemento regional enquanto fonte da nacionalidade, é operada a heroicização dos sertanistas paulistas. Assim, para Ricardo, teriam sido os paulistas os responsáveis por dar o ritmo da civilização brasileira rumo ao Oeste.

O autor também procurou lastrear na organização da sociedade colonial paulista o berço da democracia no Brasil. Segundo Ricardo, seria possível observar na sociedade do planalto e nas próprias Bandeiras o convívio harmonioso entre as três raças: o índio, o negro e o branco (ou mameluco). Assim, a democracia a qual Ricardo faz referência, seria uma democracia social

---

142 Sobre o assunto ver: RICARDO, Cassiano. *Marcha para Oeste*: a influência da "bandeira" na formação política e social do Brasil. Rio de Janeiro: José Olympio Editora. 1970. 7ª edição. Vol. 1. (Capítulo II – O grupo móvel e a conquista).

143 Conforme Kátia Abud, a construção da "mitologia bandeirante" se deu a partir de dois fatores principais: o bandeirante como símbolo da paulistanidade e como construtor da nacionalidade através da expansão territorial por ele promovida. Sobre o assunto ver: ABUD, Kátia Maria. *O sangue intimorato e as nobilíssimas tradições: a construção de um símbolo paulista: o bandeirante*. 1985. Tese (Doutorado em História). Faculdade de Filosofia, Letras e Ciências Humanas, Universidade de São Paulo, São Paulo, 1985.

e não política.[144] Essa "democracia tipicamente brasileira" foi identificada nas Bandeiras, na medida em que elas foram apresentadas por meio da miscigenação e da cooperação harmoniosa entre os elementos sociais constituintes das arrancadas do período colonial.[145]

Apesar do convívio e da cooperação harmoniosa, o autor destaca que a organização dos trabalhos desenvolvidos pelos elementos sociais constituintes da bandeira contava com uma rígida hierarquização do trabalho entre as três raças. Ao passo que o índio seria associado ao sertão e ao ímpeto das avançadas, o negro era associado a "vida rural" e ao trabalho braçal na lavoura e na mineração.[146] Já o branco, ou o mameluco, era associado ao comando e a organização das Bandeiras. Mais do que isso, conforme o autor, o bandeirante chefe da bandeira ocupava posição central nessa orquestra, pois teria sido graças a sua disciplina e força que essas grandiosas e complexas arrancadas teriam sido possíveis.

Por meio da análise da organização e da estrutura interna das Bandeiras em toda a sua complexidade social e econômica, Cassiano Ricardo construiu uma leitura na qual as Bandeiras foram interpretadas enquanto um Estado em miniatura, ou um "Estado-móvel", e seus chefes enquanto verdadeiros chefes de Estado.[147] Conforme a leitura do autor, se por um lado, a hierarquização das cores não impedia o comportamento democrático do grupo, por outro, foi por meio dessa organização que Cassiano Ricardo procurou explicar sociologicamente como teria nascido no Brasil a ideia de governo forte e disciplinador. A busca por essa explicação sociológica constitui parte central da tese apresentada na obra. Foi por meio dessa construção que Ri-

---

144 Esse aspecto da obra de Cassiano Ricardo foi trabalhado por Neide Esterci. Sobre o assunto ver: ESTERCI, Neide. *O mito da democracia no país das bandeiras... Op. Cit.*

145 Sobre o assunto ver: RICARDO, Cassiano. *Marcha para Oeste: ... Op. Cit.*, vol. 2. (Capítulo XII – O grupo em movimento e a miscigenação / Capítulo XIII – A Bandeira, ensaio de democracia social).

146 Sobre o assunto ver: RICARDO, Cassiano. *Marcha para Oeste... Op. Cit.*, vol. 1. (Capítulo XI – O grupo em movimento e a função de cada cor).

147 Sobre o assunto ver: RICARDO, Cassiano. *Marcha para Oeste... Op. Cit.*. vol. 2. (1ª edição 1940). Capítulo XVII – A Bandeira na origem do Estado).

cardo identificou nas Bandeiras do período colonial os germes do autoritarismo estatal.

Assim, o ensaio de 1940 procurou demonstrar como o projeto de integração dos sertões do país, a instauração de um Estado Forte e a presença de um líder autoritário, entre outras características do regime estadonovistas, podiam ser identificados nos primórdios da formação social e política das Bandeiras do período colonial. Nessa leitura, o Estado Novo era interpretado enquanto o retorno do Brasil às suas fontes históricas, étnicas, econômicas e políticas. Em suma, o Estado Novo seria o reencontro do Brasil consigo mesmo.

Ao reelaborar esse mito tipicamente paulista, Cassiano Ricardo insistiu na sua transformação em "mito fundador da Nação" e do Estado moderno brasileiro, por meio do qual o espírito pioneiro e empreendedor do bandeirante foi associado à identidade nacional do país que novamente caminhava rumo ao interior, sob a disciplina de uma liderança forte – a do presidente Getúlio Vargas – com vistas a definitiva ocupação do seu território. Assim, o autor, através de uma narrativa heroica, acabou por conjugar momentos históricos passados – as Bandeiras – com o presente expansionista – identificado na política Marcha para o Oeste – de modo a legitimar o regime autoritário estadonovista. Segundo George Leonardo Coelho:

> mais do que um ensaio sobre a influência das Bandeiras na formação social e política do brasileiro, ele se torna um romance da gênese do Estado Novo, pois o autor lança mão de fatos históricos, da mitologia paulista referente ao bandeirante, a situação social, política e econômica dos sistemas produtivos brasileiros, para demonstrar que a forma como o Estado Novo estava estruturado já fora experimentado pelas Bandeiras históricas.[148]

Isto é, ao partir da compreensão de que havia um modelo político moldado pelas heranças deixadas pelas Bandeiras, Cassiano Ricardo procurou operar a legitimação e autorização do regime autoritário que chamou

148 COELHO, George Leonardo Seabra. *Marcha para o Oeste*... *Op. Cit.*, p. 114.

a atenção para a necessidade da integração do espaço territorial do país como parte de uma continuidade histórica. Conforme o autor, o "bandeirismo histórico havia concluído a sua missão; a integração territorial, o Brasil como vemos no mapa", entretanto, a grandeza da geografia brasileira fez com que as arrancadas bandeirantes se configurassem enquanto uma "causa permanente", marcadas pela máxima de "um país que precisa conquistar a si mesmo, pra se realizar".[149] Assim, "desaparecida a bandeira em sua feição histórica, original, repete-se em outro horizonte cultural. No mínimo, repetem-se atos de bandeirismo, e quem os pratica é, portanto, bandeirante".[150] Segundo o autor "todo brasileiro que abre caminhos novos é, hoje, um bandeirante".[151]

É nesse sentido que Ricardo dedicou os capítulos finais da obra para as modernas práticas bandeirantes dos séculos XIX e XX, nos quais o autor construiu uma espécie de itinerário desde o período colonial até fins da década de 1930, momento da escrita da obra. Dentre os personagens identificados enquanto portadores do espírito bandeirante moderno estavam Couto de Magalhães, o marechal Rondon – apresentado pelo autor enquanto "o principal bandeirante moderno" –, Edgar Roquette-Pinto, o coronel Percy Fawcett e, por fim, Hermano Ribeiro da Silva – chefe da moderna Bandeira Anhanguera.[152] Apresentadas essas importantes arrancadas que, segundo o autor, deram novo fôlego ao bandeirismo, o autor direciona o leitor para o projeto de interiorização estadonovista: "Anuncia-se a nova marcha. É o Brasil organizado que, de novo, caminha pra Oeste, realizando o seu "imperialismo interno", palmo a palmo".[153]

A obra apresenta um Brasil que incorpora novamente seu destino histórico – o bandeirismo –, desta vez por meio do Estado Novo, o Estado Ban-

---

149 RICARDO, Cassiano. *Marcha para Oeste*... *Op. Cit.*, vol. 2, p. 303.

150 RICARDO, Cassiano. *Marcha para Oeste: ... Op. Cit.*, vol. 2, p. 337.

151 Idem, p. 391.

152 Sobre o assunto ver: RICARDO, Cassiano. *Marcha para Oeste*... *Op. Cit.*, vol. 2. (Capítulo XXI – O neobandeirismo do século XX e capítulo XXIV – As Bandeiras do século XX).

153 *Idem*, vol. 1, p. 364-366.

deirante. Nas últimas páginas da obra, o autor reforça mais uma vez os nexos entre as bandeiras do período colonial e as modernas práticas bandeirantes de seu tempo:

> Ontem eram bandeirantes só os que partiam do Planalto e dos seus subfocos de irradiação; hoje são todos quantos tomam parte na nova marcha destinada a preencher os vazios demográficos das regiões que pedem "novos bandeirantes equipados de nova técnica" para o seu melhor aproveitamento econômico e social. No menor ato brasileiro haverá sempre o "sentido bandeirante". É uma condição para que a terra possua o homem e este a possua. Na grandeza que aí está – quase nove milhões de quilômetros quadrados – o papel da bandeira é, ainda, uma imposição da vida a que o brasileiro não poderá fugir, para se realizar.[154]

A construção da obra insiste, portanto, no sentido histórico, patriótico e nacionalista da Marcha para o Oeste dos anos 1940. É nesse sentido que a obra Cassiano Ricardo ocupa lugar central no processo de apropriação do discurso bandeirante ajustado às preocupações próprias daqueles anos, bem como na construção dos nexos entre o Estado Novo e as bandeiras do período colonial. Se por um lado, nos primeiros capítulos da obra o autor procurou estabelecer um diálogo com toda uma geração de intelectuais anterior que pode ser identificada nas tradicionais instituições culturais paulistas, nos capítulos finais da obra, em diálogo com o regime, o autor buscou definir seu próprio perfil como intelectual de convicções autoritárias, alinhado aos partidários do Estado Novo.

Enquanto a leitura do passado colonial feita pelos intelectuais paulistas ligados às tradicionais instituições culturais de São Paulo, como o Museu Paulista e o Instituto Histórico e Geográfico de São Paulo, encontravam-se ajustada às pretensões hegemônicas da elite paulista, a de Ricardo ajustava-se à construção de um discurso ideológico voltado para a legitimação da

---

154 *Idem*, vol. 2, p. 391.

Marcha para o Oeste e do próprio Estado Novo.[155] Não se pode esquecer que ao escrever sobre o passado os textos dos historiadores estão sempre enraizados em um presente, portador de intenções e interesses.[156]

Os anos 1940 constituem um contexto oportuno para compreender as complexas relações entre a produção e a legitimação de discursos e a criação e a concretização de projetos políticos. O projeto de interiorização identificado na Marcha para o Oeste, bem como a construção discursiva e propagandística empenhada na sua legitimação acabaram por politizar e por dar nova tonalidade ao histórico compromisso do país com a sua conquista geográfica. Essa operação, na qual Cassiano Ricardo ocupou a linha de frente, representou uma contribuição significativa para a ideologia do Estado Novo.

Por fim, cabe destacar que a articulação em torno da divulgação e legitimação da política da Marcha para o Oeste à luz da memória pública acerca dos antigos bandeirantes, acabou por se estender também para a própria Expedição Roncador-Xingu. Inclusive, cabe notar que nas edições seguintes de *Marcha para Oeste*, Cassiano Ricardo incluiu o nome de Orlando Villas Bôas – chefe da Expedição Roncador-Xingu ao grupo de sertanistas identificados enquanto "neobandeiristas".

A historiografia produzida durante aqueles anos em torno do bandeirantismo dava foros de legitimidade à "personalidade do paulista" e conectava os bandeirantes do período colonial aos dos anos 1940. Em outras palavras, o prestígio dos bandeirantes tinha repercussão ativa na mentalidade da época, particularmente em São Paulo. Questão que impactou profundamente o modo como a Expedição Roncador-Xingu foi percebida em seu tempo. Inclusive, os próprios irmãos Villas Bôas, paulistas de So-

---

155 Sobre a multiplicidade dos discursos e usos que pessoas e grupos fizeram dos bandeirantes para dar sentido a suas experiências em momentos e lugares específicos ver: WALDMAN, Thais Chang. *Entre batismos e degolas*: (des)caminhos bandeirantes em São Paulo. 2018. Tese (Doutorado em Antropologia Social). – Faculdade de Filosofia, Letras e Ciências Humanas, Universidade de São Paulo, São Paulo, 2018.

156 Sobre o assunto Ver: REIS, José Carlos. *O desafio historiográfico*. Rio de Janeiro:Editora FGV, 2010.

rocaba, empenharam-se o quanto puderam em revestir suas incursões de um caráter épico.[157]

No próximo capítulo, momento no qual será empreendido um mergulho a fundo no cotidiano da criação e da atuação da Expedição Roncador-Xingu, será também apresentado o esforço discursivo da propaganda paulista em apresentar o adentramento de 1943 enquanto uma moderna bandeira, bem como dos próprios expedicionários da Roncador-Xingu e funcionários da Fundação Brasil Central em conectar seus trabalhos àqueles realizados no período colonial.

157 Para maior compreensão da construção épica e de viés bandeirante feita pelos próprios irmãos Villas Bôas. ver: SANCHO, Karla Amorim. *Cenas da enunciação e ethos em narrativas sobre a Expedição Roncador-Xingu*: uma análise discursiva. Dissertação (Mestrado em História). Universidade Federal do Mato Grosso. Cuiabá, Mato Grosso, 2014.

3. A conquista da fronteira oeste através da Expedição Roncador-Xingu (1943-1948)

Interessa a este capítulo adentrar ao universo da Expedição Roncador--Xingu, desde a articulação realizada para a sua viabilização até seu percurso Brasil adentro rumo aos formadores do rio Xingu. O projeto levado a cabo por essa expedição, junto a Fundação Brasil Central foi a ponta de lança da política da Marcha para o Oeste, cujo objetivo era realizar a integração econômica do interior brasileiro. Conforme visto, fazia parte desse projeto assegurar militarmente a posse do espaço territorial do país em meio ao cenário da Segunda Guerra Mundial, bem como orientar as migrações internas por meio da interiorização de uma infraestrutura básica de transporte, comunicação, saúde e educação.

A seguir, será feito um mergulho no processo de criação, viabilização e atuação da Expedição Roncador-Xingu por meio de dois corpos documentais: as notícias publicadas no jornal *O Estado de São Paulo* e os registros produzidos pelos expedicionários da Roncador-Xingu e funcionários da Fundação Brasil Central publicados na forma de livro.

3.1 De São Paulo ao Brasil Central: o processo de viabilização da Expedição Roncador-Xingu através do jornal *O Estado de São Paulo*

A divulgação da Expedição Roncador-Xingu na imprensa foi uma importante estratégia para mobilizar o entusiasmo, bem como o apoio político e econômico dos segmentos urbanos dos grandes centros do país em torno do novo projeto de interiorização. Haja visto que um dos objetivos deste trabalho é compreender os interesses do empresariado industrial paulista no projeto de integração territorial dos anos 1940, serão analisadas as notícias publicadas no jornal *O Estado de São Paulo* sobre a Expedição Roncador--Xingu entre os anos de 1943 e 1948. A mobilização no interior deste jornal (assim como de outros importantes veículos de comunicação) foi um dos fatores responsáveis por viabilizar o financiamento por parte do empresariado industrial paulista para as atividades da expedição.

Conforme se verá, o volume de notícias sobre a expedição e a distribuição dessas publicações durante o período de sua atuação também são indicativos das intenções em torno da divulgação. Das quarenta e seis publicações localizadas no jornal *O Estado de São Paulo*, entre o período recortado, mais da metade foram publicadas nos primeiros dois anos do projeto, isto é, durante a intervenção estadonovista no jornal. No ano de 1943, foram publicadas vinte e duas notícias entre junho – mês em que a expedição foi instituída – e outubro de 1943. Dessas vinte e duas notícias, catorze foram publicadas antes de sua partida – isto é, entre junho e agosto –, portanto, com vistas a mobilização do apoio para o seu aparelhamento.

Dentre os diversos periódicos paulistas em circulação naquele período, optou-se pela análise d'*O Estado de São Paulo*, historicamente um dos mais tradicionais e influentes jornais da capital paulista. Durante as décadas de 1930 e 1940, o jornal atuou na linha de frente da mobilização da população paulista perante cenários políticos de grande complexidade. Censurado a partir de fins de 1937, o jornal foi interditado no ano de 1940 pelo Departamento de Imprensa e Propaganda (DIP) e seus diretores passaram por prisões e perseguições.[1] Esses episódios dão a medida da importância da atuação desse jornal no cenário político não só paulista, mas nacional.

---

1 Com a instauração do Estado Novo, a censura assolou o jornal, chegando a sua expropriação da família Mesquita no ano de 1940. Durante esse período, o jornal foi tomado pelo Departamento de Imprensa e Propaganda (DIP), passando a direção de Abner Mourão, antigo diretor do Correio Paulistano, de modo que foi apenas em dezembro de 1944 que o jornal foi restituído a Júlio de Mesquita Filho. Sobre o assunto ver: CAPELATO, Maria Helena. *Os arautos do liberalismo*. Imprensa paulista 1920-1945. São Paulo: Editora Brasiliense, 1989, p. 27.

O periódico, fundado em 1875 com o nome de *A Província de São Paulo*, nasceu enquanto defensor das ideias republicanas e abolicionistas. A partir de 1885, o jornal passou para a direção de Júlio de Mesquita que, anos mais tarde, em 1926, participaria da articulação para a criação do Partido Democrático. Em linhas com a posição assumida desde sua criação ainda em fins do período Imperial, durante a Primeira República, o jornal se consolidou enquanto importante órgão de oposição ao poder oligárquico, tendo manifestado apoio à chamada Revolução de 1930. Entretanto, no pós-1930, com a perda da autonomia sofrida pel*O Estado de São Paulo* no cenário político, o jornal não apenas passou a construir a oposição do Governo Provisório, como atuou na linha de frente da articulação da "Revolução de 1932".

O jornal atuou no debate político e intelectual sediado em São Paulo em linhas com o projeto de construção de uma hegemonia paulista, por meio da defesa de ideias do liberalismo e da colaboração com partidos e articulações políticas do estado, como foi o caso do Partido Democrático, da Liga de Defesa Paulista e da Frente Única. É nesse sentido que o jornal também fez uso político do bandeirantismo em prol da afirmação da superioridade e do papel de liderança de São Paulo sobre o conjunto do país.[2] Isto é, as páginas d'*O Estado de São Paulo* foram palco para a reafirmação e a divulgação das interpretações voltadas para justificar as pretensões de hegemonia e liderança das classes dirigentes, econômicas e intelectuais do estado. Conforme se verá, durante a década de 1940, a máquina de propaganda estadonovista apostou na apropriação desses discursos com vistas a sensibilização dos seus leitores em torno do projeto de interiorização.

Se faz necessário compreender o jornal *O Estado de São Paulo* enquanto um instrumento de intervenção na vida política e na construção da consciência social de importantes segmentos da sociedade brasileira que, por vezes, assumiu funções desempenhadas pelos partidos políticos,

2 Esses foram discursos assumidos, de diversas maneiras, por todos os jornais paulistas do período, seja os de oposição ou os governistas, cujo objetivo era a consolidação de São Paulo enquanto a grande potência responsável por dar o ritmo do progresso do país. Sobre o assunto ver: CAPELATO, Maria Helena. *Os arautos do liberalismo. Op. Cit.*

operando (e sendo reconhecido) como uma força dirigente ou orientadora, muitas vezes, superior aos próprios partidos. Se por um lado deve-se reconhecer que o objetivo assumido pelo jornal era o de despertar e moldar consciências conforme os valores e interesses do liberalismo, por outro, não se pode reduzir o jornal à defesa de suas concepções ideológicas, afinal o periódico procurava indicar um comportamento e uma direção política a seu público leitor.[3]

A centralidade d'*O Estado de São Paulo* enquanto instrumento político da sociedade paulista fez com que o periódico fosse utilizado como instrumento do próprio regime para angariar a adesão de importantes setores das classes dominantes paulista em torno do Estado Novo. Convém lembrar que a maior parte das notícias produzidas sobre a Expedição Roncador-Xingu (1943-1948) se deram em meio ao cenário de censura e intervenção da máquina de propaganda estadonovista dentro do jornal. Das quarenta e seis notícias localizadas sobre a expedição, trinta e oito delas foram produzidas no período da intervenção.

O estudo produzido por Vandré Aparecido da Silva identificou que, a criação da coluna *Notícias do Rio*, em 1939, foi uma importante estratégia para a transformação do jornal *O Estado de São Paulo* em um palanque do governo em São Paulo – polo industrial de grande dinamismo na economia nacional e centro potencial de setores oposicionistas da burguesia, bem como de uma opinião pública socialmente diversificada, conforme manifestado anos antes no movimento constitucionalista de 1932.[4] Cabe lembrar que durante os anos de intervenção no periódico paulista, estava em curso um processo tenso de negociação e de medição de forças entre o governo e os setores políticos e econômicos d*O Estado de São Paulo*.

3 Sobre o assunto ver: CAPELATO, Maria Helena; PRADO, Maria Ligia. *O bravo matutino:* imprensa e ideologia no jornal *O Estado de São Paulo*. São Paulo: Editora Alfa-Omega, 1980.

4 SILVA, Vandré Aparecido Teotônio da. *"Notícias do Rio":* a intervenção no jornal *O Estado de São Paulo* e a autolegitimação do Estado Novo (1939-1945). Dissertação (Mestrado) – Faculdade de Filosofia Letras e Ciências Humanas, Universidade de São Paulo, São Paulo, 2012. p. 83.

Nesse período houve um esforço propagandístico do jornal em colocar em evidência a solidificação econômica realizada pelo regime, assim como a nova orientação da política econômica voltada para o desenvolvimento da indústria nacional. Do mesmo modo foi recorrente a construção de uma imagem positiva de Vargas e a divulgação de notícias e artigos voltados para a construção de uma imagem de união entre o governo federal e a interventoria paulista. Não se pode esquecer que o apoio político das classes econômicas e dirigentes de São Paulo era caro ao governo, visto a iminência da Segunda Guerra Mundial e a própria necessidade de diálogo para a realização da nova orientação político-econômica voltada para o desenvolvimento da indústria nacional.

A entrada do Brasil na guerra, no ano de 1942, acirrou ainda mais o processo de construção de uma boa relação entre o regime e *O Estado de São Paulo*[5]. A própria articulação em torno da Expedição Roncador-Xingu por meio da mobilização do bandeirismo, assim como a mobilização em torno de uma imagem amigável e de receptividade do ministro João Alberto Lins de Barros (escolhido para o cargo da Coordenação de Mobilização Econômica) nos meios políticos e produtivos paulistas, são sintomáticas da intensificação desse processo. A articulação realizada por meio deste periódico em torno da mobilização de uma imagem de união e harmonia entre a esfera federal e *O Estado de São Paulo*, constitui parte importante do processo que permitiu a viabilização da Expedição Roncador-Xingu no ano de 1943.

Assim, se faz necessário insistir no papel da imprensa como força mobilizadora e orientadora de temas e opiniões, e enquanto instrumento para a promoção de dissensos, adesões e consensos. Como bem colocou Maria

5 Após a entrada do Brasil na guerra, o regime procurou maquiar a intervenção no jornal com sua transformação em "Sociedade Anônima", junto a isso o periódico passou a investir na reconstrução da autoimagem do regime por meio da caracterização do governo como democrático. Do mesmo modo, a entrada no conflito acarretou novos desafios para o desenvolvimento da indústria nacional, questão central para acirrar a necessidade de diálogo e aliança entre o regime estadonovista e *O Estado de São Paulo*. Sobre o assunto ver: SILVA. Vandré Aparecido Teotônio da. *"Notícias do Rio"... Op. Cit.*, p. 181.

Helena Capelato, a imprensa deve ser percebida enquanto "instrumento de manipulação de interesses e de intervenção na vida social"[6]. Isto é, a imprensa não pode ser compreendida por meio das falsas noções de objetividade e de neutralidade, seja em momentos de intervenção e de censura ou de liberdade de expressão. A imprensa não se situa acima do mundo do qual fala, pelo contrário, ela é um suporte de prática social e, portanto, fala de um lugar e de um tempo no qual são articulados interesses e intencionalidades. Conforme apontado pelas pesquisadoras Maria do Rosário Peixoto e Heloísa Faria Cruz:

> [...] trata-se também de entender que em diferentes conjunturas a imprensa não só assimila interesses e projetos de diferentes forças sociais, mas muito frequentemente é, ela mesma, espaço privilegiado da articulação desses projetos. E que, como força social que atua na produção de hegemonia, a todo o tempo, articula uma compreensão da temporalidade, propõe diagnósticos do presente e afirma memórias de sujeitos, de eventos e de projetos, com as quais pretende articular as relações presente/passado e perspectivas de futuro.[7]

Foi sob essa perspectiva que as notícias publicadas sobre a Expedição Roncador-Xingu foram lidas e analisadas. O entendimento da trajetória dos posicionamentos adotados pelo jornal *O Estado de São Paulo*, antes e durante o período de intervenção, constitui elemento importante para a análise que se segue. Conforme se verá, o uso político do bandeirantismo foi um dos principais recursos retóricos utilizados pelos interventores que assumiram o controle do jornal com o objetivo de sensibilizar os segmentos urbanos de São Paulo em torno do projeto da expedição. A apropriação dos discursos sobre o passado paulista, junto a uma promessa de futuro em torno da abertura de novos mercados e da ampliação das possibilidades de exploração

---

6 CAPELATO, Maria Helena; PRADO, Maria Ligia. *O bravo matutino... Op. Cit.*, p. 13.

7 CRUZ, Heloisa de Faria; PEIXOTO, Maria do Rosário da Cunha. Na oficina do historiador: conversas sobre história e imprensa. *Projeto História. Revista do Programa de Estudos Pós-Graduados de História*. ISSN 2176-2767, [S.l.], v. 35, p. 258-259, dez. 2009.

econômica do interior, foi uma importante estratégia articulada no jornal para angariar a adesão e o consenso em torno da relevância desse projeto.

A seguir será realizada a análise das primeiras notícias publicadas sobre a Expedição Roncador-Xingu empenhadas em angariar o apoio econômico para sua viabilização, bem como divulgar todo processo da preparação para a sua partida rumo ao Brasil Central. Apesar da centralidade atribuída ao uso das fontes jornalísticas, destaca-se que o objeto e a finalidade do presente capítulo é reconstituir o percurso de criação, preparação e viabilização da Expedição Roncador-Xingu por meio das notícias publicadas no jornal *O Estado de São Paulo* entre junho e agosto de 1943.

3.1.1 A criação da Expedição Roncador-Xingu

A Expedição Roncador-Xingu, criada no dia 3 de junho de 1943, por meio da portaria nº 77 da Coordenação de Mobilização Econômica, foi divulgada para a sociedade paulista pela primeira vez no dia seguinte à sua criação. A notícia publicada nas páginas d'*O Estado de São Paulo*, no dia 4 de junho, trazia o título *Grande expedição partirá em breve a Serra do Roncador*. Esta primeira notícia foi fruto da declaração dada pelo próprio idealizador do adentramento, o ministro João Alberto Lins de Barros, em reunião por ele convocada junto a representantes da imprensa paulista e carioca. No artigo foram declarados os objetivos da expedição, a rota a ser seguida e o nome escolhido para chefiar o empreendimento. Conforme a declaração:

> No próximo dia 15 de julho partirá uma grande expedição para a serra do Roncador, rumo ás cabeceiras do rio Xingu, abrindo pelo interior, o caminho que ligará a Amazonia ao resto do país. Leva essa expedição, que será comandada pelo coronel Flaviano Vanique, outras missões de povoamento, de colonização, de exploração das riquezas naturais e das possibilidades de vida nesse pedaço enorme, que é a maior area desconhecida do mundo, mais desconhecida mesmo, que as próprias zonas vizinhas ao Himalaia. Os poucos e audazes exploradores que avançaram pelo Xingu, em direção as suas nascentes, eram orientados dominados, vamos dizer escravi-

> zados, pelo curso das águas, impossibilitando o reconhecimento dos campos além. Uma linha, por exemplo, encobria o rio Fresco, que por muito tempo permaneceu desconhecido. E esse rio, por amostras que temos conosco, é riquíssimo, em suas proximidades, de carvão mineral com 650 calorias, ou seja o melhor que possuímos. Diz a eu que esses expedicionários que partirão em breve, por decisão do Presidente da República, vão procurar estabelecer condições de vida para atrair os homens de outras terras, fazendo que estes, por fim, sejam naturalmente atraídos. Cria-se dessa forma, o espírito de pioneiro, de aventura, no bom sentido. Quero fazer uma advertência. Muita gente, ao ler as vossas reportagens, hão de querer acompanhar-nos. Devo esclarecer que não há lugar para turistas nessa jornada. Nem boa cama até as 8 horas, cavalinho selado para um passeio pelos arredores, nem conforto algum. Quem aceitar a missão de importância excepcional, que é a de fazer parte desse grupo de desbravadores, terá que partir levando o espírito preparado para dias duros e difíceis. Os turistas poderão ir no segundo escalão...[8]

O primeiro ponto que chama a atenção na notícia diz respeito ao objetivo central da expedição: abrir o caminho pelo interior com vistas ao povoamento, a colonização e a exploração das áreas percorridas. O ministro insistiu tanto na condição de isolamento no qual se encontrava o interior do país, quanto nas riquezas ali existentes, tal qual o carvão mineral – importante combustível fóssil utilizado para a produção de energia elétrica em usinas termoelétricas, bem como matéria-prima para fabricar aço nas siderúrgicas.

Outro ponto destacado na declaração do ministro dizia respeito ao sacrifício e ao esforço que seria empregado durante os trabalhos da expedição. É preciso notar que a expedição foi integrada quase que essencialmente por trabalhadores sertanejos, isto é, homens do interior e que tinham o domínio das práticas de sobrevivência nesses locais.[9] Os próprios irmãos Villas Bôas

---

8 Grande expedição partirá em breve para a Serra do Roncador. Jornal *O Estado de São Paulo*, 4 de junho de 1943, p. 8.

9 Sobre o assunto ver: SANTOS, Gilberto Brizolla. *Bandeirantes do século XX:* trabalhadores da Expedição Roncador-Xingu e Fundação Brasil Central em Nova Xavan-

– homens de São Paulo –, que viriam a se tornar alguns dos mais renomados expedicionários da Roncador-Xingu, acabaram integrando a expedição apenas no segundo escalão no ano de 1944.[10]

A notícia ainda destacou dois pontos por meio de duas sessões na publicação: o primeiro intitulado "o auxílio do capital estrangeiro", já o segundo trazia a indagação "e os chavantes?". Na primeira sessão, João Alberto tratou de afirmar que o auxílio do capital estrangeiro para a empreitada era "uma balela" e que o empreendimento tinha o "intuito auto-colonizador". O ministro seguiu explicando o percurso e como seriam desenvolvidos os trabalhos da expedição:

> A expedição partirá de Leopoldina, atingindo o Araguaia. Levará carretas, pois seria uma das formas de abrir caminho. Carretas desmontáveis, porque, quando se torne necessário, os homens carregarão as carroças. Ninguem poderá voltar. São ou doente, ele permanecerá na expedição, e o objetivo terá de ser atingido, custe o que custar. De Leopoldina, base da expedição, partirão os aviões de reconhecimento. Muitos exames de rotas estão sendo realizados, e não é necessário encarecer a importancia, pois aponta as melhores direções para a avançada terrestre, evitando trabalho de ida e volta. Os expedicionários farão a invernada no Roncador, estando sempre em contacto com a civilização.
>
> Duas estações de rádio em terra e transmissor dos aviões manterão sempre em dia o serviço de comunicações. Três rádio-telegrafistas seguirão com eles. Vários cientistas, técnicos, geólogos, homens de estudo, acompanharão o coronel Vanique. (...) Uma vez no Roncador, outro escalão avançará para as nascentes do Xingu e dali

---

tina. 2011. 298 f. Dissertação (Mestrado em História). Universidade Federal de Mato Grosso, Instituto de Ciências Humanas e Sociais, Cuiabá, 2011.

10 Conforme publicado no livro de memórias de Orlando Villas Bôas, a primeira tentativa empreendida por ele e os irmãos para integrar o primeiro escalão foi mal-sucedida, o que os levou a rumar para o interior e tentar novamente o alistamento, desta vez na primeira base da expedição, em Aragarças. Sobre o assunto ver: VILLAS BÔAS, Orlando. *Histórias e causos*. São Paulo: FDT, 2005, p. 32-37.

> para Santarém. É o caminho do Amazonas que estará aberto, por dentro do Brasil. Nenhum esforço será poupado para isso, nem será desprezado nenhum dos pontos estabelecidos.[11]

Na declaração, o ministro voltou a insistir nas dificuldades que seriam enfrentadas pelos trabalhadores durante as atividades da expedição. É preciso notar que enfatizar os desafios do adentramento, era uma forma de, inclusive, valorizá-lo, de mostrar que a relevância do projeto era proporcional aos seus desafios. O ministro também procurou apresentar a complexidade das atividades que seriam desenvolvidas ao apresentar o corpo técnico e os aparatos que a expedição teria a seu dispor. Cabe notar que o trajeto inicialmente proposto para a expedição foi alterado, tanto no que tange ao ponto de partida, como o de chegada. Mais adiante se verá que o ponto de partida da expedição foi alterado de Leopoldina para Aragarças, já o ponto de chegada, cujo objetivo era Santarém, ficou restrito ao Alto Xingu.

Na segunda sessão, dedicada a elucidar dúvidas sobre o iminente contato com populações indígenas localizadas no interior do país, como era o caso dos próprios Xavantes que habitavam os entornos da serra do Roncador, o ministro declarou: "nossos irmãos matadores de gente ficarão à distância. Os Chavantes são muito inteligentes, e não atacam expedições maiores". Na ocasião, ainda, foi afirmada a presença do Serviço Nacional de Proteção aos Índios durante os trabalhos da expedição por meio da presença de "um enviado do general Rondon", responsável por orientar os expedicionários.

Nota-se que apesar da inevitabilidade do contato com as populações indígenas, esse não foi um assunto recorrente nas declarações do ministro ou nas notícias publicadas nas páginas do jornal *O Estado de São Paulo*. Interessante observar que, se por um lado a questão indígena não foi um assunto recorrente nas declarações e nas notícias empenhadas na divulgação da expedição, esse foi um tema importante dos registros e diários produzidos pelos expedicionários que atuaram Brasil adentro. Apesar da tímida atenção dada

---

11 Grande expedição partirá em breve para a Serra do Roncador. Jornal *O Estado de São Paulo*, 4 de junho de 1943, p. 8.

à iminência do contato entre a frente de expansão e as populações indígenas do interior, esse foi um dos maiores desafios enfrentados pelos trabalhadores do adentramento.[12] Foi apenas a partir dos primeiros contatos que o assunto passou a ganhar mais espaço – ainda que de forma bastante modesta – nas notícias publicadas sobre a expedição.

Menos de uma semana após publicação da primeira notícia, a expedição voltou a figurar nas páginas do jornal, no dia 10 de junho, por meio da chamada: *Preparativos para o início da Expedição Roncador-Xingu.*[13] O artigo, fruto de uma segunda entrevista concedida pelo ministro João Alberto pelo telefone, informava sobre dois assuntos: a sessão realizada no Conselho Nacional de Proteção aos Índios (CNPI) e a viagem que o chefe da expedição faria a São Paulo. Cabe notar que essa foi a única notícia, publicada durante a fase de preparativos, cujo interesse era esclarecer as questões em torno do contato da expedição com as populações indígenas do Brasil Central.

Conforme a publicação, havia sido realizada uma reunião na sala de sessões do Conselho Nacional de Proteção aos Índios (CNPI)[14] na presença

---

12 A exposição e análise do conteúdo produzido pelos expedicionários da Roncador-Xingu serão desenvolvidas mais à frente no subcapítulo 3.2. Ver: VILLAS BÔAS, Orlando e Cláudio. *A Marcha para o Oeste – A epopeia da Expedição Roncador-Xingu.* São Paulo. Companhia das Letras – 2012. (1ª edição 1994); OLIVEIRA, Acary de Passos. *Roncador-Xingu roteiro de uma expedição. Barra do Garças, Araguaia 1943 – Rio das mortes. Xavantina 1944.* Goiânia: UFGO,1976.; CUNHA, Ayres Câmara da. Nas selvas do Xingu. Clube do Livro, São Paulo – BRASIL, 1969. e CUNHA, Ayres Câmara da. Entre os Índios do Xingu: a verdadeira história de Diacuí. São Paulo: livraria exposição do livro, 1960.

13 Preparativos para o início da expedição Roncador-Xingú. Jornal *O Estado de São Paulo,* 10 de junho de 1943, p. 12.

14 Criado durante o Estado Novo, em 22 de novembro de 1939, através do Decreto-lei nº 1.794, o CNPI foi concebido para ser um órgão consultivo, e sua criação deve ser compreendida em meio aos interesses do governo de mudar os procedimentos de tomada de decisões no interior do Serviço de Proteção aos Índios. O CNPI deveria ser acionado pelo SPI (ou por instituições culturais e educacionais públicas ou privadas) diante de problemas de difícil solução no âmbito da questão indígena. Entretanto, nesse período, Rondon ocupava a direção de ambas as instituições, de modo que, na prática, a criação do CNPI foi uma forma de centralizar as decisões da política indi-

do próprio Cândido Mariano Rondon, junto ao ministro João Alberto, o coronel Flaviano Vanique – chefe da expedição – e o capitão aviador do empreendimento, Antônio Basílio, entre outras figuras. A notícia informava que a exposição feita pelo ministro sobre os objetivos e o percurso da expedição havia sido recebida com aplausos por Rondon. A reunião marcou, portanto, a confirmação oficial da presença e suporte do Serviço de Proteção aos índios no empreendimento. Além da dimensão objetiva de divulgar a confirmação, é preciso notar a profunda carga simbólica contida na notícia.

Cabe lembrar que, nesse período, Rondon já era nacionalmente reconhecido enquanto grande sertanista brasileiro do século XX e o fundador da política indigenista levada a cabo no país desde a década de 1910. Inclusive, durante o período do Estado Novo, a figura de Rondon foi amplamente mobilizada enquanto referência obrigatória dos modernos projetos de interiorização com o intuito de legitimar os novos projetos de integração nacional desenvolvidos sob o signo da Marcha para o Oeste. Conforme apresentado anteriormente, o próprio Cassiano Ricardo em sua obra *Marcha para Oeste: a influência da bandeira na formação social e político do Brasil* (1940) concedeu lugar de destaque para Rondon enquanto "o principal bandeirante moderno".[15]

Assim, a reunião entre os responsáveis pela Expedição Roncador-Xingu junto a esta importante figura pode ser considerado um esforço empenhado na legitimação do adentramento, bem como na construção de um lastro histórico entre o projeto de 1943 e os renomados trabalhos desenvolvidos pela Comissão Rondon. Conforme apresentado no primeiro capítulo, apesar de terem sido criados em contextos e por meio de interesses distintos, esses dois adentramentos partilharam não apenas a mesma direção, o Oeste do país, mas também a mesma tarefa, qual seja, realizar a interiorização do Estado por meio da expansão da infraestrutura de comunicação e transporte.

---

genista nas mãos do seu diretor, enfraquecendo os antigos procedimentos de tomada de decisão no interior do Serviço.

15 Ver: RICARDO, Cassiano. *Marcha para Oeste:* a influência da "bandeira" na formação política e social do Brasil. José Olympio Editora. Rio de Janeiro, 1959. 3ª edição. Vol. 2. (1ª edição 1940), (Capítulo XXIV – As Bandeiras do século XX).

Inclusive, é interessante notar que o movimento de valorização das conexões entre essas duas incursões não foi operado apenas pela esfera institucional da expedição, mas também por parte de seus expedicionários, que se sentiam, eles mesmos, parte de uma continuidade do moderno movimento de expansão territorial, cuja Comissão Rondon era uma importante referência. Segundo Orlando Villas Bôas, a Expedição Roncador-Xingu teria encerrado "o ciclo de Expedições oficiais aberto por Marechal Rondon" no início do século XX.[16] Essa era uma importante estratégia para a promoção de uma autoimagem positiva e imbuída de legitimação, ao se vincular com uma figura do porte de Rondon.[17]

Assim, a divulgação da reunião e do apoio de Rondon para o projeto de 1943 foi uma estratégia voltada para a autorização e para a legitimação (ainda que simbólica) da Expedição Roncador-Xingu entre os leitores do jornal *O Estado de São Paulo*. É nesse sentido que, ao final dessa mesma notícia, o ministro João Alberto aproveitou para anunciar a viagem do chefe da expedição a São Paulo com o objetivo de assegurar os preparativos e os materiais necessários para a viabilização da Roncador-Xingu.[18]

No dia seguinte, o jornal anunciou a chegada do coronel Flaviano Matos Vanique à capital paulista por meio de um extenso artigo intitulado *Expedição Roncador-Xingu*. Na notícia, o chefe do adentramento explicou detalhadamente os objetivos "patrióticos, científicos e econômicos" da expedi-

16 VILLAS BÔAS, Orlando. *Histórias e causos... Op. Cit.*, p. 42.

17 Ademais, não se pode esquecer que os próprios irmãos Villas Bôas, que atuaram na linha de frente dos contatos estabelecidos entre a Roncador-Xingu e as populações indígenas localizadas na região do Xingu, passaram a ser considerados os principais herdeiros das práticas de contato e "pacificação" desenvolvidas por Rondon, com quem mantiveram contato durante o trajeto pelo interior do Brasil. Mais adiante, na segunda parte deste capítulo, destaca-se a mudança no modelo de atuação com as populações indígenas no decorrer do percurso da Expedição Roncador-Xingu, de uma atuação integracionista, conforme realizada por Francisco Meirelles junto aos Xavantes, para uma atuação protecionista, como a realizada pelos irmãos Villas Bôas com as populações indígenas do Xingu.

18 Preparativos para o início da expedição Roncador-Xingú. Jornal *O Estado de São Paulo*, 10 de junho de 1943, p. 12.

ção com vistas a aquisição de materiais na capital paulista. Na ocasião foi reafirmado o interesse em realizar a exploração de minérios, bem como o estudo da flora e da fauna dos locais percorridos, a busca por novas espécies vegetais e estudos do solo com vistas a expansão da agricultura para a região. Em suma, previa-se conquistar os locais percorridos "para a civilização" no intuito de tornar produtiva essa região "imensa, riquíssima e praticamente desconhecida" para, assim, "tornar o Brasil mais rico e poderoso".[19]

O chefe da expedição também deu importante ênfase ao intento de abrir as vias de comunicação entre "essas zonas riquíssimas" do interior do país e *O Estado de São Paulo* por meio da expansão da via férrea já existente em Minas Gerais, ligando-a ao sul de Goiás e, posteriormente ao Amazonas. Este era um ponto central do interesse dos segmentos urbanos da sociedade paulista em torno do empreendimento, pois significava o escoamento da produção industrial para o interior e da produção de matéria prima para o litoral. Para além das questões em torno do aproveitamento econômico e da exploração científica da região, o coronel Vanique destacou o propósito urbanizador da Marcha rumo ao Xingu:

> Na parte propriamente colonizadora, fixando definitivamente o homem ao solo, e conquistando de uma vez por todas o solo para o homem, a expedição tem por fim, de distancia em distancia, organizar pequenos nucleos iniciais. Esse nucleos, logo em seguida, assim que um segundo escalão estiver em marcha, irão se transformando, aos poucos, com o transporte de famílias de colonos para essas zonas, em pequenas aldeias e povoados e, porque não dizê-lo – em cidades ricas e futurosas. Para esse fim, não lhes faltará, pelo menos, a assistencia de nossos governos, tanto estadual como federal, que concederão a esses pioneiros privilegios especiais: direito à maquinaria agrícola, às próprias terras que cultivarem, a sementes, e todo o auxilio sanitário e de segurança.
>
> Excusado dizer que, dado o cuidado que presidiu a todos os detalhes da expedição, a escolha desses lugares será feita procurando os

19 Expedição ao Roncador-Xingú. Jornal *O Estado de São Paulo*, 11 de junho de 1943, p. 4.

> melhores pontos que se apresentarem mais ou menos no eixo de direção da marcha. Realiza-se assim, transformando-se em realidade palpavel, uma das mais lindas promessas do Estado Nacional: a "Marcha para o Oeste", iniciada praticamente pelo próprio presidente Getúlio Vargas, que cravou, pessoalmente no alto sertão brasileiro, o marco inicial desse movimento que está assumindo carater verdadeiramente nacional, pelo interesse que vem despertando em todas as camadas sociais.[20]

No trecho destacado pode ser observado alguns dos mais importantes alicerces da política da Marcha para o Oeste: a ocupação do interior por meio da fixação do trabalhador na terra e a expansão do mercado interno do país por meio do início do processo de urbanização. Conforme trabalhado no capítulo anterior, essa era uma demanda latente naqueles anos, visto o crescente êxodo rural, o aumento da demanda por abastecimento dos grandes centros urbanos, em franco processo de expansão, e as dificuldades enfrentadas em decorrência da Segunda Guerra Mundial em meio a um projeto político-econômico voltado para o desenvolvimento da indústria nacional. Outro aspecto importante do trecho destacado, diz respeito ao enaltecimento da Marcha para o Oeste como um feito importante do presidente Getúlio Vargas e enquanto grande promessa do regime estadonovista. As próprias viagens empreendidas por Vargas no ano de 1940 foram revisitadas enquanto marco inicial dessa "nova realidade" que o governo começava a construir para o Brasil.

Na ocasião também foi anunciado o subchefe da expedição, o sertanista veterano Francisco Brasileiro, que já havia percorrido a região do Brasil Central ao lado de Hermano Ribeiro da Silva em meio às atividades da Bandeira Anhanguera. Também foram divulgados os demais cargos para o ordenamento dos trabalhos da expedição, tais quais secretário contabilista, almoxarife geral, encarregado do pessoal, transporte e segurança, encarregado dos materiais e do abastecimento da campanha, bem como um rádio-telegrafista, mecânico, carpinteiro, piloto de navegação fluvial e demais trabalhadores.

20 Expedição ao Roncador-Xingú. Jornal *O Estado de São Paulo*, 11 de junho de 1943, p. 4.

Detalhou-se também o corpo técnico da expedição, composto por mineralogistas, médicos, engenheiros, farmacêuticos, agrônomos, taxidermistas e botânicos. Conforme noticiado, o corpo dos trabalhadores contabilizaria cerca de, mais ou menos, cem pessoas para a realização da Expedição Roncador-Xingu. Por fim, falou-se do auxílio de mulas, barcos, dois aviões (um para voos de reconhecimento e outro para abastecimento), assim como cinegrafistas, fotógrafos e um jornalista para a divulgação do adentramento.

É preciso notar que a divulgação em torno dos objetivos "patrióticos, científicos e econômicos" da expedição podem ser lastreados em importantes componentes do meio intelectual e político paulista daquele período, conforme trabalhado nos capítulos anteriores. É o caso da produção intelectual de Roberto Simonsen, na qual foi dado especial destaque à expansão do mercado interno e a realização de estudos técnico-científicos enquanto medidas para impulsionar o desenvolvimento industrial.

É de interesse das linhas que se seguem insistir no conteúdo da produção de Simonsen, publicada entre meados da década de 1930 e o ano de 1940, cujas obras já sinalizavam as questões centrais que viriam a ser mobilizadas pela Marcha para o Oeste a partir de 1943. Conforme visto no capítulo anterior, a obra *História Econômica do Brasil*, produzida em meados da década de 1930 e publicada em 1937, já sinalizava para a importância da integração da região amazônica por meio da abertura das vias de comunicação através do Brasil Central, bem como a abertura de novos espaços para atividades agropastoris e para prospecção de metais com vistas a expansão e a unificação do mercado interno, tal qual havia ocorrido durante o período colonial.[21] Já no ensaio *Recursos econômicos e movimentos populacionais*, de 1940, Simonsen defendeu a planificação das migrações internas como medida para os desequilíbrios econômicos das regiões do país, assim como a realização de estudos científicos e acompanhamento técnico como medida para a abertura e para o desenvolvimento desses novos espaços.[22]

---

21 Ver: SIMONSEN, Roberto. *História Econômica do Brasil.* Brasília: Senado Federal, Conselho Editorial, 2005. 589p.(Edições do Senado Federal; v. 34).

22 Ver: SIMONSEN, Roberto. Recursos econômicos e movimentos populacionais. *Revista Brasileira de Estatística*, Ano I, n. 2, p. 200-201, abril-junho de 1940.

Assim, nota-se que a própria configuração da expedição, em linhas com os interesses do empresariado industrial paulista, foi elemento central das notícias cujo objetivo era sensibilizar e consolidar o apoio dos segmentos urbanos do estado em torno do projeto. É nesse sentido que, após serem detalhados os seus objetivos, o chefe da expedição "realçou o apoio decisivo" que São Paulo vinha manifestando perante o novo adentramento. Conforme Vanique:

> (...) não somente do governo de São Paulo, que compreendeu em sua significação o alcance patriótico da missão que chefia como, também, de inúmeras firmas de particulares ansiosos de construir, por todas as formas, mesmo com auxílios e presentes destinados aos índios das zonas a serem visitadas e nos colonizadores e caboclos, sentinelas avançadas da grande marcha de civilização brasileira que ora se inicia pelos mais invios sertões matogrossenses.[23]

A essa altura as notícias já tinham deixado claro os atrativos concretos, isto é, econômicos, que a expedição poderia proporcionar aos grandes centros urbano-industriais do Sul, como era o caso de São Paulo. Assim, apresentada a complexidade do adentramento e afirmada a centralidade do apoio paulista para a empreitada, as notícias seguintes passam a insistir na construção dos nexos entre a Expedição Roncador-Xingu e as arrancadas protagonizadas pelos bandeirantes do período colonial.

3.1.2 A construção da "Bandeira Roncador-Xingu"

No dia 12 de junho, dia seguinte ao extenso artigo que detalhou todo o trajeto e os objetivos do projeto, o jornal *O Estado de São Paulo* reservou novamente um espaço para a divulgação da expedição, desta vez na coluna do regime *Notícias do Rio*. O texto era curto e procurou resumir alguns dos pontos apresentados nas notícias das edições anteriores, sobretudo no que tange às questões relativas à região percorrida e a organização dos expedicionários. Entretanto, foi nesta notícia que, pela primeira vez, adotou-se um re-

23 EXPEDIÇÃO AO RONCADOR-XINGÚ. Jornal *O Estado de São Paulo*, 11 de junho de 1943, p. 4.

curso retórico empenhado em construir o lastro histórico entre a Expedição Roncador-Xingu e as bandeiras paulistas do período colonial.

O artigo, intitulado *Uma nova bandeira*, foi o primeiro de uma série de artigos que viriam a ser publicados com o objetivo de apresentar o adentramento de 1943 enquanto uma moderna bandeira. A publicação afirmava: "é uma autêntica bandeira que se organiza; o mesmo espírito do passado anima esses modernos bandeirantes".[24] Apesar da analogia histórica, a notícia procurou destacar a particularidade da nova empreitada que, diferente das anteriores, faria uso de modernos recursos, como o rádio e o avião, apontados como a garantia para o êxito do ousado empreendimento. As últimas linhas do artigo foram enfáticas ao afirmar que os trabalhos desenvolvidos pela expedição iriam marcar a inauguração de "uma etapa nova na exploração econômica do maciço central brasileiro".

Apresentar a expedição enquanto "uma nova bandeira", foi uma importante estratégia utilizada pelo jornal para conectar o novo empreendimento não só às bandeiras do período colonial, mas às modernas bandeiras paulistas impulsionadas no ano de 1937. Conforme apresentado no primeiro capítulo, poucos meses antes da instauração do Estado Novo, foram criadas as bandeiras Piratininga e Anhanguera por meio da articulação de uma rede de interesses formada por influentes setores (públicos e privados) da sociedade paulista e seus mais importantes jornais e instituições científicas e culturais. A criação desses adentramentos refletia tanto o processo político e cultural pelo qual passava São Paulo nas primeiras décadas do século XX, pautado por um "paulistanismo bandeirante", quanto pelo seu acelerado desenvolvimento industrial e o interesse em viabilizar a exploração econômica e científica do interior do país. De modo que, antes mesmo da criação da Marcha para o Oeste, a exploração econômica do interior já figurava enquanto uma preocupação das classes dirigentes deste estado, tal qual aparece na produção intelectual de Roberto Simonsen.

A máquina de propaganda estadonovista apostou na construção de um lastro histórico (ainda que artificial) entre a expedição e as antigas (e as mo-

---

24 Notícias do Rio: uma nova bandeira. Jornal *O Estado de São Paulo*, 12 de junho de 1943, p. 10.

dernas) bandeiras paulistas. Essa estratégia foi central para a sensibilização e para mobilização dos segmentos urbanos do estado em torno do novo projeto. É nesse sentido que, menos de uma semana depois da notícia sobre a "nova bandeira", o adentramento voltou a figurar nas páginas do jornal, desta vez, na coluna semanal assinada por ninguém menos que o modernista Oswald de Andrade. A notícia, publicada no dia 17 de junho, era fruto do encontro, realizado no Esplanada Hotel em São Paulo, entre o próprio modernista e os sertanistas da Expedição Roncador-Xingu, o coronel Vanique e Francisco Brasileiro. Intitulada *A Bandeira do Roncador-Xingu*, a coluna procurou reforçar novamente a analogia histórica.

O texto era mais uma reflexão – ou mesmo uma divagação – do modernista sobre diversos temas e personagens ligados ao movimento de expansão territorial, do que um registro do seu encontro com o chefe e o subchefe da expedição. Nele constam menções a importantes personagens da construção de uma agenda interessada em interpretar e integrar o interior do país, tais quais Cassiano Ricardo, Afonso de Taunay, Alfredo Ellis Jr., Roquette Pinto, Cândido Rondon e Hermano Ribeiro da Silva. Logo nas primeiras linhas do texto, o modernista, alinhado ao esforço retórico adotado pela própria máquina de propaganda estadonovista, caracteriza a Roncador-Xingu como a expedição que pretendia "renovar os feitos seiscentistas, ligando por terra Goiaz ao Amazonas".[25] Em seguida, o autor tocou em uma questão cara tanto aos paulistas, quanto ao próprio governo de Getúlio Vargas: os desafetos entre o ministro João Alberto, idealizador da expedição, e São Paulo, ocorridos nos primeiros anos da década de 1930. O modernista pontuou:

> Com este cometimento partido do planalto de Piratininga, como outrora as entradas do Anhanguera, o coronel João Alberto reivindica a sua carta de naturalização paulista. É que ele quer dar a São Paulo as cores e a glória possível do atual empreendimento sertanejo.

25 ANDRADE, Oswald. A bandeira do Roncador-Xingú. Jornal *O Estado de São Paulo*, 17 de junho de 1943, p. 4.

> Na carreira buliçosa do antigo "tenente" da Coluna, São Paulo tem sido uma namorada briguenta mas fiel. Essa fidelidade é correspondida continuamente pelo cerco sentimental do atual Coordenador. São Paulo sempre espera alguma coisa do coronel João Alberto e este quer sempre alguma coisa de São Paulo. Desta vez São Paulo e o "tenente" se entendem um amplo anseio – a bandeira.[26]

Oswald procurou mostrar que os antigos desafetos haviam ficado definitivamente no passado e que uma nova relação vinha sendo construída entre as classes dirigentes paulistas e João Alberto, sobretudo após este último ter sido indicado ao cargo da Coordenação de Mobilização Econômica. A necessidade de diálogo após a criação dessa Coordenação foi elemento central da aproximação entre as classes dirigentes e econômicas paulistas e João Alberto. O órgão possuía um Conselho Consultivo do qual faziam parte os representantes dos principais segmentos econômicos de São Paulo. Esse era o "círculo sentimental do atual coordenador" referido por Oswald de Andrade.

O artigo demarcou a convergência dos interesses do governo de Getúlio Vargas – representado na figura do ministro João Alberto – e os interesses das "classes econômicas" d*O Estado de São Paulo*. Mais do que isso, o autor procurou construir um lastro histórico entre o famoso bandeirante Anhanguera e o ministro, dando a entender que a nova bandeira, por ele idealizada, traria glórias a São Paulo – tal qual os bandeirantes no passado.

A partir de 1942, ano da criação da Coordenação e da escolha de João Alberto para o cargo, o jornal *O Estado de São Paulo* procurou investir na promoção de uma imagem de receptividade do ministro nos meios políticos e produtivos paulistas. As notícias passaram a dar especial destaque para as trocas de telegramas entre Fernando Costa, interventor paulista, e João Alberto, exaltando o entendimento entre esses dois atores políticos representantes do Governo estadual e federal respectivamente.[27]

---

26 ANDRADE, Oswald. A bandeira do Roncador-Xingú. Jornal *O Estado de São Paulo*, 17 de junho de 1943, p. 4.

27 Inclusive a primeira viagem realizada pelo ministro ao ocupar o cargo foi destinada justamente "à terra das bandeiras". Sobre o assunto ver: SILVA, Vandré Aparecido Teo-

É preciso notar que, no período da publicação da notícia, Oswald de Andrade já era consagrado como importante escritor modernista, assim como era reconhecido enquanto figura de destaque e de prestígio pelos os segmentos políticos e intelectuais da sociedade paulistana. A obra de Oswald era parte da produção intelectual voltada para a consolidação de São Paulo enquanto norte cultural e econômico do país. Assim, a aparição da "Bandeira Roncador-Xingu" enquanto tema e objeto de reflexão da coluna semanal desse intelectual neste importante periódico não foi fortuita. Pelo contrário, foi uma jogada estratégica da máquina de propaganda estadonovista. Apesar de toda a carga simbólica que encobria a figura de Oswald de Andrade e que a associava ao processo de edificação de São Paulo, o conteúdo da publicação mostrava o alinhamento do modernista com o próprio regime do Estado Novo.

Na coluna Oswald, ainda que de forma sutil, prestou elogio a obra *Marcha para Oeste: a influência da Bandeira na formação social e política do Brasil* (1940), de Cassiano Ricardo. O autor qualificou as produções de intelectuais como Afonso de Taunay e Alfredo Ellis Jr., como "farolagem", ao passo que a obra de Cassiano, apesar de apontada enquanto "partidária", teria a virtude de misturar "ao tom lírico um ensaio de sociologia". No correr do texto, o modernista ainda procurou exaltar os registros produzidos pelos próprios exploradores que penetraram o interior – tal qual os diários de campo de Rondon –, em detrimento das publicações de estudiosos – como era o caso de Roquette Pinto, autor de *Rondônia*. Para Oswald, "a narrativa direta dos que sofreram na pele o sertão bruto, suas fadigas e febres, suas surpresas e cansaços, seus contatos diretos com o índio" consistia numa fonte de altíssimo valor para se compreender o país. Nesse momento é possível notar o esforço do autor em validar e enaltecer os sertanistas da Expedição Roncador-Xingu, com quem ele se reunira no Esplanada Hotel. O autor caracterizou o chefe e o subchefe do novo adentramento enquanto "homens experimentados" e conhecedores do Brasil de dentro. Conforme pontuado no texto:

---

tônio da. "Notícias do Rio": a intervenção no jornal *O Estado de São Paulo* e a autolegitimação do Estado Novo (1939-1945). Dissertação (Mestrado). Faculdade de Filosofia Letras e Ciências Humanas, Universidade de São Paulo, São Paulo, 2012, p. 194.

> O coronel Vanique foi quem preparou a viagem do Presidente Vargas à Ilha do Bananal. É um homem da fronteira sulina, um homem dos perigos das fronteiras. Viveu caçando, desde a adolescência e se embrenhou depois pelo mato. A sua grande sensação de perigo são os temporais e as perdas de rumo na floresta virgem. Foi mordido por urubus, escorpiões e aranha caranguejeira. Tem pois todas as credenciais para falar sobre o sertão. Conversei também com Francisco Brasileiro, sertanistas piratiningano que tem seu nome ligado a infausta bandeira de Hermano Ribeiro da Silva.[28]

Assim, o texto de Oswald procurou ser enfático em construir toda uma legitimidade em torno do novo projeto de interiorização, bem como dos "novos bandeirantes" indicados para tomar a sua liderança. Por fim, foi afirmada a crença no sucesso da empreitada. O modernista declarou que a missão da "bandeira João Alberto" seria a de "buscar a riqueza morta no meio da selva, afim do que se lastreie o nosso trabalho e que se firme a nossa independência econômica". Ainda que em termos simbólicos, essa coluna operou uma espécie de autorização da expedição por parte da elite intelectual paulista, questão de alta centralidade em São Paulo. Feito esse movimento, as notícias seguintes sobre a expedição passaram a enfatizar o processo da articulação para a consolidação do apoio econômico para a viabilização da Roncador-Xingu.

3.1.3 A articulação junto às "classes econômicas" de São Paulo para a viabilização da Expedição Roncador-Xingu

No dia 18 de julho, dia seguinte à coluna de Oswald de Andrade, a Expedição Roncador-Xingu voltou a ocupar as páginas do jornal *O Estado de São Paulo*. A publicação, intitulada *Federação das Indústrias dO Estado de São Paulo*, trazia um panorama sobre a reunião semanal ordinária realizada pela diretoria da Federação no dia anterior. Na ocasião, Roberto Simonsen, o presidente da entidade, havia prestado esclarecimentos aos diretores e presidentes patronais sobre os assuntos tratados em sua última viagem ao Rio de

28 ANDRADE, Oswald. A bandeira do Roncador-Xingú. Jornal *O Estado de São Paulo*, 17 de junho de 1943, p. 4.

Janeiro para a reunião do Conselho Consultivo da Coordenação de Mobilização Econômica.

De acordo com a notícia, o coronel Matos Vanique, chefe do empreendimento, havia enviado um ofício à própria Federação solicitando apoio para a sua viabilização. Este foi o primeiro assunto tratado na reunião. Conforme consta na publicação, após a leitura do ofício realizada pelo secretário geral, passou-se a palavra a Roberto Simonsen:

> O sr. presidente encareceu o alto alcance desse empreendimento, dizendo que a Federação vai fazer tudo o que estiver ao seu alcance para que o tenente-coronel Matos Vanique receba os produtos de que tem necessidade para realizar essa bela e patriótica jornada. Vamos nos dirigir aos sindicatos filiados, promover reuniões de industriais, enfim, tomar as providencias necessárias para que este justo apelo seja atendido.[29]

Deferido o apoio à Expedição Roncador-Xingu, continuaram a ser tratadas questões em torno do Conselho Administrativo do Instituto de Eletrotécnica, problemas em torno do Sal e açúcar entrados em Santos, os materiais para aprendizagem dos alunos do SENAI e a lista dos novos sócios da entidade. Não interessa, aqui, abordar os demais temas tratados na notícia, mas sim, apontar a centralidade dada a expedição ao colocá-la em primeiro plano dos tópicos a serem comunicados e tratados na reunião. O destaque dado à solicitação feita pelo chefe da expedição não foi fortuito. É preciso lembrar que João Alberto, coordenador da Mobilização Econômica era também o responsável pela idealização do empreendimento e que Simonsen havia acabado de regressar de uma reunião do Conselho Consultivo da Coordenação. Assim, a comunicação sobre o apoio que a Federação daria a expedição consistia apenas na formalização de uma parceria que já se encontrava instituída.

Os primeiros anos da década de 1940, como já se apontou previamente, representou o melhor momento da relação entre o governo de Getúlio Vargas

---

29 Federação das indústrias do estado de São Paulo. Jornal *O Estado de São Paulo,* 18 de junho de 1943, p. 5.

e o empresariado industrial paulista.[30] Além disso, a recusa à colaboração com os projetos e as orientações advindas da Coordenação de Mobilização Econômica eram motivo de multa e julgamento pelo Tribunal de Segurança Nacional. A Coordenação era expressão da alta centralização do regime, o órgão era autorizado – em todo o território nacional através de órgãos federal, estadual e municipal – a controlar atividades de importação, exportação, transportes, fiscalização, investimentos, fixar preços, promover empréstimos, requisitar mercadorias, entre outras atividades.[31] De modo que, ao passo que a Coordenação controlava as atividades centrais da indústria, o diálogo e a colaboração do empresariado industrial com o governo eram imprescindíveis.

Nas semanas seguintes à notícia que divulgou a solicitação de apoio à Fiesp, a expedição não voltou a figurar nas páginas d'*O Estado de São Paulo*. No dia 10 de julho, quase um mês depois, o jornal publicou um pequeno artigo intitulado *Expedição ao Roncador*. A notícia trazia dois comunicados, o primeiro informava que o ministro João Alberto iria realizar ainda no mês de julho voos de reconhecimento nos locais a serem percorridos pela Roncador-Xingu e, o segundo comunicado, informava sobre a viagem que o ministro faria, no dia seguinte, a São Paulo para agradecer pessoalmente "a entusiástica acolhida dispensada por esse Estado a expedição", bem como tratar de questões relacionadas aos preços dos produtos de utilidade e dos transportes.[32]

No dia 13 de junho, o jornal publicou uma extensa notícia intitulada *Coordenador da mobilização econômica*, detalhando a visita de quatro dias do ministro à São Paulo, com especial destaque a homenagem a ele prestada pelas "classes econômicas" do estado. Segundo a notícia, o ministro, acompanhado do industrial Roberto Simonsen, visitou os setores do açúcar e do sal, os entrepostos de pesca e a Companhia de Aço paulista. Na ocasião da

---

30 Como apresentado no segundo capítulo, a essa altura já estava consolidado o investimento na indústria de base, a legitimidade da Fiesp, a nomeação de Marcondes, importante aliado do setor, para o Ministério do Trabalho, entre outras vitórias conquistadas pelo setor.

31 Ver: CARONE, Edgard. *O Estado Novo (1937-1945)*. Rio de Janeiro: Editora Bertrand Brasil, 1988. p. 85-86.

32 Expedição ao Roncador. Jornal *O Estado de São Paulo*, 10 de julho de 1943, p. 2.

viagem também foi realizada uma reunião no Palácio dos Campos Elíseos, para o debate de assuntos ligados à Coordenação, a qual teria sido finalizada em "um perfeito acordo", conforme o jornal. Na ocasião estavam presentes, além do ministro, o interventor Fernando Costa, o secretário da Viação, Luiz Anhaia Melo, o secretário da Agricultura, Paulo de Lima Correa, o prefeito Prestes Maia e o diretor do Departamento das Municipalidades Gabriel Monteiro da Silva.

O momento mais emblemático da viagem de João Alberto foi o banquete oferecido em sua homenagem nos salões do Automóvel Clube. Segundo a reportagem, na ocasião estiveram reunidas mais de trezentas pessoas "num ambiente de grande animação e cordialidade". Dentre os nomes presentes, cabe destacar Gofredo da Silva Teles, presidente do Conselho Administrativo do estado; Roberto Simonsen, presidente da Federação das Indústrias; Paulo Assunção, Luiz Figueira de Melo, Flávio Rodrigues, presidente da União dos Lavradores de Algodão e Osvaldo Marinho, da Agência Nacional, só para citar alguns dos representantes da sociedade paulista. Na ocasião, Paulo de Assunção, "representante das classes econômicas" de São Paulo e responsável pelo oferecimento do almoço, proclamou um discurso emblemático em saudação ao ministro:

> Um dos oradores sacros que mais honraram a sua epoca, encarregado de pronunciar o panegírico de São Benedito, sobe ao pulpito, fita demoradamente a imagem do Negro e exclama: Ladrão! Ébrio! – Ladrão porque roubas as almas do purgatório! – Ébrio porque te embriagas no sangue de Cristo! A vós, sr. ministro, se ajustaram invectivas semelhantes às do grande orador ao grande santo.
>
> Sois um ébrio – um desvairado. Ébrio, porque vos embriagais na volúpia indomável de levar ao hinterland desconhecido a bonança da civilização, incorporando ao patrimônio da pátria as lendárias riquezas daquela região.
>
> Desvairado, porque, embora carregando sobre os ombros uma das tarefas mais pesadas que vos tem sido confiadas, ainda vos sobra tempo para aquilo que outros chamam de visões quiméricas.

> Não confundamos, senhores, os visionários vulgares com os sonhadores de um ideal. Deixemos passar aqueles na sua passividade inofensiva; mas, a este o nosso encorajamento, a nossa exaltação, porque foram dos cérebros desses desvairados que surgiram as conquistas que hoje enobrecem e beneficiam a humanidade.
>
> Sr. Ministro. Idealizar e traçar uma caminhada de Leopoldina a Santarém atravessando os rios Cristalino, das Mortes e Xingu, varando a serra do Roncador, num percurso interno de 4.500 quilômetros está ao alcance de um Instituto Geográfico, de um escritório de engenharia, mas só a mistica de um sonhador idealista poderia insuflar no animo dos apostolos a coragem para tão perigosa cruzada. No entusiasmo do coronel Vanick e de Francisco Brasileiro, que vão chefiar a expedição, vimos reluzirem as faiscas da vossa fé e do vosso patriotismo.[33]

O discurso, por meio de referências cristãs, trazia um tom de absolvição, ou até mesmo de redenção, em torno da figura de João Alberto. O orador procurou mostrar que as injúrias que haviam sido proclamadas contra o ministro mostravam, na verdade, suas qualidades – tal qual o grande orador ao santo. O discurso foi enfático em apontar a qualidade de sonhador, a extravagância e a ousadia do ministro em idealizar um empreendimento do porte da Expedição Roncador-Xingu, cujo objetivo era percorrer cerca de quatro mil e quinhentos quilômetros Brasil adentro para, assim, integrar o interior ao patrimônio nacional. E o discurso seguiu afirmando a crença no sucesso da empreitada:

> Não duvidamos, portanto, que dentro em breve, sobre a terra desconhecida, como eflúvios de benção, os devaneios do sonhador brotarão em esplêndidas realidades. [...]
>
> Nesta hora de apreensões e perigos em que os homens, sedentos de comodidades, não ouvem o estrugir das ideologias subversivas, neste momento em que os contornos dos prazeres materiais eclipsaram

33 Coordenador da mobilização econômica. Jornal *O Estado de São Paulo*, 13 de julho de 1943, p. 5.

> aquele mundo de problemas superiores que deveriam agitar constantemente a alma humana neste instante em que as diretrizes se movem num vai vem descompassado, o gesto varonil desses novos bandeirantes que se agitam sob os influxos da vossa ardência patriótica, é flâmula sagrada que acode e expurga a inercia dos descrentes: é o relicário das nossas esperanças, a certeza de que o Brasil nunca será terra de ninguém ou mandatária de maus brasileiros. [...]
>
> Sr. ministro. A terra das bandeiras compreendeu e honrou-se com a preferência do vosso apelo, São Paulo não conhece o isolamento das iniciativas fecundas nem sabe ser caudatário dos gestos elegantes.
>
> Viestes agradecer o nosso concurso, voltaria carregando os nossos agradecimentos.[34]

As palavras proclamadas insistiram no sentido patriótico e no sentido coletivo da expansão territorial. O orador ainda fez menção ao cenário internacional da Segunda Guerra Mundial e apontou o adentramento realizado pelos "novos bandeirantes" enquanto garantia para a soberania nacional e para a posse territorial do Brasil. Construída a grandiosidade e a pompa do empreendimento, o orador ainda agradeceu o apelo feito à São Paulo. Não se pode esquecer que foi por meio do apoio político e econômico – isto é, do financiamento – que a "terra das bandeiras" ficou associada à Expedição Roncador-Xingu. Após as palavras proclamadas por Paulo de Assunção, foi a vez da saudação de Luiz Vicente Figueira de Melo, em nome da lavoura paulista:

> Coordenador supremo da economia brasileira já o sois por escolha merecida do grande Presidente Getúlio Vargas, a quem o Brasil, além de muitos e relevantes serviços, deve a consolidação do pensamento da unidade nacional mercê de uma série de atos da maior relevância que apagaram as dissensões de um longo período de exagerado partidarismo faccioso. Ides ser agora o coordenador geográfico do nos-

34 Coordenador da mobilização econômica. Jornal *O Estado de São Paulo*, 13 de julho de 1943, p. 5.

> so Extremos Norte, na bacia amazônica, com o nosso Centro-Sul, separados por uma das regiões menos conhecidas do globo, a qual, encerrando em seu seio maravilhosas riquezas apresenta, contudo, como a desafiar-nos, inúmeras dificuldades derivantes das grandes distancias e de uma serie de fatores naturais adversos.[35]

No trecho selecionado pode-se identificar o tom do discurso em torno do apaziguamento e da conciliação entre *O Estado de São Paulo* e o governo de Getúlio Vargas. Esse movimento já vinha sendo realizado no jornal desde o início da intervenção em 1940, e se tornou ainda mais recorrente durante o período de preparação e de viabilização da Expedição Roncador-Xingu, conforme visto em outras notícias, como foi o caso da coluna assinada por Oswald de Andrade. O orador ainda procurou enaltecer João Alberto ao dizer que além de coordenador econômico, ele viria a ser também coordenador geográfico, ao realizar o feito de conectar o extremo norte ao centro-sul.

No decorrer do discurso, Figueira de Melo também caracterizou a expedição enquanto "a resultante do sentimento de brasilidade do nosso Governo", bem como afirmou o senso de urgência em torno da definitiva integração e exploração das regiões interioranas do país, apresentadas como "a alma do nosso país". Cabe notar que esses foram recursos retóricos afirmados e reafirmados pelo próprio presidente Vargas e pela propaganda do regime empenhada na divulgação e na legitimação da Marcha para o Oeste.

Firmado o clima de colaboração em torno do novo empreendimento, o ministro proclamou um discurso que foi caracterizado pelo jornal enquanto um "hino de fé ao povo brasileiro, uma exaltada confissão de confiança, de fibra bandeirante". A fala de João Alberto não foi transcrita na íntegra, tal qual as dos representantes paulistas. O jornal destacou pequenas partes da declaração, dentre elas o momento no qual o ministro afirmou que "o indescritível desenvolvimento agro-industrial de São Paulo justifica que coloquemos este Estado na vanguarda dos acontecimentos". Conforme a notícia, findo o dis-

---

35 Coordenador da mobilização econômica. Jornal *O Estado de São Paulo*, 13 de julho de 1943, p. 5.

curso de agradecimento de João Alberto decorreu-se uma prolongada salva de palmas. Após o sucesso do almoço, o coordenador se direcionou para o aeroporto de Congonhas para retornar ao Rio de Janeiro.

As notícias publicadas no periódico não foram precisas em declarar quais empresas teriam contribuído para a viabilização da expedição, nem os materiais que teriam sido doados para o aparelhamento do adentramento. Cabe notar que no diário Orlando Villas Bôas, a questão das doações foi mencionada, ainda que de forma modesta. Segundo registrou o expedicionário: "Sinhá Junqueira, dona de um império agrícola em Ribeirão Preto, doou noventa mil litros de álcool-moto; a São Paulo Alpargatas deu dois mil metros de lona; a Cia Antarctica cedeu, para manter o alto ânimo expedicionário alguns milhares de litros de "incentivo"; a Armour e a Swift doaram perto de trinta mil galões de corned-beef".[36] Além das doações iniciais angariadas entre os segmentos urbanos da sociedade paulista responsáveis pela viabilização do início do adentramento, a Fundação Brasil Central – órgão criado para realizar a logística e instalação da infraestrutura nos locais percorridos pela expedição – continuou a ter, em São Paulo, uma base sólida para a realização de seus serviços durante o período de atuação da expedição.

3.1.4 A Missa Votiva para a partida da "Bandeira Roncador-Xingu"

Após a consolidação da aliança e do apoio político e econômico de São Paulo para a viabilização da Roncador-Xingu, o adentramento só voltou a figurar nas páginas d'*O Estado de São Paulo*, quase um mês depois, para o anúncio da simbólica cerimônia que seria realizada na capital paulista para a partida da expedição rumo ao Brasil Central. A cerimônia consistia em uma Missa Votiva, conforme realizava-se no período colonial para abençoar a partida dos antigos bandeirantes e tal qual havia sido realizado no ano de 1937 para a partida da moderna Bandeira Anhanguera.

No dia 5 de agosto anunciava-se na coluna Notícias Diversas*: A Bandeira Roncador-Xingu: Missa votiva e sua próxima partida.* O texto da notícia pro-

---

36 VILLAS BÔAS, Orlando e Cláudio. *A Marcha para o Oeste:* A epopeia da Expedição Roncador-Xingu. São Paulo: Companhia das Letras, 2012. (1ª edição 1994), p. 35.

curava detalhar ao leitor como se dariam as atividades da cerimônia a ser realizada no dia 7 daquele mesmo mês. A notícia apostou na imagem simbólica da expedição que iria "reatar nesta metade do nosso século as tradições de arrojo e idealismo que caracterizaram os antigos pioneiros paulistas". Junto a isso, o texto procurou enfatizar, em tom de agradecimento, a importância a mobilização de São Paulo para a viabilização do adentramento que teria enquanto ponto de partida a própria capital paulista:

> Recebida essa ideia com simpatia e entusiasmo pela nossas capital e apoiados os seus realizadores, desde logo, por grandes figuras da nossa indústria e do nosso comércio, converteu-se o plano, que fora lançado em moldes seguros e modestos, num cometimento largo e com uma amplitude muito maior do que a ideia original dessa entrada pelo sertão brasileiro, até agora menos conhecido, e nunca perlustrado por gente civilizada. De todos os lados sacudiram simpatizantes pela ideia e surgiram ofertas e colaborações de toda a espécie. Com esses elementos materiais, tão valiosos, e numa atmosfera entusiástica tão sadia foi possível assegurar à bandeira Roncador-Xingu uma quase certeza de êxito cabal. [...] É um plano estudado com carinho, baseado em dados seguros e apoiado em elementos que lhe garantem um regular desenvolvimento. E é um plano destinado a fazer conhecido aquele sertão bruto do nosso hinterland até agora não violado por nenhum dos nossos exploradores e sertanistas. [...] E para dar a essa missão o característico das nossas velhas bandeiras e monções, serão celebradas no sábado as cerimônias religiosas já anteriormente anunciadas, com as quais se invoca a proteção divina para este cometimento arrojado e para os que nele tomam parte.[37]

Neste trecho do artigo percebe-se que era por meio da emblemática cerimônia que seria operada a conexão simbólica entre o empreendimento e São Paulo. Ainda que a iniciativa para a criação da expedição não tivesse nascido na "cidade bandeirante", esse seria o ponto de partida rumo ao Brasil de dentro, tal qual nos tempos coloniais. Em seguida, a notícia dava ao públi-

37 Notícias diversas: a bandeira Roncador-Xingú: missa votiva e sua próxima partida. Jornal *O Estado de São Paulo*, 5 de agosto de 1943, p. 5.

co detalhes do evento de benção da "bandeira brasileira" que seria realizado na igreja abacial de São Bento, "sobre a sepultura do "Caçador de Esmeraldas", Fernão Dias Paes Leme, protetor da, hoje, suntuosa Basílica". No intuito de atrair a população paulista para o evento, a notícia divulgou alguns nomes que integrariam o ato, tais quais o ministro João Alberto, o coronel Vanique – chefe da expedição –, e famílias paulistas ligadas ao comércio, a indústria e às altas autoridades administrativas e econômicas d*O Estado de São Paulo*.

Conforme mostra a publicação, o evento seria por si só um grande ato simbólico. A expedição não apenas passaria pelo mesmo ritual pelo qual haviam passado as históricas bandeiras coloniais, mas a missa se daria sob o túmulo de um dos mais importantes personagens da memória regional paulista, o bandeirante Fernão Dias Paes Leme.[38] Também cabe lembrar que poucos anos antes, no ano de 1937, a Basílica S. Bento havia sido palco da primeira celebração desse porte, desde o período colonial, para a partida da moderna Bandeira Anhanguera.[39] O esforço operado pelo governo para conectar a Expedição Roncador-Xingu com as antigas e modernas bandeiras paulistas obedecia a, pelo menos, duas questões. Em primeiro lugar era uma forma de contemplar "o glorioso passado paulista" e, sobretudo, as generosas doações responsáveis por viabilizar o novo empreendimento. E em segundo, era uma forma de reforçar a própria legitimidade das modernas Bandeiras organizadas no seio da sociedade paulista em 1937, de modo a criar uma continuidade entre elas e a nova política de Estado engendrada após a instauração do Estado Novo.

A divulgação do evento foi incisiva. No dia seguinte ao primeiro anúncio, foi publicado no jornal um pequeno artigo intitulado: *A Bandeira Ron-*

---

38 Sobre o assunto ver: SCHNEIDER, Alberto Luiz. Entre a História e a memória: A invenção do bandeirante Fernão Dias Paes e o Mosteiro de São Bento (São Paulo). In: SIMPÓSIO NACIONAL DE HISTÓRIA – ANPUH, 30, 2019, Recife. *Anais do...*, 2019.

39 A cerimônia que mobilizou setores políticos, econômicos e intelectuais da sociedade paulista, havia sido amplamente noticiada pelo próprio jornal *O Estado de São Paulo*. Ver: As despedidas da "Bandeira Anhanguera". *O Estado de São Paulo*, 25 de julho de 1937, p. 11. e PARTIDA DA "BANDEIRA ANHANGUERA". *O Estado de São Paulo*, 27 jul. 1937, p. 12

cador-Xingu: dar-se-á amanhã a partida da Expedição do Coronel Vanique.[40] A notícia apresentava um resumo da notícia do dia anterior, reforçando a expedição enquanto uma nova bandeira, o papel de São Paulo para a sua viabilização, e o local e horário da missa.

No dia 7 de agosto de 1943, data da simbólica cerimônia, foram publicadas duas notícias cujo assunto era a bênção da Expedição Roncador-Xingu. A primeira, cujo título era *Bandeirismo,* ocupou a coluna semanal de Mário Guastini,[41] redator da sucursal carioca d'*O Estado de São Paulo*. O texto foi enfático em reproduzir as ideias e os discursos próprios da máquina de propaganda estadonovista, sobretudo aquelas ligadas à dimensão nacional do bandeirismo. Conforme escreveu o autor:

> A história das bandeiras constitue o mais empolgante capítulo da nossa vida. Os desbravadores paulistas, em arrancadas heróicas, alargaram as fronteiras da pátria revelando que desde os primórdios da nacionalidade não se concebiam regionalismos. Atravessando o território em todos os sentidos, abrindo picadas, enfrentando animais bravios e pantanais pestilentos, nossa gente escrevia páginas que bem narraram a tenacidade e o valor de uma raça incomparável. Para que citar nomes? Todos eles vivem na memória do Brasil. A evocação dos seus gestos é que mais animou e estimulou as gerações que se sucederam, e continuarão a estimular as que vierem. (...) A po-

---

40 A bandeira Roncador-Xingu – Dar-se-á amanhã a partida da expedição do coronel Vanique. Jornal *O Estado de São Paulo*, 6 de agosto de 1943, p. 6.

41 Guastini havia sido indicado em janeiro de 1943 para o cargo de diretor das divisões de imprensa, rádio e teatro do Departamento Estadual de Imprensa e Propaganda de São Paulo (DEIP/SP) e já no ano de 1944, passou a assumir o cargo de Cândido Mota Filho – um dos fundadores, ao lado de Cassiano Ricardo e Menotti del Picchia, da ala verde-amarela do movimento modernista – na direção geral do DEIP/SP. Visto a importância desse órgão para o regime, compreende-se que havia um alto grau de alinhamento entre Guastini e a ideologia do Estado Novo. Sobre assunto ver: SILVA. Vandré Aparecido Teotônio da. "*Notícias do Rio*": a intervenção no jornal *O Estado de São Paulo* e a autolegitimação do Estado Novo (1939-1945). Dissertação (Mestrado) – Faculdade de Filosofia Letras e Ciências Humanas, Universidade de São Paulo, São Paulo, 2012, p. 185-186.

> pulação da então pequena vila se reunia na praça maior para festejar os heróis que rumavam, mais em busca da morte do que do ouro ou de esmeraldas. (...) Muitos voltaram. De outros, nem se soube onde seus despojos se perderam. O "caçador de esmeraldas", o mais voluntarioso, deixou-nos como recordação, além da lembrança dos feitos magníficos, a ossada na Basílica de São Bento. (...) Decorridas tantas décadas repete-se hoje na capital-dinamo, ponto de partida dos desbravadores de outrora uma cerimônia idêntica a que assistiram os seus primeiros habitantes. Não veremos a tropa carregada de mantimentos e de armas nem lograremos homens de barba hirsuta e de chapeu e gibão de couro munidos de facões enormes a desfilar rumo à saída da cidade, pois sem duvidas a cena embora em tom mais estilizado relembrará as de antanho. Serão os bandeirantes modernos, com o mesmo espírito de brasilidade, a tomar o caminho de Roncador-Xingu – pedaço da pátria ainda inexplorado e virgem, que a iniciativa do ministro João Alberto deseja apresentar ao Brasil, com todas as suas riquezas. (...) Na suntuosa Basílica de S. Bento, onde se encontram relíquias seculares, e onde os despojos do grande sertanista Fernão Dias Paes Leme repousam, na manhã de hoje será celebrada missa votiva para o êxito da expedição que se dirige ao Roncador-Xingu. O espírito do mais ilustre dilatador das fronteiras da patria acompanhará os empreendedores de hoje conduzindo-os à meta sonhada. E terá um sorriso de aplauso para todos que apoiando a iniciativa do Ministro João Alberto, contribuiram para que a bandeira nada faltasse.[42]

O texto procurou sensibilizar a população paulista por meio do reconhecimento da bravura e da grandiosidade dos feitos bandeirantes. Ainda que o autor tivesse procurado se distanciar de uma leitura regionalista da expansão territorial promovida pelos bandeirantes, para os leitores do jornal, a heroicização do bandeirismo era a heroicização do passado paulista. Em linhas com a interpretação proposta por Cassiano Ricardo em sua obra de 1940, o

42 GUASTINI, Mário. BANDEIRISMO. Jornal *O Estado de São Paulo*, 7 de agosto de 1943, p. 3.

autor procurou mostrar que, apesar dos séculos de distância que separavam os antigos dos modernos bandeirantes, "o espírito de brasilidade" era o fio condutor que os conectava.[43]

Nesta mesma edição do jornal, algumas páginas à frente, havia outra publicação, cujo título era *Bandeira Roncador-Xingu*. A notícia repetia informações sobre a cerimônia da Missa Votiva que iria acontecer mais tarde naquele mesmo dia, assim como reiterou o elogio a São Paulo por seu entusiasmo e interesse em viabilizar a expedição, com especial destaque para "a indústria e o comércio paulista". O artigo ainda afirmou, com base em informações da Coordenação de Mobilização Econômica, que seria criada "uma comissão especial incumbida de zelar pelos interesses da expedição no decorrer da sua penetração". Ao final, a publicação convocou, mais uma vez, "o povo paulista" para assistir a cerimônia que seria transmitida no largo S. Bento por meio de autofalantes da Rádio Cruzeiro do Sul.[44]

Realizada a cerimônia naquele sábado, dia 7 de agosto de 1943, e decorrida a partida da Expedição Roncador-Xingu rumo ao Brasil Central, o jornal publicou, no dia seguinte, uma extensa notícia detalhando aos seus leitores cada etapa da cerimônia. Com o título *A cerimônia da benção da Bandeira Nacional entregue à Expedição Roncador-Xingu*, o artigo começava pela construção de uma atmosfera nostálgica remetendo às arrancadas do período colonial:

> A manhã de ontem foi bem paulistana. Muito fria, cheia da poeira da garoa que caia sobre o asfalto. Manhã de inverno bandeirante, como que propositadamente encomendada para a evocação da época de Fernão Dias, de Borba Gato, de Anhanguera e de outros tantos destemidos filhos de S. Paulo. A Basílica de São Bento, repleta, de pessoas das mais representativas estiveram presentes a cerimônia da

---

43 Ver: RICARDO, Cassiano. *Marcha para Oeste*: a influência da "bandeira" na formação política e social do Brasil. José Olympio Editora. Rio de Janeiro, 1959. 3ª edição. Vol. 2. (1ª edição 1940), (Capítulo XXIV – As Bandeiras do século XX).

44 BANDEIRA RONCADOR-XINGÚ. Jornal *O Estado de São Paulo*, 7 de agosto de 1943, p. 5.

> benção do Pavilhão Nacional que seria entregue ao tenente-coronel Matos Vanique, chefe da Expedição Roncador-Xingu.[45]

Estabelecidas as associações entre as cerimônias historicamente realizadas para a benção das arrancadas coloniais e a cerimônia que havia se passado no dia anterior, a notícia seguiu informando seus leitores de alguns dos nomes presentes na ocasião. Destaca-se o próprio ministro João Alberto, coordenador da Mobilização Econômica e idealizador do empreendimento; o coronel Matos Vanique, chefe da expedição; dr. Gofredo T. da Silva Teles, presidente do Conselho Administrativo do estado; Roberto Simonsen, presidente da Federação das Indústrias; Dr. Afonso de E. Taunay, diretor do Museu Paulista; dr. Menotti del Picchia, diretor da A Noite; Osvaldo Mariano, da Agência Nacional, entre outras importantes figuras das classes dirigentes, intelectuais e militares do estado. Celebrada a missa solene no altar-mor da Basílica, teve início a cerimônia de benção "Pavilhão Nacional", bordado à mão pelas "damas da sociedade paulistana", junto ao túmulo de Fernão Dias Pais Leme. A palavra foi passada a Gofredo T. da Silva Teles.

O discurso proclamado pelo presidente do Conselho Administrativo do estado teve início com o agradecimento às "mulheres bandeirantes" pelo "Pavilhão Nacional" oferecido à Expedição Roncador-Xingu. O orador exaltou o empenho histórico com o qual as mulheres paulistas acompanharam os empreendimentos bandeirantes, afirmando que as mulheres de São Paulo, obedeciam, bem como os homens bandeirantes, "à vocação de uma raça que nasceu para avançar". Prestado o agradecimento às senhoras paulistas, o discurso se voltou, mais uma vez, para o elogio ao bandeirismo:

> Pensai um pouco no que é ser bandeirantes. Fácil sem dúvida, nesta igreja tradicional de S. Paulo, à beira do túmulo ancestral de Fernão Dias Pais Leme, apreender a significação profunda desta palavra. Ser bandeirante é ser forte e partir. É ser simples e confiar em ai. Ser

---

45 A cerimõnia da benção da bandeira nacional entregue à expedição Roncador-Xingu. Jornal *O Estado de São Paulo*, 08 de agosto de 1943, p. 9.

> bandeirante é olhar para o sertão que ninguem penetrou e dizer: "Este é o meu sertão!". É estender a mão de sono sobre as coisas que parecem fora de alcance, alem do poder humano. É preferir o perigo ao lucro. É ser desambicioso, e, ao mesmo tempo, incontentado; modesto e insaciável. É querer avançar, pelo gosto de – mais longe. É gritar: "além", depois de ter chegado ao fim. [...] É estremecer as vezes de febre, mas nunca tremer de medo. É sofrer com alegria o sol dos chapadões e resistir sem queixa nos aguaceiros de dezembro. É combater no varejo as cachoeiras e investir, de simples facão a cinta, contra a floresta. [...] Ser bandeirante é ser aquele que avança e aquele que conquista. Ser bandeirante é ser o primeiro... e o que vai mais longe. Para dize-lo numa só palavra, senhores sertanistas de S. Paulo e de todos os Estados do Brasil, basta a afirmação de que ser bandeirante é ser a nossa raça. [...][46]

No trecho destacado fica evidente que, se por um lado o orador procurou enaltecer e celebrar o grande símbolo do regionalismo paulista, por outro, o discurso foi fiel em reproduzir os discursos da ideologia estadonovista empenhados na divulgação e legitimação da Marcha para o Oeste. O "ser bandeirante", apontado pelo orador, remete ao ímpeto explorador e expansionista associado a esse personagem por meio de um longo processo historiográfico operado por intelectuais e instituições culturais paulistas. Esse foi o principal aspecto enfocado pelo regime estadonovista em prol da construção desse personagem enquanto uma representação da identidade nacional. É nesse sentido que, o "espírito bandeirante", isto é o espírito conquistador, foi evocado diversas vezes, tanto pelos intelectuais ligados ao regime, quanto pelo próprio presidente Getúlio Vargas, como "o verdadeiro sentido de brasilidade". Gofredo procurou reafirmar essa noção nacionalizante do bandeirante conforme se percebe no trecho "ser bandeirante é ser a nossa raça", isto é, a "raça brasileira". O orador finalizou o discurso reafirmando o sentido nacionalista e patriótico da avançada:

46 A cerimônia da benção da bandeira nacional entregue à expedição Roncador-Xingu. Jornal *O Estado de São Paulo*, 08 de agosto de 1943, p. 9.

> Recebido por vós ante o altar de Deus, será o pavilhão brasileiro durante toda a vossa jornada, o arrimo de vossa fé cristã e o símbolo de vosso ideal patriótico. As bençãos que o cobriram hoje nesta igreja derramar-se-á tambem sobre vossos passos, para que o possais levantar festivamente em cada pausa de vossa caminhada, como a prova cotidiana de vossos triunfos. Levantai-o seguidamente sobre os campos e as matas de nossa terra. Levantai-o nos sertões de Araguaia, do Rio das Mortes e do Xingu. [...] O simbolismo da bandeira erguida no clarão radioso das alturas, dar-vos-á para sempre, senhores bandeirantes, o sentido de vossa obra em favor de nossa pátria.[47]

Convém observar, como se verá mais adiante, que o "Pavilhão Nacional" foi um importante símbolo da integração do interior e esteve presente em todas as bases e acampamentos construídos durante os trabalhos da Expedição Roncador-Xingu. Ao final do discurso, o Pavilhão foi entregue ao chefe da expedição, o tenente-coronel Matos Vanique, pelas mãos da senhora Raquel Simonsen, que em nome da mulher paulista pronunciou ligeiras palavras que não foram transcritas na notícia. Em seguida, o próprio ministro João Alberto pronunciou um discurso, caracterizado pelo jornal como "um hino de glória à bravura e ao patriotismo da gente bandeirante".

Após as palavras do idealizador do empreendimento, em ato de grande simbolismo, o próprio Afonso de Taunay, naquela época consagrado enquanto importante historiador das bandeiras, ofereceu aos expedicionários um volume de sua obra *História Geral das Bandeiras Paulistas*. Por último, falou o chefe da expedição que em agradecimento à acolhida paulista afirmou que "tudo faria para cumprir com seu dever e, finda a missão, trazer de volta a S. Paulo essa mesma bandeira, que, seria o maior estimulo para si e seus companheiros".

Passados alguns dias após a Missa Votiva da Expedição Roncador-Xingu, no dia 10 de agosto, foi publicada mais uma notícia detalhando a partida dos expedicionários, que saíram da estação da Barra Funda em um trem especial da Sorocabana, logo após a cerimônia, rumo ao Brasil de dentro. Conforme a notícia:

---

47 A cerimônia da benção da bandeira nacional entregue à expedição Roncador-Xingu. Jornal *O Estado de São Paulo*, 08 de agosto de 1943, p. 9.

> A expedição, que deverá atravessar parte do território mineiro, mato-grossense, goiano e paraense é constituída de cem homens. Durante cerca de dois anos percorrerá a referida região fazendo pesquisas e fundando núcleos coloniais. Idealizada pelo ministro João Alberto Lins de Barros e chefiada pelo coronel Mattos Vanique, a Expedição Roncador-Xingu concentra em volta de si toda a atenção dos verdadeiros brasileiros que fazem votos pelo completo êxito da missão dos modernos bandeirantes.[48]

O artigo frisou o percurso que fariam os expedicionários, cruzando diversos estados do maciço central brasileiro. A notícia também destacou algumas figuras paulistas que estiveram presentes no momento da partida, entre eles, Gofredo T. da Silva Teles, Nino Galo e o modernista Oswald de Andrade. Um discurso foi proclamado pelo sr. José Faria Ribeiro que, em tom poético, mobilizou novamente uma linguagem bandeirante. Após o discurso, os "modernos bandeirantes" partiram rumo ao desconhecido às 12 horas daquele sábado no dia 7 de agosto de 1943.

Cabe destacar que a escolha de São Paulo enquanto ponto de partida Expedição Roncador-Xingu não foi fortuita, nem pode ser reduzida às doações paulistas para a viabilização do projeto. Essa foi uma escolha consciente e estratégica do processo de articulação e de conciliação política operada pelo governo estadonovista. Conforme visto, a capital paulista possuía não apenas alto dinamismo na economia nacional, como uma opinião pública socialmente diversificada, sendo um dos potenciais centros oposicionistas ao governo. A aproximação que levou ao estabelecimento de uma aliança entre setores da burguesia paulista e o Governo Federal deve ser vista enquanto um processo que não estava dado, mas que foi sendo construído a partir das questões e dos acontecimentos próprios daquele período.

É nesse sentido que o ano de 1943 foi atípico na relação São Paulo/ Governo Federal, pois foi a primeira vez que o presidente se deslocou duas vezes para uma mesma região com o objetivo aparente de realizar "grandes

48 A expedição Roncador-Xingú. Jornal *O Estado de São Paulo*, 10 de agosto de 1943, p. 7.

inaugurações". Getulio Vargas visitou o estado no início e no final do ano, para a inauguração do trecho Anchieta, abertura da IV Feira Nacional das Indústrias, inauguração de pré-escolas, visita ao DIEP/SP, participação em homenagem e manifestações do povo paulista ao presidente.[49] Também não se pode esquecer que, em 1944, no ano seguinte a mobilização da sociedade paulista em torno da viabilização da Expedição Roncador-Xingu as comemorações do dia primeiro de maio foram realizadas, pela primeira vez em São Paulo, no estádio do Pacaembu.[50]

A década de 1940 foi um momento chave para que os segmentos industriais pudessem ampliar suas condições de elaboração e de viabilização de propostas e projetos para o fortalecimento da indústria nacional. Não por acaso, foi durante esse período que os principais e mais vultosos projetos, impulsionados sob o signo da Marcha para o Oeste, foram desenvolvidos com vistas à expansão e a unificação do mercado interno do país, como foi o caso da Expedição Roncador-Xingu.

Assim, destaca-se que, as notícias divulgadas no jornal *O Estado de São Paulo* em torno do novo projeto de interiorização não mobilizaram, elas mesmas, o apoio político e econômico dos segmentos urbanos de São Paulo, tal qual o empresariado industrial. A divulgação operou enquanto suporte de um processo de conciliação política já em curso naquele período. Conforme visto, a articulação para o financiamento da expedição, realizada no interior deste importante periódico, tanto era expressão do novo momento da relação entre o governo de Getúlio Vargas e *O Estado de São Paulo*, quanto operava no sentido de fortalecer e consolidar o novo vínculo entre as esferas federal e a estadual.

---

49 SILVA. Vandré Aparecido Teotônio da. *Notícias do Rio:* a intervenção no jornal *O Estado de São Paulo* e a autolegitimação do Estado Novo (1939-1945). Dissertação (Mestrado) – Faculdade de Filosofia Letras e Ciências Humanas, Universidade de São Paulo, São Paulo, 2012. p. 190.

50 VARGAS, Getúlio. COOPERAÇÃO E SOLIDARIEDADE ENTRE OS GRUPOS SOCIAIS. (Discurso pronunciado no estádio do Pacaembu, em São Paulo, por ocasião das comemorações do "dia do trabalho" a 1 de maio de 1944) In: VARGAS, Getúlio. In: *A Nova Política do Brasil.* Rio de Janeiro: Livraria José Olympio, 1944, vol.X, p. 287-293.

Ainda assim, é preciso lembrar que o maior volume de notícias sobre a Expedição Roncador-Xingu foi publicado justamente durante o período da intervenção estadonovista no jornal. Com o fim do Estado Novo a incidência das publicações sobre a expedição caiu de forma abrupta. Ao passo que entre os anos de 1943 e 1944 foram publicadas trinta e sete notícias, entre os anos de 1945 e 1948 foram publicadas apenas nove.[51] E das trinta e sete notícias publicadas nos dois primeiros anos, quase um terço delas foi publicada antes da partida da expedição, isto é, com vistas à consolidação do apoio político e econômico de São Paulo para a viabilização do empreendimento.

A seguir, pretende-se palmilhar o caminho percorrido pela Expedição Roncador-Xingu através do Brasil Central com vistas à compreensão dos trabalhos e dos desafios enfrentados no interior do país. Para tanto serão utilizados os registros produzidos por alguns dos expedicionários da Roncador-Xingu, bem como de funcionários da Fundação Brasil Central. Apesar da centralidade atribuída aos registros dos expedicionários, também serão trabalhadas algumas das notícias publicadas n'*O Estado de São Paulo* durante os trabalhos da expedição Brasil adentro.

3.2 A Expedição Roncador-Xingu em marcha (1943-1948)

Nesta seção do terceiro capítulo será aumentada a escala de análise de modo a empreender um mergulho no percurso traçado pela Expedição Roncador-Xingu entre os anos de 1943 e 1948. Para tanto serão utilizados registros produzidos pelos dirigentes e integrantes deste empreendimento, publicados em forma de livros ou divulgados por meio de notícias no jornal *O Estado de São Paulo*. Do mesmo modo, será feita interlocução com informações e análises produzidas pela historiografia interessada no tema. Apesar

51 No ano de 1943 foram publicadas vinte e duas notícias sobre a Expedição Roncador-Xingu, dessas vinte e duas, quatorze foram publicadas antes de sua partida. Já no ano de 1944 foram publicadas quinze notícias. Em 1945, ano da queda do Estado Novo, o jornal foi restituído a Júlio de Mesquita Filho. A partir desse momento houve uma abrupta queda no volume de publicações sobre a expedição, totalizando apenas três publicações durante o ano inteiro. O movimento seguiu igual nos anos seguintes, foram localizadas apenas duas publicações por ano entre os anos de 1946 e 1948.

da centralidade atribuída aos diários dos integrantes da expedição, tais quais o de Acary de Passos Oliveira e de Orlando e Cláudio Villas Bôas, destaca-se o uso desse corpo documental enquanto suporte para compreender a Expedição Roncador-Xingu em seu caminho Brasil adentro.

O uso desses registros parte da compreensão de que toda produção histórica provém de uma construção por parte daquele que a escreve. Conforme apontou o historiador Michel de Certeau, todo discurso está sempre inserido em um lugar, carregado de interesses e compromissos, muitas vezes institucionais.[52] Os registros produzidos por esses trabalhadores respondiam tanto a compromissos institucionais, seja em relação à Expedição Roncador-Xingu ou a Fundação Brasil Central, bem como a compromissos e interesses pessoais de construção de uma autoimagem de si e do empreendimento do qual foram parte.

Compreende-se que esses registros constituem representações da Expedição Roncador-Xingu e não sua realidade. Uma vez que a expedição se encontra extinta, isto é, no passado, o que nos resta são as representações e os vestígios desse episódio histórico.[53] Os registros produzidos por seus integrantes não são capazes de reproduzir a expedição tal e qual ela ocorreu, pelo contrário, comunicam sobre a compreensão de determinados sujeitos sobre os fatos ocorridos. Conforme Chartier, "a representação é o instrumento de um conhecimento mediato que faz ver um objeto ausente substituindo-lhe uma "imagem" capaz de repô-lo em memória".[54] De modo que, o próprio reconhecimento de um objeto ou de um evento histórico depende do crédito e da construção que as representações sobre ele possibilitam.

---

52 CERTEAU, Michel de. *A escrita da História*. tradução de Maria de Lourdes Menezes ; revisão técnica [de] Arno Vogel. Rio de Janeiro: Forense Universitária, 1982, p. 56-107.

53 Parte-se da compreensão proposta por Roger Chartier, na qual a representação consiste na relação entre um objeto ausente e uma imagem presente. Sobre o assunto ver: CHARTIER, Roger. Introdução. In: A história Cultural. Entre práticas e representações. Lisboa: Difel, s/d. e CHARTIER, Roger. O Mundo como Representação. Estudos Avançados 11(5), 1991, p. 173-191.

54 CHARTIER, Roger. *O Mundo como Representação*. Estudos Avançados 11(5), 1991, p. 184.

Cabe pontuar que o maior volume de publicações responsável por fixar a memória da Expedição Roncador-Xingu foi escrito por dois de seus mais reconhecidos expedicionários, Orlando e Cláudio Villas Bôas.[55] Junto aos "irmão Villas Bôas", como ficaram conhecidos, também há as publicações de Acary de Passos Oliveira[56] e Ayres Câmara da Cunha,[57] ambos expedicionários da Roncador-Xingu, já Silo Meireles[58], Carlos Telles[59] e Manoel Rodrigues da Ferreira,[60] foram funcionários da Fundação Brasil Central. Esses registros serão trabalhados, em maior ou menor grau, para reconstituir o percurso da expedição, que em meados dos anos 1940 atravessou o Brasil Central rumo ao rio Xingu.

Conforme apresentado, a Expedição Roncador-Xingu, ponta de lança da Marcha para o Oeste, tinha por objetivo promover o desenvolvimento econômico e o controle militar da região por meio do estabelecimento de "pontos de civilização" – isto é, a instalação de Bases que seriam posteriormente transformadas em cidades para a atração e fixação de migrantes. O seu ponto de partida foi estabelecido na confluência dos rios Araguaia e Garças, linha natural que divide os estados de Goiás e Mato Grosso.[61] Nesta primeira Base (posteriormente transformada na cidade de Aragarças), a expedição deveria iniciar a primeira etapa de penetração, cujo objetivo era alcançar o Rio das

55 VILLAS BÔAS, Orlando e Cláudio. *A Marcha para o Oeste* – A epopeia da Expedição Roncador-Xingu. São Paulo: Companhia das Letras, 2012. (1ª edição 1994).

56 OLIVEIRA, Acary de Passos. *Roncador-Xingu:* roteiro de uma expedição. Barra do Garças, Araguaia 1943 – Rio das mortes. Xavantina 1944. Goiânia: UFG, 1976.

57 CUNHA, Ayres Câmara da. *Nas selvas do Xingu*. São Paulo: Clube do Livro, 1969.

58 MEIRELES, Silo. *Brasil Central:* notas e impressões. Rio de Janeiro: Biblioteca do Exército, 1960.

59 TELLES, Carlos. *História Secreta da Fundação Brasil Central (retrato de João Alberto e de uma época)*. Rio de Janeiro: Editora Chavantes, 1946.

60 FERREIRA, Manoel Rodrigues. *Nos sertões do lendário Rio das Mortes*. São Paulo: Editora do Brasil, 1946. Ver também: FERREIRA, Manuel Rodrigues. *História dos Irmãos Villas Boas*: Fundação Brasil Central, Expedição Roncador-Xingu e Parque Indígena do Xingu. São Paulo: RG Editores, 1997.

61 Barra Goiana, uma pequena vila de garimpeiros, foi escolhida para servir de primeira base para a Expedição. A partir desse momento, a localidade passou a ser chamada de Base do Garças. Posteriormente, em 1945, momento no qual teve início o processo de transformação da Base em cidade, seu nome foi novamente modificado para Aragarças, em referência aos dois rios que banhavam a cidade: o Araguaia e o Garças.

Mortes, local delimitado para a instalação da segunda Base (posteriormente transformada na cidade de Xavantina).

A primeira etapa teve início em dezembro de 1943, tendo atingido seu objetivo nos últimos dias de fevereiro de 1944. Essas duas primeiras Bases representam o principal palco do projeto de urbanização da Expedição Roncador-Xingu realizado pelas mãos da Fundação Brasil Central, entidade criada para elaboração e construção da infraestrutura nos locais desbravados pela expedição.

A segunda etapa do empreendimento tinha por objetivo alcançar o rio Xingu. O início da penetração se deu em junho de 1945 e foi finalizada pela vanguarda expedicionária em março de 1947. No percurso foram construídas quatro Bases: Tanguro, Garapu, Kuluene e Jacaré – esta última, localizada no Xingu, foi a última Base construída pela expedição. No início de 1948 foi decretado o fim da Expedição Roncador-Xingu e o início da Expedição Xingu Tapajós, nova etapa da penetração em linhas com os novos objetivos da Fundação Brasil Central em meio às mudanças na presidência do órgão.

Mapa 3: Trajeto da Expedição Roncador-Xingu

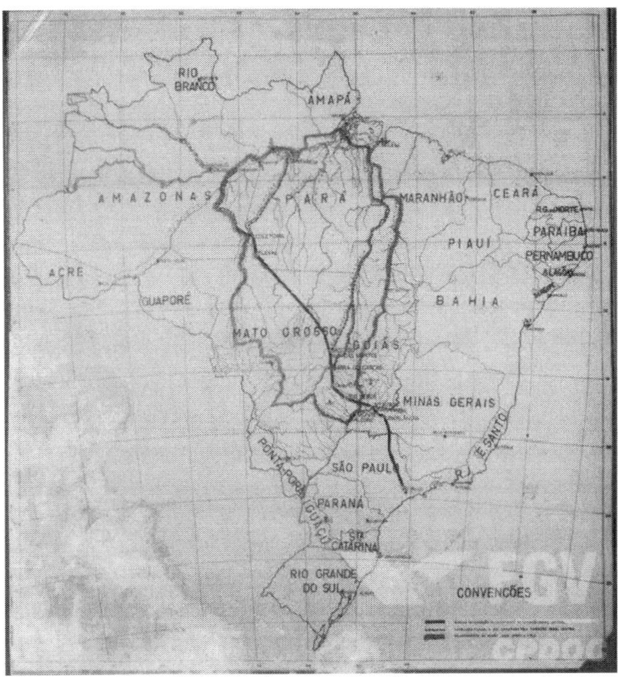

Fonte: CPDOC/FGV

Este é o percurso que se pretende reconstituir por meio dos registros de seus integrantes, de modo a compreender as dificuldades enfrentadas Brasil adentro, bem como as formas pelas quais se colocou em prática o projeto de integração do interior do país durante a década de 1940. Conforme se verá, para além do objetivo norteador em torno do desenvolvimento econômico do Oeste e da ampliação e fortalecimento do mercado interno do país, a Expedição Roncador-Xingu se tornou um importante palco para a realização de uma série de estudos sobre o meio natural da região, bem como de pesquisas etnográficas junto às populações indígenas localizadas no Xingu.

Por fim, destaca-se o uso de fotografias produzidas no decorrer da marcha da Expedição Roncador-Xingu. As imagens utilizadas devem ser compreendidas enquanto documentos que, assim como os textos escritos, encontram-se inseridos num lugar carregado de interesses e compromissos associados ao projeto de integração territorial daqueles anos. Assim como os documentos e discursos oficiais produzidos pelos integrantes da expedição e pela Fundação Brasil Central, as fotografias desempenhavam importante função ao registrar e exibir o poder do Estado brasileiro e da liderança de Getúlio Vargas para a realização da Marcha para o Oeste. Conforme se verá, as imagens produzidas Brasil adentro procuravam exibir a "marcha da civilização" pelo interior do país.

A força simbólica da imagem do avião e dos "símbolos da nação" – como a Bandeira Nacional –, bem como da obra da construção civil – desde as mais precárias e provisórias até as mais complexas – eram exaltadas em oposição, ou em contraste, ao interior pouco explorado, aos trabalhadores sertanejos e populações indígenas. Assim como os registros dos integrantes deste projeto, essas imagens também constituem parte das representações produzidas sobre a Expedição Roncador-Xingu em sua marcha para a demarcação e a integração, por vezes, simbólica do pouco explorado interior do país. As fotografias utilizadas encontram-se reproduzidas nos diários dos expedicionários publicados em forma de livros, bem como no acervo do Museu da Fotografia Documental.

3.2.1 A primeira etapa da expedição: da Base do Garças (Aragarças) até o Rio das Mortes (Xavantina)

A Expediçao Roncador-Xingu partiu de São Paulo, no dia 7 de agosto de 1943, por meio da Estrada de Ferro Mogiana rumo a Uberlândia (MG), considerada, naquele período, a "boca do sertão". O jornal *O Estado de São Paulo* divulgou a parada da "Bandeira Roncador-Xingu" no triângulo mineiro. A notícia reforçava que os planos de entrada haviam sido formulados com base nas informações recolhidas entre "os sertanistas da Comissão Rondon" e "os abnegados sacerdotes católicos", referências obrigatórias do desbravamento do interior.[62] Esse era um importante recurso retórico utilizado para dar, mais uma vez, legitimidade ao novo adentramento.

Figura 1: Base da Expedição Roncador-Xingu em Uberlândia

Fonte: Museu da Fotografia Documental.

Em meio ao trajeto dos expedicionários e dos materiais rumo à Base do Garças, o periódico divulgou uma nova declaração de João Alberto Lins

62 Notícias diversas: a bandeira Roncador-Xingú. Jornal *O Estado de São Paulo*, 17 de agosto de 1943, p. 6.

de Barros. O ministro enfatizou que a expedição não poderia ter "a marcha rápida de um meteoro, colhendo aqui e ali transformações geográficas ou científicas", pois os lugares explorados deveriam ser "conquistados para a civilização, integrados na economia nacional". O idealizador afirmou categoricamente a importância da consolidação de Bases da expedição no decorrer do caminho percorrido para servirem de apoio para novas explorações. Ao final pontuou: "É coisa sabida que, quanto mais importante é uma base ou um núcleo colonizador, maior o seu raio de ação".[63]

As Bases as quais o ministro fez referência nada mais eram do que os acampamentos da expedição que seriam construídos pelos próprios expedicionários, compostos por ranchos e campos de pouso. Estes seriam os primeiros marcos da integração da região. Conforme se verá, essas atividades tomaram importante parte dos trabalhos desenvolvidos pelo empreendimento, fazendo com que a expedição permanecesse estacionada meses a fio na instalação e aperfeiçoamento das bases. Entretanto, outras questões também contribuíram para retardar o avanço da marcha, tais quais os problemas administrativos e financeiros da Fundação Brasil Central, bem como de déficit de logística e abastecimento em determinados momentos do percurso.

No final de agosto, o coronel Flaviano de Matos Vanique, chefe da expedição, e os expedicionários já se encontravam no local delimitado para a construção da primeira Base do empreendimento, na confluência do rio das Garças com o rio Araguaia. O local passou a ser chamado de Base do Garças. Junto ao corpo expedicionário também chegaram os materiais angariados em São Paulo, bem como a tropa da expedição constituída por cento e dez muares.[64] Segundo o expedicionário Acary de Passos Oliveira, "chefe do pessoal, segurança e transporte", o transporte dos materiais correu bem, apesar de alguns pequenos acidentes "comuns" para quem viajava rio Araguaia acima, como "motores usados, quebra de pinos, falha de velas, entre outros empecilhos como encalhes, água nos porões, passagens de corredeiras e travessões, etc".[65]

---

63 Expedição Roncador-Xingú. Jornal *O Estado de São Paulo*, 19 de agosto de 1943, p. 14.

64 Posteriormente a Fundação Brasil Central construiu uma rodovia partindo de Uberlândia (MG), ponto final da Estrada de Ferro Mogiana, de quase 800 km de extensão até a primeira base da Expedição, Aragarças (GO).

65 OLIVEIRA, Acary de Passos. *Roncador-Xingu... Op. Cit.*, p. 19.

Figura 2: Acampamento na Barra do Rio das Garças. Grupo de expedicionários

Fonte: OLIVEIRA, Acary de Passos. *Roncador-Xingu roteiro de uma expedição*. Barra do Garças, Araguaia 1943 – Rio das mortes. Xavantina 1944. Goiânia: UFG, 1976, p. 25.

Figura 3: Dr. Acary Passos de Oliveira, subchefe e Almoxarife-Geral da Expedição Roncador-Xingu

Fonte: VARJÃO, Valdon. Aragarças: *Portal da Marcha para o Oeste*. Brasília. Senado Federal, 1989. p. 125.

O processo de instalação da Base teve início com a abertura do campo de pouso e construção de ranchos para alojamentos do pessoal, farmácia, cozinha, estação de rádio, almoxarifado, enfermaria e depósitos.[66] A Base do Garças, como foi chamada inicialmente, viria a constituir a primeira cidade "plantada" pela Expedição Roncador-Xingu, cujo nome escolhido foi Aragarças. A cidade, construída a partir de 1945, contou com projeto urbanístico e plano diretor, cujo objetivo era a concretização de uma "urbe moderna" em pleno sertão.[67]

Figura 4: Abertura do campo de pouso de Aragarças

Fonte: Museu da Fotografia Documental.

No dia 7 de setembro, em meio aos trabalhos de instalação da primeira Base, foi hasteado, pela primeira vez, o "Pavilhão Nacional" – o mesmo que

66 OLIVEIRA, Acary de Passos. *Roncador-Xingu... Op. Cit.*, p. 24.

67 Sobre a construção de Aragarças enquanto um modelo de cidade moderna em pleno sertão ver: MACIEL, Dulce Portilho. Aragarças (1943-1968): A moderna urbe na rota para o oeste. In: *Revista Plurais*, vol.1, n.4, 2006, p. 66-91. Ver também: TREVISAN, Ricardo; LACERDA, Larissa Alves. *Aragarças no Brasil Central:* modernidades pré-Brasília. ENCONTRO DA ASSOCIAÇÃO NACIONAL DE PESQUISA E PÓS-GRADUAÇÃO EM ARQUITETURA E URBANISMO, 5, 2018. *Anais do...*, Salvador, 2018.

havia sido entregue pelas senhoras paulistas aos expedicionários na cerimônia realizada na Basílica de São Bento em São Paulo. Em comemoração à independência do Brasil, foi realizada a leitura do primeiro Boletim da expedição na presença de todos os trabalhadores:

> Pela primeira vez hastea-se ante nossos olhos, neste pedaço de terra virgem, fértil e rica, o pavilhão nacional, símbolo de nossa liberdade e independência. [...] Ainda ecoa em nossos ouvidos o brado de "Independência ou Morte", proferido por D. Pedro I, às margens do arroio Ipiranga, desligando nossa estremecida Pátria, de uma vez para sempre, dos grilhões que nos prendiam à gente portuguesa. Muito se tem feito pelo Brasil. Entretanto, para elevá-lo sempre e cada vez mais no conceito das nações civilizadas, várias obras de vulto foram empreendidas por sua Excia,. Dr. Getúlio Vargas, preclaro Presidente da República e dentre muitas das mais patrióticas e promissoras, foi a de autorizar a organização desta Expedição. Sua origem nós a encontramos nas visitas feitas pelo Presidente Vargas nos sertões de Goiás, Mato Grosso e vários outros Estados, onde teve oportunidade de observar a necessidade de melhor conhecermos nossa terra, aproveitarmos suas riquezas, levando-se em conta que duas terças partes do nosso território são ainda desconhecidas. Para isso, confiou essa penosa tarefa ao sr. Ministro João Alberto Lins de Barros, Coordenador da Mobilização Econômica, que por sua vez entregou-me, a chefia da Expedição. Nesta qualidade, dou por instalado o nosso acampamento, provisório, fruto exclusivo dos nossos trabalhos. É uma singela demonstração do desejo que todos nós possuimos de correspondermos a confiança que nos foi legada. Breve partiremos pelos "Gerais" onde toda sorte de surpresas nos esperam. Levaremos conosco nossa fé inquebrantável de que somos portadores, a lembrança da bravura de nossos antepassados bandeirantes e a convicção da nossa vitória. Durante nossa caminhada não nos esqueçamos das sugestivas palavras pronunciadas pelo Sr. Godofredo Teles, quando em São Paulo, nos foi confiada a guarda deste sagrado pavilhão.[68]

68 Boletim N. 1 da Expedição Roncador-Xingu, dia 7 de setembro de 1943. In: OLIVEIRA, Acary de Passos. *Roncador-Xingu... Op. Cit.,* p. 157-158.

Escrito pelo chefe da expedição, o coronel Flaviano de Matos Vanique, o Boletim – em linhas com os compromissos institucionais e ideológicos atrelados ao regime estadonovista – procurava informar aos trabalhadores sobre o empreendimento que iniciava. A Expedição Roncador-Xingu, enquanto um empreendimento estatal, tinha por objetivo disseminar os "símbolos e os valores da nação" no interior do Brasil. Essa era parte central da política Marcha para o Oeste, cujo objetivo era dotar o interior de organização social, econômica e política, bem como disseminar os ideais presentes nos grandes centros urbano-industriais do país. Assim, a realização de cerimônias cívicas junto a prelação de discursos eloquentes foi uma constante nos acampamentos da expedição. O uso dessa simbologia era utilizado enquanto elemento disciplinador e unificador

Cabe notar que a maior parte dos trabalhadores que integraram a expedição eram sertanejos e garimpeiros, isto é, pessoas do interior sem acesso à educação e as questões pulsantes nos grandes centros do litoral.[69] É nesse sentido que o texto do Boletim procurou prestar elogios à política da Marcha para o Oeste, ao presidente da república e às viagens por ele empreendidas no interior do país, bem como à cerimônia realizada em São Paulo e ao papel "neobandeirante" incorporado pela expedição. Acary caracterizou o momento da seguinte maneira: "cerimônia tocante, meia duzia de idealistas em pleno sertão, num silêncio religioso, mirava o pavilhão nacional que desfraldava ao vento naquele longínquo pedaço de terras brasileiras".[70]

No dia seguinte, dia 8 de setembro, foi realizada a leitura do Boletim N.2, no intuito de comunicar os expedicionários sobre a organização ge-

69 Gilberto Brizolla Santos pesquisou os lugares sociais e as condições de trabalho dos trabalhadores da Expedição Roncador-Xingu e da Fundação Brasil Central. O autor também tratou da militarização das práticas de trabalho na expedição, bem como dos silêncios e das violências a que foram submetidos esses trabalhadores. Por meio da realização de entrevistas com antigos funcionários da expedição e da Fundação, o autor procurou dar novo fôlego à luta desses trabalhadores para preservar a memória de suas participações nestes acontecimentos. Sobre o assunto ver: SANTOS, Gilberto Brizolla. *Bandeirantes do século XX*: trabalhadores da Expedição Roncador-Xingu e Fundação Brasil Central em Nova Xavantina. 2011. 298 f. Dissertação (Mestrado em História). Instituto de Ciências Humanas e Sociais, Universidade Federal de Mato Grosso, Cuiabá, 2011.

70 OLIVEIRA, Acary de Passos. *Roncador-Xingu... Op. Cit.*, p. 28.

ral da expedição, bem como passar as "instruções referentes à ordem e a disciplina" dos trabalhadores – tais quais, hora de levantar, de comer, de trabalhar e de dormir –, os "sinais convencionais" para informar as atividades, toques de recolher e de alerta, e as "punições" para aqueles que desobedecessem as instruções de disciplina.[71] A data também ficou marcada pelo Decreto-lei No. 5.801, cujo artigo único comunicava: "É considerada de interesse militar, para fins de direito, a Expedição Roncador-Xingu, organizada pela Coordenação de Mobilização Econômica".[72] O decreto era breve e não dava maiores informações sobre a medida, entretanto, com o pano de fundo da Segunda Guerra Mundial, compreende-se a centralidade de medidas de afirmação da soberania sobre regiões pouco exploradas, como era o caso do Brasil Central e da Amazônia, por meio do controle militar do território. Conforme se verá, a expedição incorporou interesses da nascente Força Aérea Brasileira (FAB), como era o caso da abertura de uma rota aérea, pelo interior, entre o Rio de Janeiro e Manaus, por meio da construção de bases de apoio no decorrer do trajeto.

Menos de um mês após o início dos trabalhos de instalação da Base do Garças, no dia 11 de setembro, foi fincado o "Marco Zero" da Expedição Roncador-Xingu, por ocasião do início da sua marcha de exploração sertão adentro. O momento foi marcado pela leitura do Boletim N.3 que comunicava a partida da primeira tropa, conduzida pelo subchefe Francisco Brasileiro, com a missão de "descobrir uma passagem na Serra Azul e abrir piques em direção ao rio das Mortes, a fim de facilitar a marcha da primeira etapa da Expedição".[73] O texto do Boletim voltou a evocar o sentido histórico do adentramento: "Rompendo hoje nossa marcha com a mesma fé que animou a séculos os primeiros desbravadores dessas rudes matas, determinou esta chefia que fosse plantado o "Marco 0", símbolo da determinação inquebrantável que nos guia no rumo imposto por nossa querida pátria".[74]

71 Boletim N. 2.da Expedição Roncador-Xingu, dia 8 de setembro de 1943. In: OLIVEIRA, Acary de Passos. *Roncador-Xingu... Op. cit.*, p. 159-162.

72 Decreto-Lei N. 5.801 de 9 de setembro de 1943.

73 Boletim N. 3 da Expedição Roncador-Xingu, 11 de setembro de 1943. In: OLIVEIRA, Acary de Passos. *Roncador-Xingu... Op. Cit.*, p. 163.

74 *Idem. Ibidem.*

Figura 5: Marco "0" (Zero) – Barra do rio das Garças. Ponto de partida para a penetração

Fonte: OLIVEIRA, Acary de Passos. *Roncador-Xingu roteiro de uma expedição*. Barra do Garças, Araguaia 1943 – Rio das mortes. Xavantina 1944. Goiânia: UFG, 1976, p. 34.

Figura 6: (Esq. para Dir) O médico e fotógrafo amador Vicente Lins de Barros, Acary Passos, João Alberto, Major Vanique, e trabalhadores da Fundação Brasil Central. Marco Zero

Fonte: 1943 – Museu da Fotografia Documental.

No mesmo dia do início do adentramento, a Expedição Roncador-Xingu voltou a aparecer nas páginas d'*O Estado de São Paulo* numa notícia que comunicava a oferta de uma lancha pela Companhia de Laminação Nacional de Metais para auxiliar nos trabalhos. Na publicação, Adamastor Ribeiro Vergueiro, em nome da diretoria da Companhia, declarou que a lancha doada iria "levar a regiões distantes do Brasil, a civilização", de modo a contribuir para o início de "um período de penetração nas regiões selvagens e longínquas do nosso país e inaugurando, dessa maneira, uma nova fase da indústria nacional".[75] A declaração de Vergueiro era expressiva dos interesses depositados por importantes segmentos urbanos de São Paulo nos trabalhos da expedição.

No dia seguinte, dia 12 de setembro, a expedição apareceu mais uma vez no periódico por meio de uma nova declaração do ministro João Alberto, que se encontrava na capital paulista, em breve visita, antes de partir para a Base do Garças. A parada em São Paulo, para tratar de questões ligadas à Coordenação de Mobilização Econômica, foi aproveitada pelo ministro para instigar o interesse da sociedade paulista em torno do início do empreendimento. O ministro ressaltou: "Na minha volta do Garças terei novidades para os jornais. (...) Essas novidades – concluiu – dirão respeito, também, aos assuntos da Coordenação que vim tratar nesta capital".[76]

No dia 16 de setembro, o ministro João Alberto aterrissou na Base do Garças no avião Fock-Wolf, pilotado pelo capitão Basílio, piloto oficial da expedição. O evento marcou a inauguração do primeiro campo de pouso construído pela Roncador-Xingu. Por ocasião da visita foram realizadas incursões de exploração da região, voos de reconhecimento e a primeira comunicação (via rádio) entre a Base e o Rio de Janeiro.[77] Uma semana após a visi-

---

75 Exposição Roncador-Xingú. Jornal *O Estado de São Paulo*, 11 de setembro de 1943, p. 8.

76 Notícias diversas: ministro João Alberto. Jornal *O Estado de São Paulo*, 12 de setembro de 1943, p. 8.

77 Conforme registrou Acary, foi realizada a exploração da "Cachoeira Voadora", localizada no antigo estado de Mato Grosso. Um dos projetos pensados foi o futuro aproveitamento da cachoeira para produção de energia hidráulica para iluminação do acampamento e da futura cidade que ali seria construída. Ver: OLIVEIRA, Acary de Passos. *Roncador-Xingu... Op. cit.*, p. 36.

ta do ministro à Base da expedição, *O Estado de São Paulo* publicou um breve artigo para comunicar a população paulista sobre a inauguração do campo de pouso, bem como a instalação da estação de rádio em Barra do Garças.[78] A publicação trazia uma breve declaração do ministro João Alberto que, apesar da ausência de novas informações, afirmava: "Este radio significa o início dos trabalhos da estação de Barra do Rio das Garças, constituindo motivo de jubilo para todos nós, componentes da Expedição Roncador-Xingu".

Durante o mês de setembro, os trabalhos se deram em torno da organização e armazenamento dos materiais e dos gêneros alimentícios que chegavam à Base do Garças por meio de caminhões e aviões. Nesse período, o jornal *O Estado de São Paulo* procurou divulgar cada etapa das atividades da expedição, no intuito de informar os segmentos urbanos paulistas sobre o rápido avanço do empreendimento que haviam ajudado a viabilizar. No dia 30 de setembro, o periódico paulista divulgou a primeira conferência, via rádio, entre o ministro João Alberto e os expedicionários da Roncador-Xingu.[79] Conforme informado, a vanguarda expedicionária liderada por Francisco Brasileiro se encontrava "sobre a Serra Azul, noventa quilômetros além da base inicial e um terço do caminho entre o rio das Garças e o rio das Mortes".

O início do mês de outubro ficou marcado pela criação da Fundação Brasil Central,[80] agência instituída para presidir e administrar o planejamento e a regulação do aparato estatal nos espaços percorridos pela Expedição Roncador-Xingu, cujo presidente escolhido foi o próprio João Alberto. Poucas semanas após a criação da Fundação, no dia 22 de outubro, o jornal *O Estado de São Paulo* anunciou a criação do programa "Brasil Central" na Rádio do Cruzeiro do Sul, importante emissora paulista, com o intuito de divulgar para os segmentos urbanos de São Paulo os trabalhos desenvolvidos no interior do país, bem como manter vivo o interesse (e o apoio) desses segmentos para a execução dos projetos.[81] Conforme a notícia, no evento da inaugura-

78 Expedição Roncador-Xingú. Jornal *O Estado de São Paulo*, 24 de setembro de 1943, p. 10.

79 Exposição Roncador-Xingú. Jornal *O Estado de São Paulo*, 30 de setembro de 1943, p. 8.

80 Decreto-Lei presidencial nº 5.878 de 4 de outubro de 1943.

81 Inauguração do programa "Brasil central" na Rádio Cruzeiro do Sul. Jornal *O Estado de São Paulo*, 22 de outubro de 1943, p. 6.

ção estavam presentes industriais, banqueiros, comerciantes e demais figuras de destaque na sociedade paulista, bem como o próprio João Alberto. Este, por sua vez, aproveitou a ocasião para agradecer (mais uma vez) as doações de São Paulo para a viabilização da Expedição Roncador-Xingu, bem como estender o mesmo apoio para a Fundação Brasil Central.

Cabe lembrar que, no ato de sua criação, a Fundação assumiu o controle dos recursos financeiros, materiais e o pessoal recrutado para a expedição. E mais, embora ela tivesse sido criada enquanto órgão público, seus primeiros estatutos a classificavam como uma fundação de direito privado.[82] Isto é, na prática isso significava que a Fundação tinha autorização para angariar patrimônio próprio através de recursos independentes (isto é, privados), tal qual foi angariado entre os segmentos urbanos de São Paulo. Assim, a criação desse órgão e a escolha de João Alberto – o então coordenador da Mobilização Econômica – para a presidência, representou mais uma jogada estratégica para consolidação da aliança já estabelecida entre o regime estadonovista e os segmentos urbanos paulistas em prol da realização da política Marcha para o Oeste.[83] A criação do programa "Brasil Central" era parte desse processo, pois previa manter a população paulista a par da realização dessa política. A homenagem prestada a João Alberto no evento de inauguração dava o tom da aliança:

82 Segundo Carlos Telles – engenheiro contratado pela Fundação Brasil Central e escritor de uma obra empenhada em realizar uma crítica à Fundação e ao próprio João Alberto Lins de Barros –, essa configuração tinha por objetivo conferir a possibilidade de distribuição de lucros aos acionistas da Fundação, sob a fachada do direito privado. Sobre o assunto ver: TELLES, Carlos. *História Secreta... Op. Cit.*

83 Dulce Portilho Maciel também chamou a atenção para os nexos entre o trabalho desenvolvido pela Fundação Brasil Central – importante frente da política da Marcha para o Oeste – e os interesses em torno da expansão e do desenvolvimento do mercado interno em prol do progresso industrial do Sul, como era o caso de São Paulo. Sobre o assunto ver: MACIEL, Dulce Portilho. Estado e território no Centro-Oeste brasileiro (1943-1967). Fundação Brasil Central (FBC): a instituição e inserção regional no contexto sócio-cultural e econômico nacional. SIMPÓSIO NACIONAL DE HISTÓRIA – ANPUH, 26, 2011. In: *Anais do...* São Paulo, julho 2011.

> Como falar hoje de São Paulo sem falar do ministro João Alberto? E como falar do Brasil Central sem falar de São Paulo? (...) O ministro João Alberto tocou o coração paulista, ligando o último grande empreendimento bandeirista ao planalto de Piratininga. Pensando em recuperar para a Nação os recursos que a gente primitiva de uma vasta zona ainda não tocada pela conquista da civilização e da técnica, quiz o coordenador que a nova bandeira partisse de São Paulo e a São Paulo ficasse para sempre ligada. A Fundação Brasil Central, decidida pelo governo Getúlio Vargas, é a extensão e a fixação da entrada que o coronel Vanique e seu grupo estão conduzindo sem contratempos e sem interrupções na direção da Serra do Roncador. Essa bandeira partiu daqui, da Basílica de São Bento, onde se acham os despojos de Fernão Dias. Daqui parte também hoje a voz animadora do radio, num programa dedicado a manter a ligação e o entusiasmo entre a capital bandeirante o feito longinquo e arduo dos novos sertanistas.[84]

Em meio ao evento de inauguração do programa "Brasil Central", as atividades voltadas para a instalação da Base do Garças continuaram a ser desenvolvidas durante todo o mês de outubro. Nos últimos dias daquele mês, a vanguarda liderada por Francisco Brasileiro retornou a Base, tendo cumprido a missão de reconhecimento e abertura de uma picada através do Bico da Serra Azul, local estratégico do percurso rumo ao Rio das Mortes. A ocasião marcou a permissão para o início oficial da primeira etapa da Expedição Roncador-Xingu.

Conforme registrado no Boletim N. 4: "Recomendo aos Srs. Expedicionários que se preparem para a penetração, de vez que dentro de poucos dias a Expedição seguirá com todos os seus elementos, rumo ao Rio das Mortes".[85] Apesar do sucesso do empreendimento realizado pelo subchefe Francisco Brasileiro, o início do mês de novembro ficou marcado pela sua expulsão do quadro de expedicionários em decorrência de um ato de insubordinação.[86] A partida do primei-

84 INAUGURAÇÃO DO PROGRAMA "BRASIL CENTRAL" NA RADIO CRUZEIRO DO SUL. Jornal *O Estado de São Paulo*, 22 de outubro de 1943, p. 6.

85 Boletim N. 4 da Expedição Roncador-Xingu, 27 de outubro de 1943. In: OLIVEIRA, Acary de Passos. *Roncador-Xingu... Op. Cit.*, p. 164.

86 Sobre o assunto ver: OLIVEIRA, Acary de Passos. *Roncador-Xingu... Op. Cit.*, p. 37-43.

ro escalão expedicionário, marco do início oficial da primeira etapa da Expedição Roncador-Xingu, foi marcada para o dia 4 de dezembro de 1943.

Mapa 4: Itinerário da Expedição Roncador-Xingu

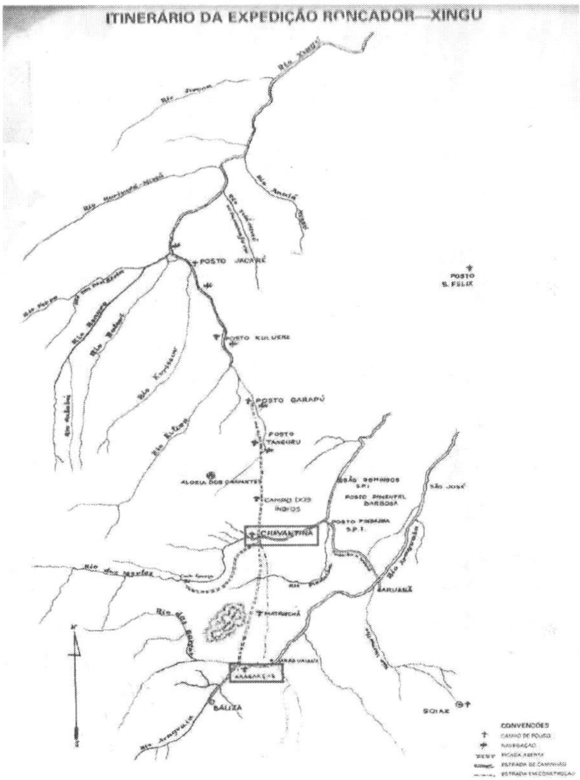

Fonte: OLIVEIRA, Acary de Passos. *Roncador-Xingu roteiro de uma expedição*. Barra do Garças, Araguaia 1943 – Rio das mortes. Xavantina 1944. Goiânia: UFG, 1976, p. 45.

3.2.2 A marcha do primeiro escalão

Na data marcada, dia 4 de dezembro de 1943, ao meio-dia, foi realizada uma breve cerimônia para celebrar o início da marcha do primeiro escalão. Participaram do evento, o coronel Vanique, todos os trabalhadores e auxiliares da Base do Garças, autoridades estaduais, moradores das barras goianas, matogrossenses e diversos garimpeiros da região. Na ocasião foi hasteado o "Pavilhão Nacional" que acompanharia a expedição no decorrer do percurso. Em seguida foi realizada a leitura do Boletim N. 5:

> São passados oitenta e quatro dias que nos reunimos pela primeira vez para fincarmos o Marco Zero símbolo da determinação inquebrantável por nós assumida, e assistirmos a partida da nossa Vanguarda. [...] Breve estaremos reunidos às margens do lendário rio das Mortes, onde construiremos novo acampamento e prepararemos nova caminhada em demanda do Rio Xingu, nossa segunda etapa. Confiando na sinceridade de todos vós, incluindo aqueles que na retaguarda terá também penosa missão como responsáveis pelo nosso reabastecimento, formulo a todos vós, votos de boa sorte, para que o nosso objetivo seja coroado de pleno êxito, numa grata demonstração aos que tiveram confiança, entregando-nos a responsabilidade dessa missão. Aqueles que nos abandonarem por comodismo ou covardia, o nosso desprezo. Não são dignos de nossa atenção. Para frente, sempre para frente, é o nosso lema, aconteça o que acontecer.[87]

Conforme registrou Acary, após as palavras pronunciadas pelo chefe da expedição, os expedicionários embarcaram na lancha "Couto de Magalhães", doada à expedição pelos industriais paulistas, e partiram pelo rio Araguaia. Por via fluvial também partiu grande número de embarcações a remo e a motor de popa e, por terra, a tropa de muares do primeiro escalão guiados pelos tropeiros e seus auxiliares.[88] É interessante notar que durante todo período dos trabalhos da expedição, houve a coexistência de elementos temporalmente diversos, tal qual a presença de tropeiros, sertanejos e garimpeiros que nunca haviam conhecido o litoral, junto a militares, cientistas e políticos, ou mesmo, o uso de carroças e embarcações construídas à moda indígena, junto ao uso de lanchas e aviões.

---

87 Boletim N. 5 da Expedição Roncador-Xingu, 4 de dezembro de 1943. In: OLIVEIRA, Acary de Passos. *Roncador-Xingu... Op. Cit.*, p. 164-165.

88 OLIVEIRA, Acary de Passos. *Roncador-Xingu... Op. Cit.*, p. 48-49.

Conforme registrado, o primeiro escalão era composto por vinte e três pessoas, incluindo o chefe, cinco cargueiros com materiais de cozinha, mantimentos e munições; dois muares de reserva e uma égua.[89] Entre os integrantes havia tanto homens do interior quanto da cidade. Sobre o convívio entre sujeitos provenientes de realidades tão distintas foram registrados alguns episódios interessantes:

> Em brincadeira, os sertanistas que nos acompanhavam, quase todos moradores de Leopoldina e adjacências, habituados com a rude vida no sertão, com uma conversa informal confabulavam para que paulistas e cariocas ouvissem: oia cabôclo, aquele rapaz está armando a rede no lugar exato da passagem da onça. Com certeza ele não tem medo do perigo. Outro inexperiente gritava logo para o companheiro: escolha outra árvore; aqui o Manoel, que é conhecedor, está dizendo que ai é passagem de onças. Imediatamente o pobre procurava outra árvore, nem sempre boa para armação de rede.[90]

O percurso para alcançar o acampamento do Bico da Serra Azul, previamente explorado por Francisco Brasileiro, levou cerca de quatro dias de caminhada. A frente expedicionária permaneceu no Bico da Serra Azul alguns dias para realizar trabalhos voltados para o aperfeiçoamento do acampamento.[91] Simultaneamente a essas atividades estacionárias, uma pequena turma dava início a continuação da picada em direção ao Rio das Mortes.[92]

---

89 O expedicionário Acary de Passos Oliveira não seguiu junto com o primeiro escalão, tendo permanecido na Base do Garças. Assim, os registros que se seguem do caminho percorrido pelo primeiro escalão até o Rio das Mortes foram produzidos por um expedicionário que não foi identificado pelo autor.

90 OLIVEIRA, Acary de Passos. *Roncador-Xingu... Op. Cit.*, p. 49.

91 Esse acampamento viria a constituir, posteriormente, outra pequena cidade "plantada" pela Expedição Roncador-Xingu chamada de Vale dos Sonhos. Ver: GALVÃO, Maria Eduarda Capanema Guerra. *A Expedição Roncador-Xingu e a tarefa de ocupar, civilizar e urbanizar o Brasil Central.* Rio de Janeiro, FGV, 2014,. p. 59.

92 OLIVEIRA, Acary de Passos. *Roncador-Xingu... Op. Cit.*, p. 54-56.

Figura 7: Expedicionários pioneiros na trilha aberta rumo ao Rio das Mortes

Fonte: Acervo: Museu da Fotografia Documental.

Figura 8: Expedicionários pioneiros na trilha aberta rumo ao Rio das Mortes. (coronel Flaviano de Matos Vanique, chefe da expedição ao meio)

Fonte: Acervo: Museu da Fotografia Documental.

Figura 9: Acampamento Serra Azul

Fonte: Acervo: Museu da Fotografia Documental.

Figura 10: Grupo pioneiro montagem da cozinha

Fonte: Acervo: Museu da Fotografia Documental.

Cabe lembrar que o primeiro escalão da Expedição Roncador-Xingu partiu em meio a estação de chuvas – chamada de inverno –, que assola a região entre os meses de novembro a março. Essa foi uma questão central das dificuldades enfrentadas pela vanguarda expedicionária. No livro de Acary foi registrado um pouco das paisagens e das dificuldades encontradas pelo primeiro escalão após passarem o Bico da Serra Azul:

> (...) numa extensão aproximadamente de cem metros, tudo era atoleiro e os pobres animais faziam o possível para transpô-lo. Na maioria afundavam até a barriga, exigindo de todos nós grandes esforços para arrancá-los dessa difícil situação. A carga era conduzida no ombro dos trabalhadores, a fim de facilitar o desenvolvimento dos animais. Mais uns três quilômetros de cerrado e novo ribeirão surge pela frente, largo, correntoso e com muito pernilongo (muriçoca), que é transposto a nado pelos expedicionários, o mesmo se fazendo quanto aos animais.[93]

Figura 11: Travessia do Rio Pindaíba

Fonte: Acervo: Museu da Fotografia Documental.

93 OLIVEIRA, Acary de Passos. *Roncador-Xingu... Op. Cit.*, p. 61-62.

Figura 12: Travessia do Rio Pindaíba

Fonte: Acervo: Museu da Fotografia Documental.

Esse foi o ritmo da marcha do primeiro escalão durante o final do mês de dezembro de 1943, assim como durante todo o mês de janeiro de 1944. O final do mês de janeiro ficou marcado por uma conquista importante: a vitória sobre a mata e o início do "cerradão".[94] Os trabalhos giravam em torno da abertura de picadas, construção de pontes provisórias para permitir o transporte de materiais e abastecimento e instalação de acampamentos de pernoites. Ao final do mês de fevereiro, após o recebimento – via rádio – de um comunicado da Base do Garças informando sobre a necessidade de realizar "um desdobramento para a direita" na marcha da vanguarda, no dia 28 de fevereiro de 1944, os expedicionários avistaram, pela primeira vez, o Rio das Mortes. Estava concluída a primeira etapa da Expedição Roncador-Xingu. Conforme registrado pelo primeiro escalão:

> 28.4.44 – Tudo normal até que às 13 hs. os encarregados de abrir o pique, após rápidos momentos de surpresa, descarregaram várias vezes suas armas, o mesmo fazendo o pessoal que trabalhava logo atrás. A alegria era contagiante, falam, gritam, gesticulam, emocionados, gritam em altas vozes que o legendário RIO DAS MORTES

94 *Idem*, p. 82.

> havia sido alcançado. O Cel., também bastante emocionado, profere uma rápida alocução de agradecimento aos trabalhadores, sendo, na oportunidade, registrado e complementado, com fotografias, o sucesso. Ouviram-se vários vivas à Expedição Roncador-Xingu, ao Presidente Vargas, ao Ministro João Alberto e ao Cel. Vanique. (...) Toda a tarde foi namora às águas do Mortes que, não obstante o nome, é um dos mais belos cursos d'água conhecido. Muitos peixes foram pescados e houve até, em carater excepcional, distribuição de "drinks" por ser hoje o "DIA DA COMEMORAÇÃO".[95]

Alcançado o rio das Mortes, o mês de março teve início sob a empolgação do sucesso da primeira etapa da expedição. As novas atividades que ocuparam os trabalhadores se deram em torno da exploração e estudo do local para a instalação da segunda Base do adentramento, à margem direita do Rio das Mortes. A escolha do local era de suma importância, pois a Base do Mortes, como se convencionou chamar, viria a constituir a segunda cidade "plantada" pela expedição, cujo nome posteriormente escolhido foi Xavantina em homenagem aos indígenas Xavante que habitavam as proximidades da região.[96]

Nos primeiros dias de março foram enviados, pelo rádio, uma série de comunicados para informar o sucesso da primeira etapa da Expedição Roncador-Xingu. Conforme escreveu o chefe da expedição, durante a primeira etapa haviam sido abertos 280 quilômetros de picada, através dos quais haviam sido construídos diversos acampamentos de pernoite e 14 pontilhões e pontes – tudo debaixo de estação de chuvas.[97] O comunicado destinado à Base do Rio das Garças tinha por objetivo dar o sinal para o início dos preparativos para a partida do segundo escalão rumo à nova Base para ajudar na sua instalação.

95 *Idem*, p. 85-86.

96 Manuel Ferreira Lima Filho realizou uma importante análise sobre a chegada da Expedição Roncador-Xingu no rio das Mortes, onde se constituiu o espaço urbano de Xavantina e a Fundação Brasil Central no contexto dos projetos de colonização da parte mais central do Brasil, empreendidos pelo Governo do Presidente Getúlio Vargas. Sobre o assunto ver: LIMA FILHO, Manuel Ferreira. *Pioneiros da Marcha para o Oeste:* Memória e Identidade na Fronteira do Médio Araguaia, Brasília, Tese de Doutorado, Programa de Pós-Graduação em Antropologia da Universidade de Brasíslia, Brasília-DF, 1998.

97 OLIVEIRA, Acary de Passos. *Roncador-Xingu... Op. Cit.,*, p. 93-94.

Já os comunicados enviados ao ministro João Alberto, além de informar sobre os trabalhos desenvolvidos durante o percurso até o Rio das Mortes, solicitava o envio de um avião transportando "gêneros de primeira necessidade" para vanguarda expedicionária que vinha racionando alimento há mais de um mês. O coronel Vanique frisou: "Impossivel manter turma mais 30 homens, há mais de um mês desconhecemos qualquer espécie de tempero, feijão bichado é o que estamos comendo (...) Estou cansado de pedir Base Barra do Garças, cebola, alho, massa de tomate, vinagre que facilmente poderia vir da Base de Uberlândia".[98] Conforme se verá, o abastecimento da vanguarda expedicionária foi um problema constante que assolou os trabalhadores em todo percurso. Se por um lado as tropas que levavam mantimentos passavam por grandes dificuldades para atravessar a região, por outro, a logística do transporte aéreo também apresentava problemas.

Figura 13: Preparo de surrões a serem atirados por avião com mantimentos para a turma da vanguarda

Fonte: OLIVEIRA, Acary de Passos. *Roncador-Xingu roteiro de uma expedição.* Barra do Garças, Araguaia 1943 – Rio das mortes. Xavantina 1944. Goiânia: UFG, 1976, p. 96.

98 OLIVEIRA, Acary de Passos. *Roncador-Xingu... Op. Cit.,* p. 94-95.

Poucos dias após a solicitação houve o primeiro sobrevoo da Base do Mortes. O avião deixou cair, embalados em surrão de couros, gêneros e correspondência. Em uma delas, o ministro e o capitão Basílio parabenizavam o coronel Vanique e os expedicionários pela conquista da primeira etapa. A vitória não deixou de ser divulgada pelo jornal *O Estado de São Paulo* que, no dia 15 de março, informava a população paulista sobre a conclusão da primeira etapa da Expedição Roncador-Xingu após 280 quilômetros abertos Brasil adentro.[99] A publicação trazia transcrito a declaração dada pelo chefe da expedição sobre os desafios encontrados no decorrer do caminho e a expectativa em torno da exploração da região. Essa notícia marcou o retorno da expedição às páginas do jornal após cinco meses de interregno. Nos meses que se seguiram voltaram a ser frequentes as publicações sobre os trabalhos colonizadores desenvolvidos nas duas Bases consolidadas no interior do país.

3.2.3 A marcha do segundo escalão e a "obra civilizadora" nas Bases do Garças e do Mortes

Após o início dos trabalhos de instalação da Base do Rio das Mortes, no início de março de 1944, os registros produzidos pelo primeiro escalão foram interrompidos. Os registros dos meses seguintes foram realizados pelo segundo escalão, tendo sido escritos por Cláudio Villas Bôas entre março e maio daquele ano, período que compreende o trajeto realizado pela segunda frente expedicionária da Barra do Garças até o rio das Mortes.[100] O expedicionário Acary de Passos Oliveira foi escolhido para comandar o segundo escalão.

No dia 9 de abril, a Expedição Roncador-Xingu voltou a figurar nas páginas d'*O Estado de São Paulo* para informar sobre a entrevista radiotelegráfica realizada com o ministro João Alberto, durante sua última visita à Base do

99 Os trabalhos da expedição Roncador-Xingú. Jornal *O Estado de São Paulo*, 15 de março de 1944, p. 14.

100 Cláudio e Leonardo Villas Bôas foram admitidos na Base do Garças durante o começo dos preparativos para partida do segundo escalão, momento no qual foram admitidos novos trabalhadores. Orlando Villas Bôas foi admitido já na Base do Mortes, não se tem uma data precisa da admissão.

Garças entre os dias 5 e 7 de abril. O artigo intitulado *A indústria de guerra brasileira nas vertentes do Roncador*, comunicava sobre a nova etapa da expedição. Conforme informou o ministro:

> [...] nosso rumo, agora, é o norte, seguindo a Grande Diagonal do Brasil. É uma linha que, partindo de São Paulo, passando por Mato Grosso (...) vai alcançar Manaus. É a futura linha de comunicações internacionais. (...) Tem mais de 2.700 quilômetros de extensão em linha de vôo.[101]

A incorporação do interior à rota aérea nacional por meio da construção de campos de pouso utilizadas enquanto bases de abastecimento, se tornou parte central dos objetivos da expedição[102]. Na declaração, João Alberto voltou a insistir nas riquezas da região percorrida pela expedição, tais quais diamantes, cristais e minerais, bem como a abundância das águas, sinalizando o local enquanto uma fonte potencial em energia elétrica. A notícia especulou a ideia de que a região do Xingu, pudesse vir a representar para o Brasil o que "os Urais" representavam para a União Soviética, em decorrência das grandes jazidas de carvão e ferro na região.[103] A publicação também especulou a futura transferência da capital do país para o interior. O ministro afirmou que seria "cedo" para pensar no assunto e ressaltou a condição de isolamento da região:

> Neste vasto interior a população esta continuando a viver por milagre. Ha falta de tudo o que é mais necessário a vida humana. Ja

101 A indústria de guerra brasileira nas vertentes do Roncador. Jornal *O Estado de São Paulo*, 09 de abril de 1944, p. 28.

102 A realização deste feito ocorreu no dia 7 de agosto de 1948, data do primeiro voo Rio-Manaus pelo interior, com último abastecimento na Base do Jacaré, a última construída pela expedição, já no Xingu. Conforme a notícia que divulgou o feito, o voo durou 6 horas, "encurtando assim de dois quintos a distância até então percorrida e o pernoite em Belém ou Cuiabá". Ver: A ligação aérea Rio-Manaus. Jornal *O Estado de São Paulo*, 08 de agosto de 1948, p. 10.

103 Na região dos Montes Urais, estão as maiores reservas de minérios da Rússia, lá foram construídas as indústrias siderúrgicas, metalúrgicas e petroquímicas.

> transportamos mais de 1.000 toneladas de alimentos e mercadorias, mas ainda é muito pouco. A Fundação Brasil Central traz consigo a vida para aquelas regiões. Tem sido enormes os recursos dispendidos com as estradas de acesso.[104]

Por fim, o ministro comentou a possibilidade de uma futura visita do Presidente Vargas as Bases da expedição junto a uma caravana de jornalistas, para então "contar para todo o Brasil o que um punhado de brasileiros está fazendo aqui".

No dia 19 de abril de 1944, teve início a marcha oficial do segundo escalão após quase uma semana de atrasos.[105] Conforme registrou Cláudio Villas Bôas, a segunda frente expedicionária era composta por 38 homens, duas carroças e 47 animais, incluindo 12 bois.

Figura 14: Equipe do 2º escalão

Fonte: OLIVEIRA, Acary de Passos. *Roncador-Xingu roteiro de uma expedição.* Barra do Garças, Araguaia 1943 – Rio das mortes. Xavantina 1944. Goiânia: UFG, 1976, p. 135.

104 A INDÚSTRIA DE GUERRA BRASILEIRA NAS VERTENTES DO RONCADOR. Jornal *O Estado de São Paulo* – 09 de abril de 1944. p. 28.

105 VILLAS BÔAS, Cláudio. Diário do segundo escalão. In: OLIVEIRA, Acary de Passos. *Roncador-Xingu... Op. Cit.*, p. 144.

Figura 15: Tipo de carroça usada pelo 2º escalão

Fonte: OLIVEIRA, Acary de Passos. *Roncador-Xingu roteiro de uma expedição*. Barra do Garças, Araguaia 1943 – Rio das mortes. Xavantina 1944. Goiânia: UFG, 1976, p. 145.

Assim como o primeiro escalão, o segundo passou por uma série de problemas de abastecimento em decorrência da dificuldade da passagem das carroças e dos animais, sobretudo nos primeiros quilômetros do percurso. Conforme registrou Cláudio Villas Bôas:

> [...] ao sairmos, era nosso objetivo atingir o "Bico da Serra", mas em vista das dificuldades que encontramos nos abastamentos de pirambeiras, cortes de barrancos, para passagem das carroças, fomos obrigados a acampar neste ponto, que denominamos "boca da mata", 2 léguas distante do nosso ponto de partida. (...) A passagem das carroças, nas grotas, barrancas e córregos secos, constitui a parte mais pesada do nosso serviço. Na maioria dos casos, os burros têm que ser desatrelados e as carroças empurradas a braço pelo pessoal.[106]

De modo que foi apenas no dia 22 de abril que o corpo expedicionário atingiu o primeiro grande acampamento construído pelo primeiro escalão, no Bico da Serra Azul. Entre os dias 25 de abril e 2 de maio, a avançada dos

---

106 VILLAS BÔAS, Cláudio. *Diário do segundo escalão... Op. Cit.*, p. 148-149.

expedicionários ganhou ritmo, e no decorrer desses sete dias eles passaram pelos acampamentos Pindaibinha, Duas pontes, Rio Pindaiba, Cristalino, da Mata, Zacarias e, finalmente, o Duas Pontes, com uma média de 1 dia por acampamento.[107] No decorrer do caminho foram desenvolvidos "trabalhos no picadão", isto é, o alargamento e a limpeza dos trechos percorridos. No dia 3 de maio os expedicionários partiram do acampamento Duas Pontes, último acampamento antes de atingir o Rio das Mortes. Após algumas horas de caminhada, o segundo escalão chegou à Base do Mortes.

Apesar dos desafios e dificuldades enfrentados pelo primeiro escalão, o trajeto entre a Base do Garças e o Rio das Mortes foi cumprido em um espaço de tempo muito menor em relação à vanguarda expedicionária, responsável pela abertura das primeiras picadas e construção dos acampamentos de pernoite no decorrer do caminho. Ademais, o segundo escalão fez o trajeto durante o período de seca, o que ajudou na velocidade da marcha. Ao passo que o primeiro escalão demorou três meses para alcançar o Rio das Mortes, o segundo escalão demorou cerca de um mês, sendo que o grosso da avançada se deu no decorrer de dezesseis dias, período no qual foi percorrido quase 300 quilômetros. O momento da chegada do segundo escalão na Base do Mortes foi registrado:

> Em ordem de marcha, tendo à frente o Dr. Acary, impecavelmente fardado (em virtude de sua convocação) desfilaram pela praça central. Primeiro, os trabalhadores, dois a dois, com duas ferramentas aos ombros; a seguir as carroças ambas puxadas por uma parelha de muares da mesma cor; depois os bois de carro, ligados pelos grampos, em parelhas de dois, tangidos pelos carreiros e, finalmente a tropa composta de 20 cargueiros carregados de mantimentos. No pátio do acampamento, formados em círculo ao redor do mastro onde o Pavilhão tremulava, o Dr. Acary proferiu em breves palavras, esclarecimento, fazendo um resumo dos trabalhos executados pela sua turma no percurso Barra do Garças – Rio das Mortes, à chefia fez apresentação de cada um e ao terminar colocou-se e a todos seus companheiros de caminhada sob as ordens do Chefe da Expedição.[108]

107 *Idem*, p. 150-152.

108 *Idem*, p. 99.

Figura 16: Hasteamento da Bandeira Nacional. Acampamento no rio das Mortes

Fonte: OLIVEIRA, Acary de Passos. *Roncador-Xingu roteiro de uma expedição.* Barra do Garças, Araguaia 1943 – Rio das mortes. Xavantina 1944. Goiânia: UFG, 1976, p. 116.

A chegada do segundo escalão deu novo ritmo aos trabalhos na Base do rio das Mortes. Durante o mês de maio continuaram a ser realizados trabalhos no campo de avião, ampliando para 800 metros a sua extensão, bem como o aparelhamento da Base por meio da chegada de novos materiais pelas embarcações da expedição. Além dos trabalhos de exploração dos entornos do rio das Mortes e abertura de áreas para roça, foram realizadas melhoria nas estradas, nos portos, a construção de ranchos para enfermaria e ambulatório, oficina, depósitos e a abertura das vias de acesso aos buritizais e demais locais com concentração de madeira que se prestasse para a construção.[109]

109 VILLAS BÔAS, Cláudio. *Diário do segundo escalão... Op. Cit.*, p. 115-119.

Figura 17: Embarcações a serviço da Expedição

Fonte: OLIVEIRA, Acary de Passos. *Roncador-Xingu roteiro de uma expedição*. Barra do Garças, Araguaia 1943 – Rio das mortes. Xavantina 1944. Goiânia: UFG, 1976, p. 114.

Figura 18: Campo de pouso construído no Rio das Mortes

Fonte: OLIVEIRA, Acary de Passos. *Roncador-Xingu roteiro de uma expedição*. Barra do Garças, Araguaia 1943 – Rio das mortes. Xavantina 1944. Goiânia, UFG, 1976, p. 106.

Figura 19: Acampamento Base do Rio das Mortes

Fonte: Acervo: Museu da Fotografia Documental.

Figura 20: Acampamento no Rio das Mortes. Cobertura de hangar

Fonte: OLIVEIRA, Acary de Passos. *Roncador-Xingu roteiro de uma expedição*. Barra do Garças, Araguaia 1943 – Rio das mortes. Xavantina 1944. Goiânia: UFG, 1976, p. 112

Em meio aos trabalhos estacionários, os registros dos expedicionários ficaram difusos, até que, ao fim do mês de maio, foram interrompidos. O último registro produzido foi a transcrição do Boletim N. 6 de 21 de maio de 1944, que marcou a inauguração do campo de aviação da Base do Rio das Mortes, por ocasião da visita do ministro João Alberto:

> Expedicionários! Hoje é para nós um dia de júbilo, de máxima alegria, porque com a visita do Sr. Ministro João Alberto Lins de Barros, a quem pelos profundos conhecimentos dos nossos sertões, confiou o Exmo. Sr. Presidente da República o problema do desbravamento e colonização do Brasil-Central, inauguramos com a sua presença e de seu assistente, Cap. Antonio Eugenio Bazilio, o campo de aviação do nosso acampamento e fincamos o "marco n.1", que perpetuará a nossa primeira etapa. Não se trata de uma visita de cortesia, vem o Sr. Ministro pessoalmente verificar as nossas necessidades e traçar novos planos a serem executados neste ano de 1944. (...) Afinal, vencemos nossa primeira etapa. Desejo de muitos, realização de poucos. Desejos vagos, que não chegavam a se traduzir na vontade férrea de atingir a meta final. Realização de poucos, que envidaram todos os esforços na conquista de um ideal. Estamos no Rio das Mortes. A serra do Roncador desdobra-se às nossas vistas. Havemos de galgá-la a desfraldar em seus picos a flâmula querida da nossa Pátria, a exemplo do que fizemos às margens do Araguaia e Rio das Mortes, para que os ventos desdobrem seu palio auri-verde sobre novas terras, até então desconhecidas. Sr. Ministro, a presença de V. Excia., inaugurando novo acampamento do Rio das Mortes, nos dá a certeza de que este empreendimento ainda vive no coração de todos os brasileiros.[110]

O Boletim, em linhas com o compromisso institucional ao qual servia, procurou exaltar a conquista da primeira etapa da Expedição Roncador-

110 Boletim N. 6 da Expedição Roncador-Xingu, 21 de maio de 1944. In: OLIVEIRA, Acary de Passos. *Roncador-Xingu... Op. Cit.*, p. 165-167.

-Xingu e a inauguração da sua segunda Base no interior do país. O jornal *O Estado de São Paulo* não demorou a informar a população paulista sobre a nova conquista. No dia 23 de maio foi publicada uma notícia que informava sobre a visita realizada pelo Ministro João Alberto, bem como sobre os trabalhos voltados para a integração da região por meio da construção dos campos de pouso, estradas de rodagem e abertura de rotas fluviais. Também foi transcrito na notícia o telegrama enviado por João Alberto ao Ministro da Aeronáutica, Salgado Filho, em agradecimento aos serviços prestados pela FAB por meio do Capitão Basílio, que havia atingido sucesso na primeira aterrissagem no campo do Rio das Mortes. O feito foi caracterizado por João Alberto enquanto "uma importante missão histórica para os anais do descobrimento do Brasil moderno".[111]

Figura 21: Da esquerda para direita: Cap. Antonio Bazilio, da F.A.B; Ministro João Alberto, Coordenador da Mobilização Econômica; Ten. Cel. F. de Matos Vanique, Chefe da Expedição Roncador-Xingu e dois expedicionários

Fonte: OLIVEIRA, Acary de Passos. *Roncador-Xingu roteiro de uma expedição*. Barra do Garças, Araguaia 1943 – Rio das mortes. Xavantina 1944. Goiânia: UFG, 1976, p. 22.

111 Penetração da expedição Roncador-Xingú. Jornal *O Estado de São Paulo*, 23 de maio de 1944, p. 16.

A partir de junho de 1944 os registros dos expedicionários foram interrompidos, estes só voltariam a ser produzidos um ano depois, em junho de 1945, por ocasião da visita do Presidente Vargas as Bases do empreendimento, e com o início da segunda etapa da Expedição Roncador-Xingu. Apesar da ausência dos registros durante esse período, o jornal *O Estado de São Paulo* publicou um considerável volume de notícias para divulgar à população paulista sobre os trabalhos voltados para a consolidação e aperfeiçoamento das duas Bases estabelecidas no interior do país.

No dia 10 de junho, o periódico paulista publicou uma notícia para exaltar os trabalhos de "construção de rodovias e aerodromos em plena selva".[112] A publicação também voltou a ressaltar as dificuldades enfrentadas no decorrer da primeira etapa, estratégia mobilizada para valorizar e manter a animação em torno da segunda etapa da expedição. Apesar da divulgação da visita do Coronel Matos Vanique, chefe da expedição, ao Rio de Janeiro para discussão junto ao ministro João Alberto sobre o prosseguimento da marcha, não foram passadas novas informações sobre a segunda etapa cujo objetivo era atingir o Xingu.

A expedição voltou a figurar nas páginas d'*O Estado de São Paulo* no dia 18 de agosto. O jornal publicou uma nova entrevista concedida pelo ministro João Alberto antes de embarcar novamente rumo ao interior. Intitulada *Obra civilizadora da Fundação Brasil Central,* a notícia trazia transcrições da declaração do ministro que informava que nas duas Bases havia "mil homens em plena atividade", estas por sua vez seriam responsáveis pelo início "de uma nova era para as regiões do interior brasileiro".[113] O presidente da Fundação Brasil Central ainda afirmou: "Trata-se de uma obra colonizadora que está sendo feita sem outras armas que não as destinadas ao cultivo do solo e à construção dos primeiros núcleos de povoação agrícola". Na ocasião também foi reiterada que a realização deste projeto havia

112 Avança sertão a dentro da expedição Ronxado-Xingú. *O Estado de São Paulo,* 10 de junho de 1944, p. 2.

113 Obra civilizadora da fundação Brasil Central. Jornal *O Estado de São Paulo,* 18 de agosto de 1944, p. 12.

sido possível graças aos "recursos" e "meios postos à disposição", isto é, as doações provenientes de São Paulo.

As notícias procuravam manter o entusiasmo e o interesse dos segmentos urbanos paulistas em torno da expedição enquanto sua marcha se encontrava estacionada. No dia 19 de setembro, uma nova notícia foi publicada no jornal para informar sobre as atividades de reconhecimento da região próxima ao Rio das Mortes, responsáveis por encontrar uma antiga mina (dos Arrais) abandonada pelos colonizadores portugueses no final do século XVIII.[114] Conforme a publicação, estavam sendo providenciadas a retomada dos trabalhos de exploração aurífera, bem como a localização de um ponto para a construção de um "núcleo" para dar início às atividades de agricultura e criação de gado na região localizada próximo a lendária Serra do Roncador.

O tema do Roncador voltou a aparecer no periódico, no dia 10 de novembro, por meio de um extenso artigo intitulado *Os lendários sertões do Rio das Mortes e da Serra do Roncador.*[115] A notícia informava sobre alguns dos primeiros adentramentos, empreendidos durante o período colonial, responsáveis pelas primeiras atividades de desbravamento da região, assim como as explorações realizadas pelo bandeirante Bartolomeu Bueno da Silva, os trabalhos de construção das linhas telegráficas no interior de Goiás e de Mato Grosso, assim como os trabalhos de catequese de populações indígenas desenvolvidos por padres Salesianos na região. O artigo procurou incluir o empreendimento realizado pela Expedição Roncador-Xingu e pela Fundação Brasil Central num extenso quadro de importantes incursões e serviços voltados para a exploração e integração do interior do país. A notícia colocou a criação da Fundação Brasil Central enquanto um marco da exploração e integração definitiva "dos sertões da Serra do Roncador", bem como "da mesopotâmia Xingu-Tapajós".

No dia 22 de novembro foi publicada a primeira notícia que dava maiores detalhes a população paulista sobre o projeto de colonização do Brasil Central,

---

114 Fundação Brasil-Centrak. Jornal *O Estado de São Paulo,* 19 de setembro de 1944, p. 6.

115 Os lendários sertões do Rio das Mortes e da Serra do Roncador. Jornal *O Estado de São Paulo,* 10 de novembro de 1944, p. 4.

ao falar da cidade que seria construída na primeira Base da expedição.[116] O artigo, intitulado *Grandioso plano para a colonização do Brasil Central*, informava que o primeiro ponto de colonização já contava com "mais de trezentos operários, além de engenheiros e técnicos diversos" empenhados em desenvolver serviço "de ceramica, olaria, etc. serraria e estocagem de matérias primas a fim de arrancar a construção de uma nova cidade cujo plano de urbanização já foi estabelecido". A construção da cidade de Aragarças teve início nos primeiros meses de 1945. Edificada no local da primeira Base da Expedição Roncador-Xingu, ela foi o principal palco do projeto de urbanização levado a cabo pela Fundação Brasil Central sob o impulso da Marcha para o Oeste.[117]

Figura 22: Construção da Olaria em Aragarças pela Fundação Brasil Central

Fonte: Museu da Fotografia Documental.

116 Grandioso plano para a colonização do Brasil Central. Jornal *O Estado de São Paulo*, 22 de novembro de 1944, p. 14.

117 O antropólogo Manuel Ferreira Lima Filho pesquisou o desenvolvimento do espaço social da cidade de Aragarças durante a década de 1940 e 50. Sobre o assunto ver: LIMA FILHO, Manuel Ferreira. Aragarças: a cidade encantada no sertão de Goiás. *Horizontes Antropológicos – A cidade moderna*, Porto Alegre: Editora da UFRGS, ano 6, n.13, 2000, p. 65-87.

Figura 23: Caminhões da FBC depois de descarregar mercadorias nos armazéns da base de Aragarças, 1944

Fonte: Acervo: Museu da Fotografia Documental

Figura 24: Abertura de estrada entre Aragarças e Xavantina (aberta no facão)

Fonte: Museu da Fotografia Documental.

Figura 25: Uma das fases da construção do campo para pouso em Xavantina. Ano de 1944

Fonte: VARJÃO, Valdon. Aragarças: *Portal da Marcha para o Oeste*. Brasília. Senado Federal. 1989, p. 111.

Figura 26: Xavantina, início da década de 1940 (vista aérea)

Fonte: VILLAS BÔAS, Orlando e Cláudio. *A Marcha para o Oeste*: A epopeia da Expedição Roncador-Xingu. São Paulo: Companhia das Letras, 2012. (1ª edição 1994).

A publicação também apresentava o plano de povoamento proposto pelo ministro João Alberto, em torno do "encaminhamento de crianças brasileiras" (de 6 aos 15 anos) para a nova cidade a partir de abril de 1945. A proposta era que o local pudesse receber cerca de cem crianças por mês até novembro do mesmo ano. Junto a isso seria iniciado um projeto de educação especializada, orientada no sentido das atividades agrícolas, oferecido pela Fundação Brasil Central. Completado o aprendizado agrícola, a Fundação se dispunha a fornecer terra e instrumentos agrícolas, tornando aqueles jovens proprietários agrícolas da região, cuja produção seria adquirida pela própria Fundação. Conforme afirmado por João Alberto: "vamos tratar, desde já, de garantir a posse efetiva daquelas vastas regiões do nosso território pelos próprios brasileiros".[118]

Junto a instalação de núcleos agrícolas, a construção de núcleos urbanos – o que, na prática, significava a construção de redes de transporte, assistência médica e educacional – era elemento central para proporcionar os meios para a atração e fixação de levas de migrantes para a região, bem como para proporcionar as vias para o seu desenvolvimento econômico.[119] É preciso lembrar que a Marcha para o Oeste foi uma política pensada para desestimular o êxodo rural – problema crescente no início da década de 1940 –, de modo a reorientar o movimento de grandes levas de trabalhadores cujo

118 Grandioso plano para a colonização do Brasil Central. Jornal *O Estado de São Paulo*, 22 de novembro de 1944, p. 14.

119 A questão da saúde e da educação, naquele cenário de ocupação territorial, era fundamental para a fixação de trabalhadores e suas famílias nos núcleos de povoamento. Na Base do Garças, a Fundação Brasil Central foi responsável pela construção de clínicas onde se realizavam cirurgias, tratamentos clínicos, ginecológicos, pediátricos e obstétricas, além de atendimento odontológico nas populações locais, que até aquele período encontravam-se fora do circuito de socorro médico. Do mesmo modo, a questão da educação era central para o objetivo do regime: guiar as massas por meio de uma educação cívica e sentimental. Por fim, a construção de estrada de rodagem para conectar as Bases da Fundação (isto é, as futuras cidades), aos núcleos agrícolas era central para possibilitar o escoamento da produção. Ver: GALVÃO, Maria Eduarda Capanema Guerra. *A Expedição Roncador-Xingu e a tarefa de ocupar, civilizar e urbanizar o Brasil Central.* Rio de Janeiro, FGV, 2014, p. 42-54.

destino era os grandes centros do país para os locais que se tornaram palco da política de integração territorial e que passaram a receber infraestrutura para assegurar a fixação dessas populações.[120]

As questões associadas ao interesse econômico na região percorrida pela Expedição Roncador-Xingu esboçadas na notícia anterior, voltaram a ser reforçadas no dia 25 de novembro. A publicação informava sobre a palestra realizada na Associação Comercial de São Paulo, pelo próprio ministro João Alberto. O orador afirmou, mais uma vez, que o principal objetivo do empreendimento realizado pela Fundação Brasil Central "era ligar os centros industriais do país à mais rica região fornecedora de matérias primas do globo, que é a amazônia, estabelecendo um vínculo que desfaça a lacuna representada pelo deserto – que caracteriza a zona em que a Fundação Brasil Central pretende atuar".[121] O ministro reiterou também as formas pelas quais seria realizada a integração: vôos de reconhecimento, abertura de picadas e construção de estradas. Além da abertura das vias de comunicação, João Alberto frisou novamente que as Bases da expedição seriam transformadas em cidades responsáveis pela distribuição da produção regional, ligando, por meio do comércio, o sertão aos grandes centros industriais do país.

No final do ano de 1944, no dia 29 de dezembro, o jornal *O Estado de São Paulo* publicou uma última notícia voltada para a valorização dos trabalhos desenvolvidos pela Fundação Brasil Central por meio de um artigo sobre a "importância do Xingu".[122] A notícia foi categórica em afirmar que "no sertão" estaria localizada "a grandeza do Brasil". Assim, o artigo procurou apresentar aos seus leitores a localização no espaço e no tempo da "península do Xingu", de forma a chamar a atenção para o senso de urgência em torno do desbravamento e da integração da região. Assim, não só o trabalho desenvolvido pela

120 Sobre o desequilíbrio entre o ruralismo e urbanismo ver: GOMES, Angela Maria Castro. A construção do homem novo: o trabalhador brasileiro. p. 151- 164. In: GOMES, Angela Maria Castro; OLIVEIRA, Lucia Lippi; VELLOSO; Monica Pimenta. Estado Novo: ideologia e poder. Rio de Janeiro: Zahar Editores, 1982.

121 Fundação Brasil Central. Jornal *O Estado de São Paulo*, 25 de novembro de 1944, p. 9.

122 A importância do Xingú. Jornal *O Estado de São Paulo*, 29 de dezembro de 1944, p. 3.

Fundação Brasil Central foi mais uma vez elogiado, como a notícia propôs uma comparação emblemática ao desejar o sucesso do empreendimento: "Vitorioso que seja o idealismo de João Alberto, o sucessor de Cândido Rondon, teremos avançado, para salvação nossa conquista da nossa própria terra".

É preciso notar que o grande volume de notícias publicadas n>*O Estado de São Paulo* durante os anos de 1943 e 1944, voltado para a divulgação da primeira etapa da marcha da Expedição Roncador-Xingu e da Fundação Brasil Central em torno da colonização do Brasil Central, estavam ligados à intervenção pela qual passava o jornal, por meio da qual a máquina de propaganda estadonovista atuava para manter o interesse da sociedade paulista no projeto. De modo que, com a restituição do periódico paulista à família Mesquita, em dezembro de 1944, o volume de publicações sobre o empreendimento caiu drasticamente.

Apesar do interesse que havia mobilizado importantes segmentos paulistas em torno do projeto de integração do interior do país no início da década de 1940, o enfraquecimento do Estado Novo durante 1945 e sua queda em outubro daquele ano, iriam impactar a mobilização em torno do empreendimento. Essa situação pode ser percebida não só pela queda das notícias sobre a expedição, mas no próprio ritmo dos trabalhos de avançada, retardados em decorrência de problemas financeiros e administrativos na Fundação Brasil Central. Do mesmo modo, a saída de João Alberto da presidência da entidade, em 1947, acirraria ainda mais a crise em torno do projeto.

Conforme se verá mais à frente, essas questões estiveram na base da extinção da Expedição Roncador-Xingu no início do ano de 1948. Apesar da instituição da etapa Xingu-Tapajós (ainda) sob o comando da Fundação, e das demais atividades levadas a cabo por essa agência, sua trajetória durante as décadas seguintes foi marcada por diversos escândalos de corrupção que levaram a sua extinção em 1967. Ainda assim, mesmo com as mudanças ocasionadas pela queda do Estado Novo na segunda metade de 1945 e a saída de João Alberto da presidência da Fundação em 1947, a expedição teve sucesso em sua marcha rumo ao Xingu.

3.2.4 A segunda etapa da expedição (parte 1): adentrando o "segundo país" (Tanguro – Garapu)

O ano de 1945 teve início sem registros dos expedicionários da Roncador-Xingu, entretanto, no dia 16 de janeiro, o jornal *O Estado de São Paulo* publicou uma extensa notícia para reforçar – mais uma vez – os trabalhos realizados desde a conclusão da primeira etapa do empreendimento. A publicação trazia novas declarações do chefe da expedição, coronel Vanique, sobre os planos da expedição para o ano que se iniciava:

> Logo que terminem as grandes chuvas, em março, e consigamos mais trabalhadores, a expedição prosseguirá na sua marcha de quatrocentos e tantos quilômetros, através do território dos Chavantes, a serra do Roncador, e se dirigirá à Barra do rio Kuluene, no Rio Xingu, onde será organizado um grande núcleo, mais importante mesmo do que o do rio das Mortes. Esse trecho a percorrer será grandemente trabalhoso, por diversas circunstâncias, não só pelos índios Chavantes, como pela travessia da Serra do Roncador e de zonas completamente bravias. E constituirá, assim, a segunda etapa da expedição, desde o início prefixada, e maior do que a primeira.[123]

Além das informações sobre a segunda etapa, o coronel esclareceu questões sobre o contato com os xavantes, caracterizados pelo chefe da expedição, enquanto "agressivos e ultra selvagens". Segundo sua declaração, "a catequese, a aproximação com os índios, não está afeita à expedição e sim ao Serviço de Proteção aos índios, que mantém elementos nas proximidades do acampamento". Cabe notar que o contato e a "pacificação" dos xavantes foi realizado por Francisco Meirelles, funcionário do Serviço, a partir de julho daquele ano de 1945.[124]

---

123 Prepara-se a segunda etapa da exppedição Roncador-Xingú. Jornal *O Estado de São Paulo*, 16 de janeiro de 1945, p. 16.

124 Francisco Meirelles foi o escolhido pelo SPI para comandar o processo de contato e a "pacificação" dos Xavante durante os trabalhos da Expedição Roncador-Xingu. Ele ficou conhecido como o principal sertanista representante do modelo integracionista durante meados do século XX. Sua proposta de atuação consistia na rápida integração e transformação dos indígenas em trabalhadores nacionais, em pleno acordo com a po-

Após a notícia de janeiro não foram publicadas novas informações sobre a Expedição Roncador-Xingu nos meses seguintes. A única menção aos trabalhos desenvolvidos Brasil adentro se deu por meio de um pequeno artigo, publicado no dia 5 de junho, para informar sobre o regresso de João Alberto e sua comitiva – formada pelo Coronel W. Rhotes, militar da embaixada britânica, o Major Mac Crimmon, presidente da Cia. Carris Força e Luz do Rio de Janeiro, Francisco dos Santos Filho, diretor da Carteira de Câmbio do Banco do Brasil e o Coronel Antangildo França, do Conselho Diretor da Fundação Brasil Central – da visita de inspeção aos trabalhos nos escritórios da Fundação nas "novas cidades do extremo oeste brasileiro", Caiapônia e Aragarças.[125] Apesar da ausência de detalhes sobre a visita, os integrantes da comitiva davam o tom dos interesses que circundavam o projeto de integração do interior.

Apesar do baixo volume de informações sobre a expedição durante o primeiro semestre de 1945, no mês de junho, em meio ao início da segunda etapa da Expedição Roncador-Xingu, os registros dos expedicionários voltaram a ser produzidos por Orlando e Cláudio Villas Bôas. O diário de viagem desses dois irmãos, responsáveis por assumir a vanguarda expedicionária durante a segunda etapa do adentramento, teve início com o seguinte relato: "às três horas da tarde do dia 12 de junho, acompanhados por dezesseis homens que compõem a vanguarda, atravessamos, em canoas, o rio das Mortes, para reiniciar a marcha da Expedição".[126] Partindo da segunda Base do adentramento, a vanguarda expedicionária tinha por objetivo atravessar a lendária Serra do Roncador rumo ao rio Kuluene, um dos formadores do rio Xingu.

---

lítica de desenvolvimento econômico do Brasil Central encabeçado pela pela Marcha para o Oeste. Sobre o assunto ver: FREIRE, Carlos Augusto da Rocha. Vida de Sertanista: a trajetória de Francisco Meirelles. Revista Tellus, ano 8, n.14, p. 87-114, abr. Campo Grande – MS, 2008. e GARFIELD, Seth. A luta indígena no coração do Brasil: política indigenista, a Marcha para o Oeste e os índios Xavante (1937-1988). Tradução: Claudia Sant'Ana Martins – São Paulo: Editora Unesp, 2011.

125 Expedição Roncador-Xingú. Jornal *O Estado de São Paulo*, 05 de junho de 1945, p. 10.

126 VILLAS BÔAS, Orlando e Cláudio. *A Marcha para o Oeste:* A epopeia da Expedição Roncador-Xingu. São Paulo: Companhia das Letras, 2012. (1ª edição 1994), p. 65.

Figura 27: Orlando Villas Bôas na margem do rio das Mortes, Xavantina, junho de 1945. (Antes da partida)

Fonte: VILLAS BÔAS, Orlando e Cláudio. *A Marcha para o Oeste*: A epopeia da Expedição Roncador-Xingu. São Paulo: Companhia das Letras, 2012. (1ª edição 1994).

Conforme o relatado pelos expedicionários, dois assuntos foram recorrentes durante os primeiros dias de percurso: os indígenas Xavante e a Serra do Roncador. Segundo registrado: "Conhecemos bem a crônica das expedições que têm percorrido regiões de índios bravos, sabemos que o pânico e as atitudes precipitadas são os grandes responsáveis pelos desastres".[127] No que tange a lendária Serra do Roncador, também se nutria grande expectativa: "Não se avista, ainda, o Roncador, serra que é o nosso objetivo imediato. Todos ansiamos por conhecê-la. Sabemos que é uma serra igual às outras, mas quanto mistério, quantas lendas em torno dela! Por mais realistas que queiramos ser, uma grande curiosidade, um quê de mistério mesmo, nos enche de impaciente vontade de chegar lá".[128] Cabe lembrar que a Serra do

127 VILLAS BÔAS, Orlando e Cláudio. *A Marcha para o Oeste... Op. Cit.*, p. 67.
128 *Idem*, p. 69.

Roncador havia sido o cenário do desaparecimento da expedição liderada pelo Coronel Fawcett, bem como da infausta Bandeira Anhanguera.

No dia 23 de junho, enquanto a vanguarda iniciava o percurso da segunda etapa da expedição, os trabalhadores da Base do Garças se preparavam para receber a visita do Presidente Vargas. A data marcou o retorno dos registros produzidos por Acary de Passos Oliveira após um ano de intervalo. O expedicionário relatou a chegada do presidente em um avião trimotor "Pagé" da aviação Cruzeiro do Sul acompanhado de uma comitiva formada por Eurico Gaspar Dutra, ministro de guerra, o ministro João Alberto, Pedro Ludovico, governador de Goiás, Dr. Luiz Simões Lopes, Diretor do DASP, Capitão Antônio Basílio, chefe do Serviço de Comunicação da Fundação Brasil Central, entre outras figuras, bem como cinegrafistas, jornalistas e representantes dos jornais *A Noite* e *O Globo.*[129] Entre os dias 23 e 25 de junho de 1945, o presidente e sua comitiva realizaram a visita às Base do rio das Garças e do rio das Mortes. Acary registrou o Boletim N. 7, lido aos expedicionários por ocasião da visita do Presidente a Base do Mortes:

> Expedicionários, sentido! Estamos na presença de S. Excia. o Sr. Presidente Getúlio Vargas, símbolo vivo da "marcha para o Oeste". É pela segunda vez, que S. Excia. penetra nos ínvios sertões do Brasil e pela primeira vez na história do nosso país que um Presidente desce do Palácio do Catete para ver de perto como o Brasil toma posse de si mesmo. Executante de um dos ideias de S. Excia. é a Expedição Roncador-Xingu, órgão avançado da Fundação Brasil Central, sabidamente presidida pelo Sr. Ministro João Alberto, a depositária imediata da confiança governamental na concretização da dignificante tarefa com que somos destinguidos bem compensa as privações passadas e os frutos que hão de vir sobejarão de muito os sacrifícios que as circunstâncias nos impuseram. [...] Estamos a 40kls. da ponta do nosso Picadão, no rumo do Rio Xingu. É a nossa 2a. etapa. Até o presente momento, nada de maior tem acontecido e é possível que nada suceda. A posse

129 OLIVEIRA, Acary de Passos. *Roncador-Xingu... Op. Cit.,* p. 120.

> mansa e pacífica deste imenso território está portanto assegurada. Sr. Presidente. É desejo de todos nós que o "Marco" que assinala o término da nossa primeira etapa assinale, também, a vinda de V. Excia. a este acampamento. Duplo significado em uma só realização. O cerne deste lenho perpetuará, no coração do Brasil a determinação de um Presidente que conquistou, para o patrimonio nacional, mais terras e corações.[130]

Conforme pode ser percebido por meio do Boletim, a visita do Presidente Vargas foi o evento simbólico responsável por selar o fim da primeira e o início da segunda etapa da Expedição Roncador-Xingu. Mais do que isso, a visita representou um momento emblemático da própria Marcha para o Oeste. Esta foi a última incursão realizada por Vargas antes de ser deposto em outubro daquele ano. Junto as visitas realizadas em 1940 voltadas para a divulgação da Marcha, a visita às Bases da expedição acabou por consolidar não só a imagem do primeiro presidente que se deslocou do palácio do Catete para o Oeste do país, mas a imagem do presidente que colocou em prática um complexo projeto de interiorização estatal.[131]

---

130 Boletim N. 7 da Expedição Roncador-Xingu, 24 de junho de 1945. In: OLIVEIRA, Acary de Passos. *Roncador-Xingu roteiro de uma expedição*. Barra do Garças, Araguaia 1943 – Rio das mortes. Xavantina 1944. (1ª edição 1976), p. 167-168.

131 Não se pode esquecer que o projeto encabeçado pela Expedição Roncador-Xingu e pela Fundação Brasil Central continuaram a ser desenvolvidos por pelo menos mais duas décadas, passando pelo governo Dutra, pelo segundo governo de Vargas até chegar ao governo de Juscelino Kubitschek, nos anos 1960, momento emblemático da Marcha para o Oeste republicana marcado pela interiorização da capital do Brasil com a construção de Brasília.

Figura 28: O presidente Getúlio Vargas recebe esclarecimentos do Ministro João Alberto sobre as obras em Aragarças

Fonte: Museu da Fotografia Documental.

Figura 29: O Presidente na margem do Rio das Mortes, na localidade denominada Xavantina-MT

Fonte: Museu da Fotografia Documental.

Após a visita do presidente Vargas às bases da expedição no final de junho de 1945, o mês de julho se seguiu em meio ao avanço da picada aberta pela vanguarda expedicionária rumo à Serra do Roncador. O ritmo da marcha foi descrito, pelos irmãos Villas Bôas, da seguinte maneira: "cerrado, várzea, matinhas, córregos, cerrado, fumaça, índios, a mesma coisa; dos índios, gritos, sinais perto e ao longe, choças abandonadas, fogo sempre distante, mas às vezes como há poucos dias, quase dentro do acampamento".[132] No dia 12 de julho, exatamente um mês após o início do percurso, a frente expedicionária atingiu as primeiras elevações do Roncador. Os expedicionários deixaram sua impressão sobre o local:

> Não há dúvida de que esperávamos alguma coisa mais do que estas simples elevações e morrotes desnudos e empedrados. Por outro lado, quem poderá negar que estivemos sobre o dorso de um gigante que o tempo inexorável abateu? Deixamos a picada descendo a encosta do outro lado da serra, onde encontramos uma aldeia de índios abandonada. Antes de voltarmos para o acampamento, procuramos o ponto mais alto dos morros, e de lá tivemos uma vista bastante ampla da região que estamos percorrendo. Os cerrados se estendem para a frente até onde a vista alcança, cobrindo chapadas, espigões e elevações maiores. Por todos os lados, colunas de fumaça isoladas e grandes queimadas. Não há dúvida de que os xavante são numerosos e ocupam toda esta região, a menos que também a habitem outras tribos ainda desconhecidas. A verdade é que, para qualquer lado que se olhe e até onde a vista alcança, uns cem quilômetros ou mais ao redor, há rolos de fumo subindo para o céu.[133]

A partir do momento que foi alcançada a região da serra do Roncador, a incidência de relatos sobre as populações indígenas passou a assumir maior protagonismo nos registros dos expedicionários. Na medida em que a vanguarda foi adentrando a região do Xingu não só os relatos, mas os contatos

132 VILLAS BÔAS, Orlando e Cláudio. *A Marcha para o Oeste... Op. Cit.*, p. 82.

133 *Idem*, p. 82-83.

com as populações indígenas passaram a ocupar nova centralidade no interior dos trabalhos da expedição. Ao passo que o contato com os Xavantes ficou a cargo do Serviço de Proteção aos Índios, o contato com as populações do Xingu ficou a cargo da própria frente expedicionária, sob o comando dos próprios Villas Bôas.

Figura 30: Acampamento da Fundação Brasil Central na Ponta da Serra

Fonte: VARJÃO, Valdon. *Aragarças*: Portal da Marcha para o Oeste. Brasília. Senado Federal. 1989. p. 74.

Conforme registrou Orlando e Cláudio Villas Bôas, o início do mês de agosto de 1945 ficou marcado pela chegada ao "divisor de Águas Mortes-Kuluene", uma "chapada plana", na Bacia do Xingu.[134] Após a exploração do local, a vanguarda expedicionária escolheu o ponto para a construção da Base do Tanguro, a primeira da segunda etapa da expedição.

Durante todo o mês de setembro, a vanguarda trabalhou na instalação dos primeiros ranchos da Base do Tanguro, bem como na abertura do campo de pouso. Sua inauguração se deu no dia 24 de setembro por ocasião da aterrissagem de um avião "PP-FAB" que levava o coronel Vanique, um rádio

134 VILLAS BÔAS, Orlando e Cláudio. *A Marcha para o Oeste... Op. Cit.*, p. 91-92.

operador e seus respectivos aparelhos para a mais nova Base da Expedição Roncador-Xingu.[135] Entre os meses de outubro e novembro, a frente expedicionária permaneceu na Base do Tanguro realizando trabalhos voltados para o aperfeiçoamento tanto de suas instalações, bem como do campo de pouso.[136] Em meio a monotonia dos trabalhos realizados nos meses em que a vanguarda se encontrava parada, Orlando registrou uma questão interessante sobre objetos trazidos da antiga base:

> Alguns objetos de couro, uns livros e medicamentos que haviamos deixado no posto estavam quase inutilizados pelos cupins. Diante dos destroços do nosso *Casa-grande e senzala*, veio-nos à lembrança a figura do grande Humboldt, que afirmava não haver uma cultura na América do Sul por causa da ação constante da danificação das térmitas nos arquivos e bibliotecas! Sem dúvida nenhuma, arriscamos dizer que o maior dos naturalistas exagerou. Primeiro, negando aos sul-americanos uma cultura e, segundo, dando aos cupins uma importância tão grande. Mas se o autor de *Kosmos* dissesse que os seus bichinhos constituem, em determinadas épocas do ano e em alguns lugares, uma praga bastante nociva, nos sertões principalmente, teria dito alguma coisa mais modesta, porém acertada.[137]

É interessante notar que os irmãos Villas Bôas eram alguns dos poucos alfabetizados entre os trabalhadores da Expedição Roncador-Xingu. Homens educados em São Paulo, possuíam um importante repertório cultural sobre o país e os temas ligados à expansão territorial. Conforme lembrou Orlando Villas Bôas, em entrevista para a revista *Visão* em 10 de fevereiro de 1975,

---

135 *Idem*, p. 102.

136 O fim de outubro ficou marcado pelo fim do Estado Novo em decorrência dos acontecimentos mais recentes em torno do fim da Segunda Guerra Mundial. A notícia não foi registrada pelos expedicionários. Ver: VILLAS BÔAS, Orlando e Cláudio. A Marcha para o Oeste – A epopeia da Expedição Roncador-Xingu. São Paulo. Companhia das Letras – 2012. (1ª edição 1994) p. 107.

137 VILLAS BÔAS, Orlando e Cláudio. *A Marcha para o Oeste*: A epopeia da Expedição Roncador-Xingu. São Paulo: Companhia das Letras, 2012. (1ª edição 1994), p. 108.

"Éramos gente do interior, nossos pais nos haviam ensinado a amar a terra. E nos fizeram ler livros sobre os bandeirantes Paes Leme e Raposo Tavares, além de Os Sertões, de Euclides da Cunha, e Viagem ao Araguaia, de Couto Magalhães".[138] O reflexo de suas formações pode ser percebido no decorrer dos registros por eles produzidos, no interesse pelas populações indígenas e sertanejas, bem como no senso crítico apresentado frente alguns problemas enfrentados pela vanguarda expedicionária.

Em meados de novembro, os irmãos Villas Bôas registraram a "crise de alimentação" pela qual passava a frente expedicionária, que ocasionou, inclusive, a paralisação completa dos trabalhos por cinco dias. No dia 15 daquele mês, após oito dias de crise, a situação melhorou com a passagem de um avião que lançou alguns volumes. Sobre a situação os expedicionários observaram:

> Antes do campo, a tropa ia e vinha morosamente, mas vinha. Tínhamos sempre o essencial. Agora que o transporte ficou a cargo dos aviões, temos experimentado todos os contratempos, inclusive a fome. Possivelmente existe alguém que anda somando o preço da gasolina ao arroz com feijão e está achando caro... Vinte homens, infelizmente, comem que não é brincadeira. Está claro que a nossa expedição cabocla devia continuar com a tropa, como começou. O avião como meio de abastecimento está um pouco acima da mentalidade da nossa "retaguarda próxima", que, para economizar viagens, deixa vinte homens sem alimentação. Não há dúvida de que, no fim do mês, vai aparecer nas fichas do almoxarifado uma apreciável economia. Mesmo porque as fichas não registram ocorrências como homens no fundo das redes impossibilitados, por fraqueza, de ficar em pé. Não se anota, lá, o esforço de gente comendo onça sem sal, anta estragada, mas tocando o serviço.[139]

É interessante perceber que apesar da possibilidade da utilização de um meio de transporte tão "moderno" quanto o avião era para a época, os

---

138 MEMÓRIA dos irmãos Villas Bôas: os 32 anos de Cláudio e Orlando Villas Bôas com os índios brasileiros. *Visão*, Rio de Janeiro, 10 fev. 1975.

139 VILLAS BÔAS, Orlando e Cláudio. *A Marcha para o Oeste... Op. Cit.,* p. 112.

problemas de abastecimento – tal qual havia ocorrido na primeira etapa em decorrência das dificuldades de transporte por tropas de muares – continuavam a assolar a vanguarda. Conforme se verá, a logística e o amparo à frente expedicionário foi um problema que acompanhou os trabalhadores até a extinção da expedição no início de 1948, de modo que, muitas vezes, era a caça que mantinha os trabalhadores. A desnutrição era constantemente motivo de adoecimento físico (e até mental) dos trabalhadores da vanguarda.

Figura 31: Preparo de provisão de carne de anta

Fonte: VARJÃO, Valdon. *Aragarças*: Portal da Marcha para o Oeste. Brasília. Senado Federal. 1989, p. 90.

Ao passo que novos trabalhadores chegavam para ajudar nos trabalhos da Base do Tanguro, a vanguarda expedicionária seguia com a marcha da expedição por meio da abertura das picadas. Apesar do ritmo lento dos trabalhos em decorrência do início do período de chuvas e das dificuldades de abastecimento da vanguarda, no início de dezembro, a picada já se encontrava há quase duas léguas do acampamento (cerca de 10 quilômetros). No dia 21 de dezembro os expedicionários tiveram o primeiro sinal de que começavam a entrar na região de "mata grande". Conforme relatou Orlando, ao saírem de manhã rumo à picada, um dos expedicionários conseguiu abater um "veadinho desconhecido". O único que demonstrou conhecimento do animal foi o cozinheiro Antônio, que disse "é garapu, moço. Só dá na mata grande".[140] No dia 25 de dezembro, um avião sobrevoou o acampamento para jogar alguns materiais, bem como uma mensagem do coronel Vanique que confirmava a especulação dos dias anteriores, os expedicionários haviam alcançado a "mata geral".[141]

Figura 32: Empurrando canoa durante a expedição, Orlando e Antonio Aires (outubro de 1945)

Fonte: VILLAS BÔAS, Orlando. *Histórias e causos*. São Paulo. FDT, 2005, p. 55.

Com o aval do chefe da expedição, os últimos dias do ano de 1945 ficaram marcados pelos trabalhos de procura do local para a instalação da Base de Garapu, localizada no limite entre o cerrado e o começo da mata. Escolhido o local deram início aos trabalhos de limpeza a instalação do novo acampamento e do campo de pouso. Orlando, no último dia de 1945, relatou suas impressões do ano que acabava:

> Chegamos no último dia de 1945! Trouxemos o picadão até as matas gerais do rio Kuluene, formador do Xingu. Os temporais, as

140 VILLAS BÔAS, Orlando e Cláudio. *A Marcha para o Oeste... Op. Cit.*, p. 120.
141 *Idem*, p. 121.

> chuvas mansas e contínuas, as muriçocas, as tatuquiras, as abelhas e os formigões; os xavante matreiros com seus fogos e fumaças, com suas ciladas; e, ainda mais, os longos períodos de carência de víveres para uma alimentação normal somados ao quadro acabrunhante de companheiros doentes, fracos, gemendo no fundo das redes, não constituem empecilho que nos tire o ânimo de levar a termo a tarefa que nos foi dada. Que venha melhor o 46!.[142]

A chegada nas matas gerais do rio Kuluene, local onde foi construída a Base de Garapu, representava uma conquista importante da segunda etapa da Expedição Roncador-Xingu. Garapu marcava o limite final do trajeto percorrido na picada, isto é, a pé, pela frente expedicionária. Estabelecido o posto de Garapu, a vanguarda daria início a segunda parte da segunda etapa, dessa vez, percorrida exclusivamente por meio da navegação dos rios.

O ano de 1946 se iniciou em meio aos trabalhos de construção do novo acampamento e do campo de pouso. Nos primeiros dias de janeiro, muitos trabalhadores adoeceram com febre e "desarranjos gástricos". Orlando relatou a situação: "O ano está começando mal, muito mal. O barracão de lona mais parece uma enfermaria de salvados de um acidente, tal o gemer que se ouve". E ainda apontou: "Cremos que estamos pagando sobejamente o tributo que o sertão cobra de seus invasores".[143] Foi alto o número de trabalhadores que tiveram que regressar por conta das "moléstias".

Durante todo o mês de fevereiro e de março, a vanguarda expedicionária trabalhou na abertura do campo de pouso, bem como na construção das instalações da nova Base. No começo de abril foi realizado o primeiro pouso no campo de Garapu, marcando a sua definitiva inauguração. O acampamento de Garapu era estratégico pois, estava localizado na linha divisória entre duas grandes regiões: "para um lado, cerrados e campos cobrindo chapadas vastíssimas, vales e serras; para outro, as florestas inexploradas dos rios Kuluene e Xingu".[144] A segunda região, a mais nova ambição da vanguarda, foi caracte-

142 *Idem*, p. 123.

143 VILLAS BÔAS, Orlando e Cláudio. *A Marcha para o Oeste... Op. Cit.,* p. 125.

144 *Idem*, p. 139.

rizada por Orlando enquanto o "segundo país", em decorrência do alto nível de isolamento. Ainda no mês de abril, o ministro João Alberto, acompanhado de Arthur Neiva, o secretário-geral da Fundação Brasil Central, realizou a primeira visita à nova Base. Na ocasião da chegada do ministro foram proclamadas as seguintes palavras:

> Companheiros: com o hasteamento pela primeira vez da nossa bandeira e com a presença do sr. ministro João Alberto, o nosso acampamento está inaugurado, o que marca a realização da longa e difícil jornada que fizemos até aqui. Neste momento, deixamos de ser apenas um grupo de homens acampados no sertão para representar um posto avançado de um pacífico exército da civilização, que é a Fundação Brasil Central. E não devemos esquecer que, de agora em diante, temos uma gloriosa bandeira para zelar e honrar. Honrar e zelar com o nosso trabalho, com a nossa disciplina e, acima de tudo, com a nossa fé no futuro do Brasil.[145]

Cabe notar o simbolismo da visita de João Alberto à Base de Garapu. Ele, enquanto presidente da Fundação Brasil Central, representava a autoridade máxima ao qual a vanguarda respondia. Assim, suas visitas às Bases que a expedição ia construindo marcavam sua legitimação enquanto tal. Prestada a homenagem, o ministro dirigiu algumas palavras aos expedicionários lembrando-os que muito ainda se tem a fazer para chegar ao fim da "grande e patriótica marcha". Inspecionados os trabalhos da vanguarda, o ministro retornou à Base do Rio das Mortes.

Entre os meses de maio e setembro, Garapu recebeu enormes levas de abastecimento, alguns aviões chegaram a transportar quinhentos quilos de carga para serem estocados na nova Base. Conforme relatado por Orlando Villas Bôas com o passar dos meses, enquanto os aviões iam estocando materiais e víveres no acampamento, ia aumentando a "afobação" para a partida, pois o período de chuvas se aproximava cada vez mais.[146]

---

145 *Idem*, p. 142.

146 VILLAS BÔAS, Orlando e Cláudio. *A Marcha para o Oeste... Op. Cit.*, p. 154.

Em julho de 1946, a Expedição Roncador-Xingu recebeu uma rápida menção no jornal *O Estado de São Paulo*, o que não ocorria desde junho do ano anterior. A notícia publicada sobre as apreensões realizadas no estado de Goiás, dedicou um pequeno espaço para informar aos seus leitores que a expedição se encontrava num acampamento no rio Tanguro, afluente do rio Kuluene.[147]

Figura 33: Leonardo, Orlando e Cláudio em Garapu (agosto de 1946)

Fonte: VILLAS BÔAS, Orlando. *Histórias e causos*. São Paulo. FDT – 2005, p. 55.

Figura 34: Turma no Campo Garapu, agosto de 1946

Fonte: VILLAS BÔAS, Orlando. *Histórias e causos*. São Paulo. FDT – 2005, p. 59.

147 Causa apreensões a majoração dos fretes de E. F. Goiaz. Jornal *O Estado de São Paulo*, 23 de julho de 1946, p. 6.

Durante o período de abastecimento e preparação para a partida da vanguarda, a Base de Garapu recebeu diversas visitas, desde agentes da FAB até pesquisadores, tanto brasileiros, quanto internacionais. Conforme assinalou Orlando: "o nosso "aeroporto" está tomando ares de importância".[148] No dia 13 de agosto, aterrissaram dois aviões, o "CSO" e o "FBA", no primeiro vieram dois radiotelegrafistas e no segundo dois visitantes: Mr. Harry Wright[149] e Roberto Burle Marx.[150] Os pesquisadores realizaram passeios pelo rio Tanguro para o reconhecimento do local e registro de imagens. Orlando relatou sua impressão do pesquisador estrangeiro: "a máquina de Mr. Wright parece uma metralhadora em plena guerra. Não para nem para esfriar". E continuou: "Se formos avaliar pela maquinaria que esse cidadão traz pendente do ombro e pescoço, não há dúvida de que ele valerá por uma equipe. Calvo, calvíssimo, vermelho, rotundo, suando dentro de um macacão de mil bolsos – todos eles cheios – e encravado dentro de um par de botas horrendas de grossas, o nosso hóspede sozinho é um estúdio".[151]

Durante o período no qual a frente expedicionária aguardava autorização para a retomada da marcha, Orlando e Cláudio registraram alguns causos e informações sobre os modos de vida e situações que presenciaram junto aos sertanejos que integravam a vanguarda. No dia 7 de setembro, por ocasião do hasteamento da bandeira nacional, Orlando registrou o seguinte episódio:

---

148 VILLAS BÔAS, Orlando e Cláudio. *A Marcha para o Oeste... Op. Cit.*, p. 155.

149 Harry B. Wright foi um dentista norte-americano da Filadélfia com interesse na medicina e na chamada "bruxaria" dos indígenas da América do Sul e Central. Os vídeos por ele produzidos no decorrer do período que ele acompanhou a vanguarda da Expedição Roncador-Xingu pertencem a *University of Pennsylvania Museum of Archaeology and Anthropology* (*Penn Museum*). Os estudos por ele realizados no Brasil renderam a seguinte obra: WRIGHT, Harry B. *Witness to Witchcraft*. Funk & Wagnalls; 1ª edição (1 janeiro 1957).

150 Roberto Burle Marx foi um artista plástico brasileiro renomado internacionalmente, bem como paisagista, pintor, desenhista, designer, escultor e colecionador de plantas nativas brasileiras. Foi um dos primeiros paisagistas a utilizar plantas nativas brasileiras em seus projetos. Seu trabalho teve uma grande influência mundialmente no design de jardins tropicais no século XX, sendo que jardins aquáticos foram um tema popular em suas obras. Além disso, Burle Marx foi um dos pioneiros a reivindicar a conservação das florestas tropicais no Brasil, tendo organizado inúmeras expedições e excursões pelo interior do país, sendo responsável pela descoberta de novas espécies.

151 VILLAS BÔAS, Orlando e Cláudio. *A Marcha para o Oeste... Op. Cit.*, p. 157.

> Está se tornando um hábito fazermos nas grandes datas, por ocasião do hasteamento da bandeira, uma rápida preleção. Nem todos entendem, mas escutam com atenção. Ouvimos um deles, comentando com outro, usar o termo "independência" – pensamos que o homem houvesse entendido alguma coisa da prelação, mas o resto da frase não demorou "(...) cadela mió pra corrê paca, indo num vi... independênça"."[152]

Após a espera de quatro meses, a partida da vanguarda foi marcada para o dia 29 de setembro. No dia marcado, a uma e meia da tarde, partiu a frente expedicionária em dois batelões: o primeiro composto por Zacarias no piloto; na zinga, a revezar, Antonio, Elias, Cassiano e Raimundo, bem com Orlando e Cláudio Villas Bôas, Aires[153] e Nilo Veloso (cinegrafista enviado pela Fundação Brasil Central); no segundo, Eduardo no piloto, nas zingas, Félix, Luís, Perpétuo, Baiano, João, Abel e Mariano, bem como Leonardo Villas Bôas e Ranulfo. E ainda outra embarcação a remo composta por Piauí e Hélio.[154]

A vanguarda deixava para trás os dois acampamentos construídos na primeira parte da segunda etapa percorrida na picada: Tanguro e Garapu. À frente, ainda seriam construídos dois postos Kuluene e Jacaré, este segundo foi o último posto construído pela expedição antes de decretado seu fim, no começo de 1948. A segunda parte da segunda etapa, percorrida exclusivamente por rio, dava maior agilidade à avançada. Por outro lado, essa segunda

---

152 *Idem*, p. 159.

153 Ayres Câmara da Cunha foi um dos sertanistas que integrou a Expedição Roncador--Xingu. Já tendo trabalhado anteriormente como funcionário do Serviço Nacional de Proteção aos Índios, Cunha passou cerca de quinze anos pelo interior do país em contato com diversas populações indígenas. Inclusive, o sertanista chegou a casar-se com uma indígena Kalapalo, Diacuí, na Igreja da Candelária no Rio de Janeiro. O sertanista chegou a publicar diversas obras sobre o período que viveu no sertão do Brasil. Sobre o assunto ver: CUNHA, Ayres Câmara da. *Entre os Índios do Xingu*: a verdadeira história de Diacuí. São Paulo: livraria exposição do livro, 1960. Ver também: CUNHA, Ayres Câmara da. *Nas selvas do Xingu*. Clube do Livro, São Paulo – BRASIL, 1969.

154 VILLAS BÔAS, Orlando e Cláudio. *A Marcha para o Oeste... Op. Cit.*, p. 161.

etapa da marcha seria ainda mais desafiadora em decorrência da mudança na presidência da Fundação Brasil em 1947. A saída de João Alberto consolidou o vazio iniciado com a queda do Estado Novo.

3.2.5 A segunda etapa da expedição (parte 2): rumo ao Xingu (Kuluene – Jacaré)

Os primeiros dias do percurso através do rio Tanguro foram tranquilos conforme consta no relato de Orlando e Cláudio Villas Bôas. No dia 3 de outubro, por volta das três horas da tarde, os expedicionários alcançavam a foz do Tanguro, que desagua, por dois braços, no rio Kuluene, formando uma "baía"[155]. Nos dias que se seguiram em meio aos trabalhos de exploração e estudo dos entornos para a escolha de um local para a construção da nova Base, Orlando relatou diversos sinais da presença de indígenas na região. No dia 6 de outubro, os expedicionários tiveram o primeiro contato com os indígenas Kalapalo. A ocasião foi descrita por Orlando:

> Mal iniciado o serviço, fomos surpreendidos por gritos vindos da ponta superior da barreira. Percebemos logo que eram gritos de índios. Reunimos os homens que estavam esparramados pelo cerrado e tocamos para lá. Chegamos a tempo de ver um grupo de índios se dirigindo rapidamente para a mata próxima. Um, porém, permaneceu parado. Fomos direto a ele. Era um rapaz dos seus dezessete anos. Estava bastante agitado e falando muito numa linguagem que não podíamos entender, a não ser a palavras "kalapalo", que repetia seguidamente. [...] O pobre rapaz visivelmente perturbado, apontava para o poente e dizia "Kalapalo cuiabá". Com muito trabalho, conseguimos fazê-lo entender que queríamos que fosse buscar ou chamar o resto do grupo que havíamos visto. Ele saiu rapidamente para voltar dali alguns instantes acompanhado de três homens e uma mulher. Estávamos assim frente aos famosos kalapalo, responsáveis pelo desaparecimento do explorador inglês Percy Fawcett e seus dois acompanhantes.[156]

155 *Idem*, p. 164.

156 VILLAS BÔAS, Orlando e Cláudio. *A Marcha para o Oeste... Op. Cit.*, p. 166-167.

Esse foi o primeiro de uma série de contatos que passariam a ser estabelecidos entre a vanguarda expedicionária e as populações indígenas do Xingu. Conforme relatou Orlando, dois indígenas Kalapalo seguiram viagem rumo ao acampamento provisório junto aos expedicionários. Chegando no acampamento, os expedicionários enviaram à chefia do Mortes um rádio comunicando o resultado da exploração, bem como a notícia do encontro com os índios Kalapalo.

Figura 35: Índios Kalapalo em barranca. Foto do primeiro contato, 1946

Fonte: VILLAS BÔAS, Orlando e Cláudio. *A Marcha para o Oeste*: A epopeia da Expedição Roncador-Xingu. São Paulo: Companhia das Letras, 2012. (1ª edição 1994).

No dia seguinte, dia 7 de outubro, teve início a instalação da nova Base, batizada com o nome do rio Kuluene, o local ficava a 3 léguas de distância (cerca de 15 quilômetros) da aldeia Kalapalo. Conforme registrou Orlando, durante o período inicial de instalação da Base, da qual fazia parte a demarcação para a construção dos ranchos e do campo de pouso, foi intensa a circulação de indígenas no local. O expedicionário chegou a registrar o número de 150 indígenas no acampamento, entre Kalapalos, Naruvotu,

Nahukuá e Kuikuro, inclusive o cacique Kalapalo, Izarari.[157] No dia 13 de outubro, Orlando registrou a chegada do cacique Kuikuru, Afukaká. O expedicionário registrou: "estão aqui, portanto, dois grandes caciques do Xingu".[158]

Figura 36: Uma das primeiras fotos com os índios kalapalo: Cláudio, Orlando e Leonardo Villas Bôas com o cacique Izarari Kalapalo na margem do rio Kuluene, Alto Xingu, 1946

Fonte: VILLAS BÔAS, Orlando e Cláudio. *A Marcha para o Oeste*: A epopeia da Expedição Roncador-Xingu São Paulo: Companhia das Letras, 2012. (1ª edição 1994).

Durante o mês de outubro se seguiram os trabalhos de instalação dos ranchos e abertura do campo de pouso. Nesse período, o trânsito dos indígenas no acampamento continuou a ocorrer.[159] No início de novembro, com

157 VILLAS BÔAS, Orlando e Cláudio. *A Marcha para o Oeste... Op. Cit.*, p. 169.

158 *Idem*, p. 171.

159 Inclusive no final daquele mês de outubro os expedicionários foram convidados a visitar a aldeia Kalapalo para assistir a uma cerimônia protagonizada tanto pelos Kalapalo – os anfitriões – quanto pelos Kuikuro – os convidados. A visita dos expedicionários se deu nos primeiros dias de novembro e durou três dias e participaram dela os irmão Villas Bôas, o expedicionário Aires Camara da Cunha e Nilo Veloso, o

quatrocentos metros abertos de campo de pouso, a Base do Kuluene recebeu seu primeiro avião, o PP-TGP conduzido por Gilberto. O pouso, assistido pelos índios, foi descrito por Orlando enquanto "um verdadeiro delírio".[160] O avião levava o Dr. Estilac, médico da expedição, que realizou, no decorrer dos dias seguintes, exames nos expedicionários e em diversos indígenas. Orlando registrou o método dos exames: "o dr. Estilac está com a mímica de tal maneira aperfeiçoada que que o seu "colega" matipu compreende perfeitamente todos os males que aqui ocorrem: verminose, malária, surtos desintéricos (este foi fácil) e aí por diante".[161]

Figura 37: Visita de médicos ao Posto Kuluene, da FBC, em 1945

Fonte: VARJÃO, Valdon. Aragarças: Portal da Marcha para o Oeste. Brasília. Senado Federal. 1989, p. 124.

---

cinegrafista. Conforme registrado, após a chegada dos convidados e a conversa entre Afukaká, o cacique Kuikuro, e Izarari, o cacique Kalapalo, teve início as lutas, seguida da dança, a "atangá" e, por fim, o ritual do Carrutu. Ver: VILLAS BÔAS, Orlando e Cláudio. *A Marcha para o Oeste... Op. Cit.*, p. 179-181.

160 VILLAS BÔAS, Orlando e Cláudio. *A Marcha para o Oeste... Op. Cit.*, p. 184.

161 VILLAS BÔAS, Orlando e Cláudio. *A Marcha para o Oeste:* A epopeia da Expedição Roncador-Xingu. São Paulo: Companhia das Letras, 2012. (1ª edição 1994), p. 187.

Figura 38: Campo de pouso no Rio Kuluene

Fonte: SANTOS, Gilberto Brizolla. *Bandeirantes do século XX:* trabalhadores da Expedição Roncador-Xingu e Fundação Brasil Central em Nova Xavantina. 2011. 298 f. Dissertação (Mestrado em História). Instituto de Ciências Humanas e Sociais, Universidade Federal de Mato Grosso, Cuiabá, 2011. p. 126.

No dia 17 de novembro, Orlando registrou a presença de cinco chefes de aldeias na Base do Kuluene: Izarari (Kalapalo), Afukaká (Kuikuro), Kamalive (Nahukuá), Petalacinho (Matipu) e Catipulá (Mehinako). Na ocasião, um avião Northwind encontrava-se na base e foi realizado um feito emblemático: o piloto, o tenente Piza, levou os cinco caciques "a um rápido passeio de avião" pelos entornos da região. Orlando registrou a ocasião: "todos ficaram contentíssimos com o voo. Não houve manifestação de espanto ou medo – subiram e desceram da aeronave com a mesma tranquilidade. Alguns não conseguiram se conter e rumaram para a aldeia para contar o grande feito"[162].

No final daquele mês, no dia 26, o ministro João Alberto, junto a um deputado federal cujo nome não foi registrado, realizou sua primeira e breve visita à Base do Kuluene. Os visitantes foram recebidos pelos expedicionários, o cacique Izarari e cerca de 150 indígenas. Conforme registrou Orlando: "o

162 VILLAS BÔAS, Orlando e Cláudio. *A Marcha para o Oeste... Op. Cit.*, p. 188.

ministro João Alberto, ao mesmo tempo em que expunha ao deputado o plano de desbravamento da Expedição, abria latas de doce, bolacha, cortava melancia e distribuía tudo aos índios".[163] A visita do ministro durou apenas duas horas e antes de regressar deixou uma série de instruções para os expedicionários, inclusive para que eles se preparassem para prosseguir com a marcha.

Figura 39: Ministro João Alberto (segundo da dir. para esq.) visita acampamento da expedição

Fonte: VILLAS BÔAS, Orlando. *Histórias e causos*. São Paulo. FDT, 2005, p. 50.

O mês de dezembro de 1946 foi de grande agitação em decorrência de um surto de gripe que assolou não só os expedicionários, mas diversas etnias indígenas que transitavam pela Base do Kuluene. Durante as primeiras semanas do surto, a Fundação Brasil Central enviou à Base um carregamento de penicilina e sulfadiazina para atender os novos casos. Entretanto, no segundo apelo feito a resposta recebida foi negativa. Declarando "falta absoluta de transportes", a orientação dada foi para que o "intercâmbio índios fique reduzido mínimo possível necessário manter paz. Suspensos forçosamente penicilina e mantimentos aos mesmos".[164] Conforme o relato de Orlando,

---

163 *Idem*, p. 190.

164 VILLAS BÔAS, Orlando e Cláudio. *A Marcha para o Oeste... Op. Cit.*, p. 198.

após a negativa, ele e os irmãos junto ao "dr. Roxo", um dos médicos da expedição, se encarregaram de comprar com suas reservas os medicamentos necessários, que chegaram de avião no dia 21 de dezembro. No dia seguinte os expedicionários seguiram para as aldeias para tratar dos doentes. A ocasião foi registrada por Cláudio Villas Bôas:

> Ao chegarmos à aldeia kalapalo presenciamos um quadro desolador. Nove sepulturas recentes indicavam a situação angustiosa da tribo. Izarari – seu chefe – estava à morte. A desolação e a fome corria pela aldeia. Tratamos de aplicar em Izarari a penicilina que levamos. Os medicamentos foram poucos para atender os inumeros casos encontrados. Contudo, socorremos os que nos parecem mais graves. (...) A situação dos kuikuro, no que diz respeito a doença, é a mesma dos kalapalo.[165]

A situação recebeu uma breve menção no jornal *O Estado de São Paulo* na coluna *Notícias dos Estados,* no dia 25 de dezembro de 1946.[166] A publicação informava sobre "a intervenção de um médico da expedição Roncador-Xingu" para tratar de "infecção pneumonica" em indígenas na Barra do Rio Kuluene. A notícia também apontava os excelentes resultados da "maravilhosa droga" – a penicilina –, utilizada pela primeira vez entre os indígenas da região. Por fim, a notícia chamava a atenção: "a tuberculose pulmonar é a causadora de grande numero de mortes entre os kalapalos, os cajabis e os chavantes, ceifando anualmente centenas de indios aparentemente fortes".

O ano de 1946 terminou com uma considerável melhora nos casos de gripe e o aumento do estado de convalescença entre os indígenas doentes. Durante os últimos dias do ano, não pousou avião no acampamento e pouco se teve contato pelo rádio. O momento foi de descanso e Orlando registrou algumas reflexões sobre o ano que terminava, cujo início havia se dado no "chapadão xavante", na região do Roncador, e o final às margens do rio Kuluene, um dos formadores do rio Xingu:

---

165 *Idem*, p. 200.

166 Notícias dos estados: Goiãs. Jornal *O Estado de São Paulo,* 25 de dezembro de 1946, p. 2.

> Uma vez alcançado o rio Kuluene fomos encontrando índios de melhor índole, kalapalo, kuikuro, nahukuá e outros. Os kalapalo, mundialmente conhecidos falados pelos caso Fawcett, são amáveis e inteligentes. Fawcett foi vítima, como seria qualquer outro, da aspereza e falta de tato que todos reconheciam nele. (...) Mas não partiram dos índios, bravos ou mansos, as nossas maiores dificuldades de 1946. Foram elas, isso sim, as falhas nos transportes, nas comunicações do rádio, nas doenças e, finalmente, nos dois tristes casos de insanidade dos trabalhadores Ascendino e Antônio (o velho Cuca) na travessia do Roncador. Mas isso é natural, é tributo que o sertão cobra. Estava, porém, reservado para os últimos dias de 1946 o quadro mais triste da etapa vencida: os índios doentes. Nas aldeias, quinze covas recentes atestam bem o período de amargura por que passaram e ainda passam, se bem que mais branda na sua fase final.[167]

Nos anos seguintes, em meio a nova etapa Xingu-Tapajós, a centralidade do contato entre os expedicionários e as populações indígenas não diminuiu, pelo contrário, passou a assumir importante protagonismo sobretudo para os sertanistas Orlando e Cláudio Villas Bôas. Inclusive, em decorrência dos serviços por eles prestados aos indígenas da região do Xingu, em fevereiro de 1947, os irmão Villas Bôas foram nomeados, pelo próprio, general Rondon delegados do Serviço de Proteção aos Índios (SPI).

O ano de 1947 teve início com a notícia da piora do quadro de gripe do cacique Izarari, situação que levou a sua morte. Orlando e seus irmãos presenciaram o "funeral" do cacique, que foi enterrado com todos os seus objetos de uso, inclusive uma bandeira nacional que havia sido dada à ele pelos expedicionários.[168] Aquela altura os expedicionários estavam há doze dias sem a chegada de um avião e há dezesseis dias sem rádio funcionando. Em poucos dias chegou o primeiro avião do ano. O piloto informou que não fez a visita antes por "falta exclusiva de quem determinasse".[169]

Normalizado o transporte aéreo e o rádio da Base do Kuluene, durante o fim do mês de janeiro e o mês de fevereiro deu-se continuidade aos prepara-

167 VILLAS BÔAS, Orlando e Cláudio. *A Marcha para o Oeste... Op. Cit.*, p. 203.

168 *Idem*, p. 204.

169 *Idem*, p. 206.

tivos para a avançada da marcha por meio da chegada de novo pessoal e da acumulação de carga. Nesse período, o acampamento da Expedição Roncador-Xingu recebeu o Dr. Noel Nutels,[170] malariologista e clínico da Fundação Brasil Central, e o Dr. Sick,[171] naturalista da Fundação Brasil Central.

Figura 40: Noel Nutels, médico sanitarista e presidente da FBC, com índios do Alto Xingu e Suyá

Fonte: VILLAS BÔAS, Orlando e Cláudio. *A Marcha para o Oeste*: A epopeia da Expedição Roncador-Xingu. São Paulo: Companhia das Letras, 2012. (1ª edição 1994).

170 Noel Nutels (1913-1973), foi um médico e indigenista judeu, nascido na atual Ucrânia, que imigrou para o Brasil ainda criança. Ele foi uma figura importante na história das políticas de saúde no Brasil ao estar à frente da criação do Serviço de Unidades Sanitárias Aéreas (SUSA), serviço responsável pela assistência médica às populações indígenas. Sobre o assunto ver: PAZ, Mariza Campos da. *Noel Nutels*: a política indigenista e a assistência à saúde no Brasil central 1994 (1943-1973). Rio de Janeiro: Dissertação de mestrado, UERJ/IMS, 1994. Ver também: COSTA, Dina Czeresnia. Política indigenista e assistência à saúde Noel Nutels e o serviço de unidades sanitárias aéreas. In: *Cad. Saúde Pública*, v. 3, n. 4, dez. 1987.

171 SICK, Helmut. *Ornitologia Brasileira*. Brasília: Editora da Universidade de Brasilia, 1984. Ver também: SICK, Helmut. *Birds in Brazil* – a Natural History. Princeton University Press, 1993.

Segundo relatou Orlando, no dia 10 de fevereiro a vanguarda se encontrava pronta para partida, as únicas coisas que faltavam era combustível e roupas. Daquele dia em diante os expedicionários estavam em folga, apenas aguardando. Um mês depois, no dia 9 de março, a vanguarda expedicionária ainda se encontrava na Base do Kuluene, aguardando a chegada das roupas. Na ocasião, Orlando registrou: "na primeira oportunidade vamos comunicar ao Dr. Roxo a nossa intenção de zarpar mesmo sem roupas. Seremos a "expedição dos homens nus"."[172]

A partida ficou marcada para dali uma semana. Na data prevista, dia 16 de março, saíram os expedicionários rumo ao rio Xingu. No segundo dia do trajeto, foi estabelecido contato com os indígenas Kamaiurá e, no dia 19 de março, a vanguarda expedicionária chegava no tão esperado rio. O momento foi registrado por Orlando:

> Às duas e meia alcançamos a foz do Ronuro. Sua água escura divide o Xingu em dois rios – a água barrenta do Kuluene e a água escura do Ronuro. Pouco antes da barra com o Kuluene, o Ronuro recebe pela direita o Batovi. A junção dos três rios formam a praia do Morená, área lendária dos xinguanos. Desse ponto em diante as três águas reunidas que correm para o norte tomam o nome de Xingu, que nasce já com oitocentos metros de largura.[173]

Enquanto a vanguarda já estava realizando as primeiras explorações do Xingu em busca de um local para a nova Base, no dia 22 de março, o jornal *O Estado de São Paulo* ainda anunciava a partida dos expedicionários.[174] Na coluna das *Notícias dos Estados*, o pequeno artigo informava: "A vanguarda da expedição reiniciou a marcha através dos mais bravios sertões, cumprindo determinação de seu chefe, coronel Matos Vanique e tendo como unicos assistentes da partida os índios Avicures e Kalapalos que compareceram no 'bota-fora'". Ao final do texto, foi reiterado o próximo passo: "Atingido o objetivo, o Xingu, novo posto será instalado como principal ponto de apoio para o futuro prosseguimento da coluna de penetração, rumo a Manaus".

---

172 VILLAS BÔAS, Orlando e Cláudio. *A Marcha para o Oeste... Op. Cit.*, p. 223.

173 *Idem*, p. 229.

174 Notícias dos estados: mato grosso. Jornal *O Estado de São Paulo*, 22 de março de 1947, p. 6.

Figura 41: Foto publicada na revista O Cruzeiro, de agosto de 1947, mostra Leonardo, Orlando e Cláudio com índios do Alto Xingu. (Kalapalo e Kamayurá)

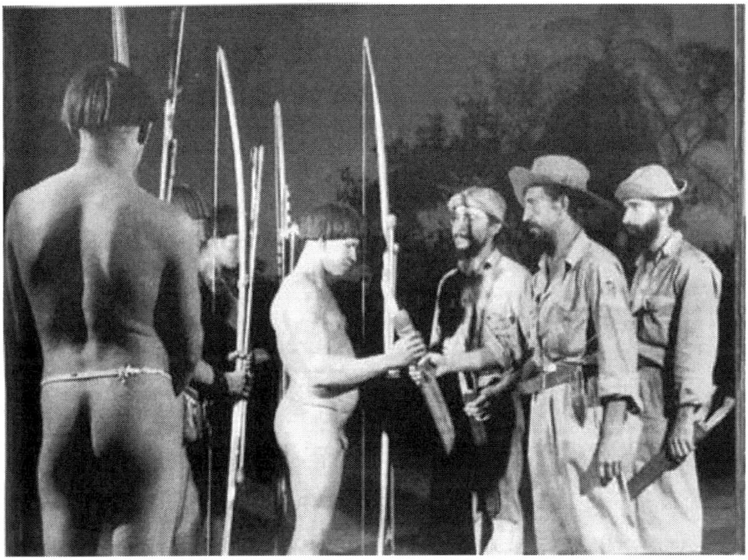

Fonte: VILLAS BÔAS, Orlando. *Histórias e causos*. São Paulo: FDT, 2005, p. 57.

No dia 26 de março a vanguarda expedicionária deu início a instalação da Base e a abertura do campo de pouso do Xingu, cujo nome escolhido foi Jacaré (ou Iacaré).[175] Os indígenas Kamaiurá, contatados dias antes, fizeram visitas ao novo acampamento e, inclusive, auxiliaram na limpeza do terreno para abertura do novo campo de pouso durante as primeiras semanas de abril. Em meio a realização dos trabalhos para a chegada do primeiro avião ao novo acampamento, Orlando registrou:

> Agora que estamos com pés firmes na região, podemos, de uma maneira geral, registrar a impressão que vimos tendo desde que entramos nas vertentes do Xingu. O grande território por onde fluem as águas da região do Alto Xingu, compreendido entre a serra do Roncador e as cabeceiras do Tapajós, encontra-se ainda em grande parte inexplorado. Podemos dizer, sem perigo de erro, que é um dos mais desconhecidos da América. Na vastíssima região povoada

175 VILLAS BÔAS, Orlando e Cláudio. *A Marcha para o Oeste... Op. Cit.*, p. 233.

> apenas por índios arredios, correm caudalosos rios ainda completamente desconhecidos. As poucas expedições que percorreram a região limitaram seus itinerários e programas à navegação em curtos trechos dos formadores do Xingu, os rios Kuluene, Ronuro e Batovi. O primeiro e o último – Xingu e Batovi – foram navegados pelo explorador alemão Von den Steinen, e os outros – Ronuro e Kuluene -, por alguns valorosos oficiais do nosso exército, componentes da Comissão Rondon. Mas os inúmeros tributários destes rios, que se estendem a leste e oeste encontram-se inexplorados, excetuando o Sete de Setembro, pelo qual atingimos o Kuluene.[176]

Pode-se perceber que, ao descrever o Xingu – grande objetivo da expedição –, o expedicionário procurou apontar o pioneirismo do empreendimento do qual ele fazia parte ao enfatizar a região enquanto um local desconhecido e pouquíssimo explorado. Além da conhecida Comissão Rondon, a região só havia sido percorrida pelo antropólogo alemão Karl von den Steinen no final do século XIX.

Pouco menos de um mês do início da instalação da Base do Jacaré, no dia 22 de abril, foi realizada a inauguração do seu campo de pouso com a aterrissagem do avião Waco. Nos dias que se seguiram, o novo campo passou a receber visitas frequentes dos aviões da Fundação Brasil Central. Estava consolidada a almejada Base no Xingu. Nos primeiros dias de maio, os expedicionários receberam pelo rádio uma mensagem do coronel Vanique, cumprimentando a vanguarda pelo serviço executado e informando da recente reunião realizada junto ao presidente Dutra sobre assuntos ligados aos "novos planos para a Expedição e vanguarda".[177]

3.2.6 A "República independente do Xingu": o fim da Expedição Roncador-Xingu

Durante o mês de maio, a vanguarda expedicionária permaneceu na Base do Jacaré, a mais avançada da Expedição Roncador-Xingu, realizando os trabalhos de construção dos ranchos do novo acampamento. No dia 14 daque-

176 VILLAS BÔAS, Orlando e Cláudio. *A Marcha para o Oeste... Op. Cit.*, p. 239-240.

177 *Idem*, p. 245.

le mês, o chefe da expedição, coronel Vanique, fez a primeira visita a Base, marcando o retorno de seu contato com a vanguarda.[178] Durante a visita, de apenas dois dias, o coronel foi deixado a par dos trabalhos desenvolvidos, bem como realizou navegações de reconhecimento na região próxima ao acampamento. A orientação deixada era para que se aumentasse o campo de pouso para mil metros, visto o plano de transformar o Jacaré numa base da rota do Correio Aéreo Nacional, bem como realizar exploração aérea da região do rio Maritsauá-Missu para verificar a possibilidade da construção de outra grande base e, por fim, a possibilidade da nova etapa: alcançar um dos afluentes do rio Tapajós ou mesmo do rio Teles Pires.[179]

No final daquele mês, a Base do Jacaré também recebeu três pesquisadores do Museu Nacional: dr. José Cândido Carvalho, zoólogo, dr. Eduardo Eneas Galvão e dr. Pedro Estevão de Lima, ambos antropólogos com especial interesse nos indígenas Kamaiurá. Durante a segunda etapa, a Expedição Roncador-Xingu foi convertida num local privilegiado para a realização de pesquisas tanto da fauna e da flora, como das populações indígenas das regiões percorridas – mobilizando grande interesse de pesquisadores e instituições científicas não só brasileiras, mas internacionais.

No dia 23 de maio, a expedição voltou a aparecer nas páginas do jornal *O Estado de São Paulo* num extenso artigo que informava sobre a visibilidade que a Expedição Roncador-Xingu vinha recebendo no exterior.[180] A publicação falava da matéria publicada pelo pesquisador Harry B. Wright sobre a expedição na revista semanal norte-americana *The Saturday Evening Post*. O dr. Wright, que havia estado nos acampamentos da Roncador-Xingu em agosto de 1946, informava sobre os objetivos, a organização e as realizações do empreendimento que atuava no interior do território brasileiro.

Durante o final de maio e todo o mês de junho os cientistas do Museu Nacional permaneceram junto a vanguarda realizando estudos com os indígenas Kamaiurá, nesse período foi grande a movimentação no campo de pouso em decorrência do trânsito oficiais da Fundação Brasil Central, bem como o fluxo

178 Este encontrava-se afastado dos trabalhos da expedição desde que sua esposa havia cometido suicídio em setembro de 1946.

179 VILLAS BÔAS, Orlando e Cláudio. *A Marcha para o Oeste... Op. Cit.*, p. 247-248.

180 REVISTA DAS REVISTAS. Jornal *O Estado de São Paulo* – 23 de maio de 1947, p. 2.

de materiais e suprimentos. Na segunda metade do mês de junho alguns problemas assolaram a vanguarda, primeiro com a declaração de que a Fundação Brasil Central não forneceria mais roupas e calçados aos expedicionários, a aquisição ficaria por conta própria de cada um, questão que gerou descontentamento e até mesmo desistência entre os trabalhadores.[181] A segunda questão foi a diminuição, no final de junho, do fluxo dos aviões, acarretando a falta de gasolina para locomoção dos barcos e de homens para os trabalhos.

Os dias se seguiram com a presença intensa dos indígenas no acampamento, bem como pesquisadores, estudantes de engenharia, médicos e, inclusive, um repórter francês, Jean Manzon. Os indígenas eram o foco de interesse da maior parte dos visitantes, que chegavam ao acampamento "sedentos" por material indígena. Nesse meio tempo os trabalhadores da vanguarda permaneceram na Base durante o mês de agosto à mercê de novas ordens. Orlando relatou um episódio curioso do período de espera:

> Para quebrar a monotonia do acampamento, percebe-se que os homens procuram uma distração para as horas de folga. (...) agora então encarando o futebol. Começou há dias com uma bolinha de mangaba, mas logo se aperfeiçoou com o aparecimento, ninguém sabe como, de uma bola grande de borracha. O número reduzido de futebolistas aumenta a responsabilidade do jogador, que tem de se desdobrar. O campo de aviação se transforma, nessas ocasiões, em campo de peleja. Torcida não falta. Algumas dezenas de índios lá estão olhando sem entender, fazendo, porém, enorme algazarra quando dos tombos espetaculares, das topadas violentas, dos valentes encontrões. Assistir a um jogo aqui no Xingu é coisa estupenda. É de ver as exclamações espontâneas e o movimento indeciso de dez homens gingando o corpo como se estivessem negaceando caça grossa, investindo uns contra os outros como murruá no cerrado.[182]

Apesar do trabalho desenvolvido pela vanguarda no sentido da penetração e da instalação de novas bases no interior, a marcha da expedição ficava, por diversas vezes, comprometida em decorrência de problemas financeiros administrati-

---

181 VILLAS BÔAS, Orlando e Cláudio. *A Marcha para o Oeste... Op. Cit.*, p. 260-263.

182 *Idem*, p. 280-281.

vos na Fundação Brasil Central. Foi apenas em fins de agosto, que o acampamento recebeu a visita do novo presidente da Fundação Brasil Central, o dr. Manoel Ferreira, substituto do ministro João Alberto. A substituição, cuja importância era de primeira ordem, havia ocorrido no início do ano de 1947, entretanto, a notícia demorou quase seis meses para chegar à vanguarda.[183] A visita do novo presidente foi rápida, com o objetivo de realizar a inspeção da nova Base. Na ocasião não foram expostos os novos planos para a vanguarda. Ainda assim, segundo Orlando, a visita, ainda que breve, "deu vida e alento a esta modorrenta vanguarda, que, em verdade, sedenta de ação, já andava meio desanimada".[184]

Figura 42: A partir da esquerda: Orlando Villas Bôas, Manoel Rodrigues Ferreira, Cláudio Villas Bôas e Leonardo Villas Bôas. (foto tirada em setembro de 1948, no Alto Xingu)

Fonte: FERREIRA, Manuel Rodrigues. *História dos Irmãos Villas Boas:* Fundação Brasil Central, Expedição Roncador-Xingu e Parque Indígena do Xingu. São Paulo: RG Editores, 1997.

Entre os dias 27 de agosto e 6 de setembro, foi realizada a uma navegação de reconhecimento de onze dias pelos rios Suyá-Missu e Maritsauá-Missu, da qual participaram os três irmãos Villas Boas, junto a oito expedicionários

183 MAIA, João Marcelo Ehlert. *Estado Território e imaginação espacial. O caso da Fundação Brasil Central.* Rio de Janeiro: Editora FGV, 2012, p. 176

184 VILLAS BÔAS, Orlando e Cláudio. *A Marcha para o Oeste... Op. Cit.*, p. 284.

e dois indígenas.[185] Ainda assim, o mês de setembro não trouxe novas deliberações para o avanço da vanguarda. Porém um "evento" deu nova vida aos expedicionários do Jacaré: uma "sessão de cinema" em pleno Xingu. No avião que aterrissou no Jacaré no dia 23 de setembro, havia dois cinegrafistas que levaram um projetor ao acampamento. A ocasião foi registrada por Orlando:

> (...) a noite passaram um filme, mesmo ao relento, que deixou os índios que aqui estavam entusiasmados. Nunca tinham visto ou imaginado coisa igual (nada houve que mais entusiasmasse o índio que o cinema) (...) Convém lembrar que alguns dos nossos trabalhadores não conheciam o cinema e, embora mais reservadamente, ficaram, tal e qual os índios estusiasmados com a coisa. E o mais interessante ainda não é isso, e sim trabalhadores sertanejos que já tivemos, e ainda temos, que conhecem, ciram e andaram de avião, mas desconhecem completamente o automóvel.[186]

Esta passagem é sintomática da coexistência de sujeitos e elementos culturalmente diversos no interior da expedição, tais quais a presença de cientistas e sertanejos, bem como, as rústicas construções dos acampamentos junto a projetores, aviões e lanchas. O mês de outubro começou com a promessa da visita do chefe da expedição ao acampamento do Jacaré para dar informações sobre a nova etapa da expedição. A promessa da visita se concretizou apenas em dezembro. Durante esse período, o acampamento continuou a ser foco da visita de pesquisadores. O mês de novembro seguiu sem alterações. Orlando deixou registrado o sentimento de isolamento:

> A República Independente do Xingu sai a qualquer momento. Para garantir a nascente República, organizaremos o mais original exército do mundo – o Exército dos Nus. Com mandioca e peixe aguentaremos mais briga do que os homens do Conselheiro. Faremos do

185 VILLAS BÔAS, Orlando e Cláudio. *A Marcha para o Oeste... Op. Cit.*, p. 289-293.
186 *Idem*, p. 289-297.

> Kuluene um novo Vasa-Barris. A nossa maior arma secreta é enviar o Celino para as estações de rádio dos inimigos.[187]

Este relato é rico para compreender alguns dos paradoxos experimentados pelos integrantes do projeto de integração do interior levado a cabo pela Expedição Roncador-Xingu. Apesar da utilização de modernos meios de comunicação e transporte, que constituíam a própria bandeira dos trabalhos realizados, a vanguarda ficou, por diversas vezes, absolutamente incomunicável em decorrência de problemas técnicos com os aparelhos de comunicação, bem como do déficit de logística do suporte aéreo. Tal qual Orlando colocou, a sensação era de ser um país dentro de um país, pois um encontrava-se completamente desconectado do outro. Celino, a quem Orlando faz referência, era o operador de rádio, que há semanas não conseguia resolver o problema do aparelho.

No dia 13 de dezembro, três meses após o anúncio da visita, o coronel Vanique aterrissou na Base do Jacaré. A data marcava seis meses desde a última visita do chefe da expedição à vanguarda expedicionária. A ocasião, tão aguardada pelos expedicionários, ficou marcada por incertezas: falou-se da necessidade de novos voos de reconhecimento para ter certeza do percurso, bem como necessidade da redução provisória do pessoal, a construção de drenos no campo, a exploração do rio Ronuro e a descida até o Diauarum.[188] Assim, sem novas ordens, o ano de 1947 terminou do mesmo jeito que se seguiam os seus últimos meses, "com chuva, sem gordura, sem rádio, sem açúcar e quase sem ânimo".[189]

O mês de janeiro de 1948 passou no mesmo ritmo de espera. A única novidade registrada foi outra mudança na presidência da Fundação Brasil Central, entrava o dr. Viçoso Jardim em substituição ao dr. Manoel Ferreira. Conforme João Marcelo Maia, na gestão de Jardim, tentou-se realizar uma (malsucedida) reforma na Fundação, reconhecendo a extensão de suas atri-

---

187 *Idem*, p. 314.

188 *Idem*, p. 319-320.

189 *Idem*, p. 322.

buições e projetos, proporcionalmente inverso à sua capacidade financeira.[190] No mês de fevereiro foram feitas algumas explorações na área do Ronuro. E no dia 13 o acampamento recebeu uma mensagem pelo rádio informando que o avanço da vanguarda se daria no mês de abril.[191]

Apesar da notícia, até o final do mês de março os expedicionários continuaram sem notícias e sem maiores orientações para o avanço da vanguarda. No dia 1 de abril, o acampamento recebeu finalmente a visita do chefe da expedição que, apesar da expectativa, foi vazia de informações. Segundo relatou Orlando, o chefe evitou, o quanto pôde, falar nos planos do avanço da Expedição, a única informação passada aos expedicionários, foi que a expedição iria trocar de nome, mas não se sabia a nova designação.[192]

Com o avião que levou o coronel, havia sido transportada uma série de correspondências e resoluções da presidência da Fundação Brasil Central e de seu conselho-diretor destinadas ao coronel Vanique. Uma das resoluções consistia na deliberação do Conselho-diretor da Fundação Brasil Central, aprovada no dia 9 de janeiro, quase três mês antes, e assinado pelo presidente Viçoso Jardim:

> Assim, pois, terá esta presidência de orientar os trabalhos sob a direção de V.S. [coronel MAtos Vanique] para que sejam cumpridas integralmente as diretrizes do CONSELHO e que são:
>
> a. Considerar fim da missão da EXPEDIÇÃO RONCADOR-XINGU que V.S. tão denodadamente dirigiu, com sacrifício de saúde, conforto e dos bens mais preciosos da vida, tendo alcançado com êxito o ponto final da penetração que lhe foi confiada, reunindo um grupo de companheiros devotados, a cujo trabalho abnegado da equipe o CONSELHO rendeu estas homenagens.

---

190 MAIA, João Marcelo Ehlert. *Estado Território e imaginação espacial. O caso da Fundação Brasil Central.* Rio de Janeiro: Editora FGV, 2012, p. 177.

191 VILLAS BÔAS, Orlando e Cláudio. *A Marcha para o Oeste... Op. Cit.*, p. 339.

192 *Idem*, p. 352.

b. Orientar os trabalhos a partir de abril vindouro, com pensamento de desdobrá-lo em duas seções.

1º) COLONIZAÇÃO E OCUPAÇÃO DEFINITIVA DO TERRITÓRIO DESBRAVADO PELA EXPEDIÇÃO RONCADOR-XINGU – ENTRE OS RIOS ARAGUAIA E MORTES.

2º) PENETRAÇÃO XINGU-TAPAJÓS

(A primeira seção segue extensas atribuições do 1º item.)

(À 2ª seção caberá realizar, melhor aparelhada do que a Roncador-Xingu – considerada finda – no menor prazo possível: a PENETRAÇÃO XINGU-TAPAJÓS.)

c. O Conselho recomenda o abandono da ideia de subir o rio Von Steinen ou Ferro para ir por afluentes do rio Telles Pires.

d. Segundo o parecer do relatório da Comissão de Legislação, Programas e Projetos – CONSELHEIRO CEZÁRIO DE ANDRADE, e as sugestões do BRIGADEIRO EDUARDO GOMES, deve procurar-se o caminho mais curto entre o Maritsauá-Missu e afluentes do Telles Pires mais ao norte.

e. A DIRETORIA DE ROTAS DO MINISTÉRIO DA AERONÁUTICA E O SERVIÇO GEOGRÁFICO DO EXÉRCITO – O INSTITUTO BRASILEIRO DE GEOGRAFIA E ESTATÍSTICA e, eventualmente, a COMISSÃO AMERICANA vão colaborar para que essa penetração se faça com critério científico, no menor prazo e com a maior segurança, para os abnegados vanguardeiros, sob a direção de Vossa Senhoria e chefia imediata dos IRMÃOS VILLAS BÔAS.

f. Nos primeiros dias de abril seguirei para Xavantina a fim de entender-me com V.S. sobre a organização dos serviços e do quadro de pessoal necessário, e estudo das demais providências para a execução das diretrizes aprovadas pelo Conselho.[193]

193 VILLAS BÔAS, Orlando e Cláudio. *A Marcha para o Oeste... Op. Cit.*, p. 354-355.

Assim, foi decretado o fim da Expedição Roncador-Xingu e o início do novo projeto, a Expedição Xingu-Tapajós. Segundo o registro de Orlando, a notícia deu uma certa animação e esperança aos expedicionários. Entretanto, a animação durou pouco, a partida da nova etapa, que estava marcada para aquele mês de abril, foi atrasada, tendo saído apenas no mês de agosto, mês próximo ao início do inverno, estação das chuvas. Nesse meio tempo houve mais uma mudança na presidência da Fundação Brasil Central. O cargo passou a ser ocupado pelo general Francisco Borges Fortes de Oliveira. Conforme registrou Silo Meireles, funcionário da Fundação Brasil Central, quando Borges Fortes assumiu a presidência, o órgão havia grande somatória de dívidas.[194] A situação era reflexo de problemas administrativos e financeiros existentes desde a gestão de João Alberto, agravados com a sua saída da presidência.

Conforme apontou João Marcelo Maia, foi a partir da resolução que decretou o fim da Expedição Roncador-Xingu e o início da Xingu-Tapajós que o projeto, incorporado e levado a cabo pela Fundação Brasil Central, foi redirecionado, ajustando-se de forma mais decisiva aos planos estratégicos da Força Aérea Brasileira (FAB) e da Aeronáutica.[195] A partir desse momento a expedição foi dividida em duas frentes: uma com destino a Serra do Cachimbo, chefiada por Orlando Villas Bôas, e outra, com destino ao Alto Tapajós, chefiada pelo engenheiro Frederico Hoepken. Em paralelo ao interesse militar na região, a questão indígena assumiu importante protagonismo durante a Expedição Xingu-Tapajós. Ainda que ambas as frentes estivessem alinhadas aos interesses da FAB, a primeira empenhada na construção de um campo de pouso na serra do Cachimbo e a segunda no Tapajós, a frente liderada por Orlando Villas Bôas acabou por desenvolver atividades mais conectadas à questão indígena, cujo resultado foi a homologação da primeira terra indígena no Brasil com a criação do Parque Nacional do Xingu em 1961.[196]

---

194 Sobre o assunto ver: MEIRELES, Silo. *Brasil Central:* notas e impressões. Rio de Janeiro: Biblioteca do Exército, 1960.

195 MAIA, João Marcelo Ehlert. *Estado Território e imaginação espacial... Op. Cit.*, p. 177.

196 Na nova etapa a frente expedicionário contatou diversas outras etnias xinguanas, como os Juruna, Kayabi, Txukarramãe, Suyá, Txicão/Ikpeng e os Kreen-Akarore. Essas et-

Mapa 5: Parque Indígena do Xingu

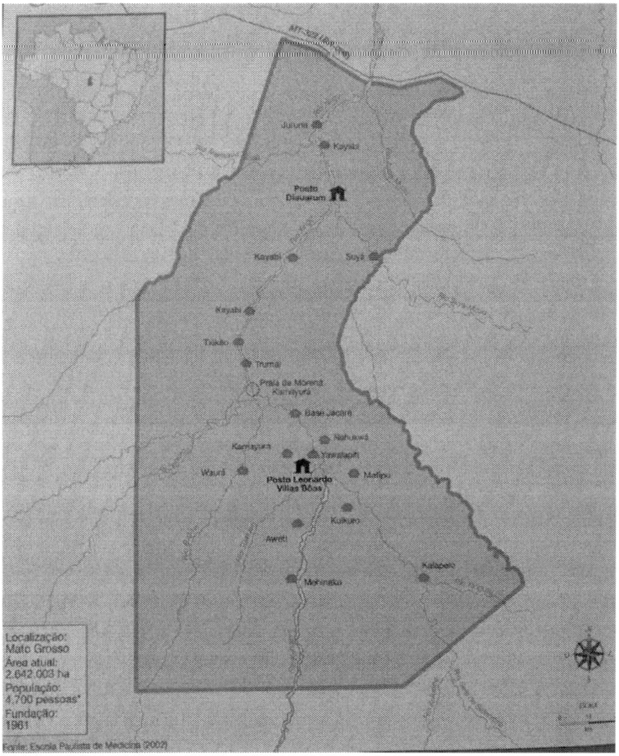

Fonte: VILLAS BÔAS, Orlando. *Histórias e causos*. São Paulo: FDT, 2005, p. 126.

O contato estabelecido entre a frente expedicionária e as populações indígenas localizadas na região do Xingu produziram um conjunto de efeitos inesperados no momento da criação da Expedição Roncador-Xingu. A ideia inicial, levada a cabo por Francisco Meirelles junto ao grupo Xavante contatado em 1945, no sentido da integração dessas populações por meio da sua transformação em trabalhadores produtivos, foi alterada na segunda etapa

nias habitavam a região percorrida pela Expedição Roncador-Xingu e pela Expedição Xingu-Tapajós, na qual foi delimitado o Parque. Sobre o assunto ver: VILLAS BÔAS, Orlando. Histórias e causos. São Paulo: FDT, 2005. Sobre o desenvolvimento do Parque ver: BARUZZI, Roberto Geraldo. JUNQUEIRA, Carmen (org). *Parque indígena do Xingu*: Saúde, Cultura e História. São Paulo Terra Virgem, 2005.

da expedição em meio ao contato estabelecido com as populações indígenas xinguanas com a mediação dos irmãos Villas Bôas.[197] Segundo Maria Lucia Menezes, na medida em que a expedição chegou no Xingu, a área passou a ser administrada como uma espécie de reserva indígena, tornando-se também um importante palco para a realização de diversas pesquisas etnológicas em decorrência do convênio assinado entre a Fundação Brasil Central e o Museu Nacional – elemento que ajudou na consolidação da ideia de um parque nacional para os indígenas da região.[198]

Esse importante período do indigenismo brasileiro precisa ser compreendido por meio da construção estatal do sertanismo, cujo processo que começou com o Cândido Rondon, passando pelos irmãos Villas Bôas, chegou com força até fins da década de 1980 enquanto uma prática central da política indigenista do país.[199] Ademais, o indigenismo, historicamente associado à questão militar, assistiu a um importante capítulo dessa história durante os trabalhos da Expedição Roncador-Xingu, projeto responsável por construir a nexos entre as populações indígenas e o desenvolvimento da aeronáutica brasileira. Confor-

---

197 Durante a década de 1940, delinearam-se dois modelos de atuação sertanista: os protecionistas e os integracionistas, ambos oriundos das práticas de contato desenvolvidas por Marechal Rondon. Assim, ambas as propostas de atuação – que partiam de uma forma de conhecimento pautada na experiência do trabalho e da vivência – tinham como principal divergência o tempo da integração: imediata ou ao longo de gerações. Os irmãos Villas Bôas eram os grandes nomes do modelo protecionista, ao passo que Francisco Meirelles era o principal representante do modelo integracionista. O modelo integracionista, pautado por metas desenvolvimentistas, acreditava que as populações indígenas deveriam ser rapidamente integradas à economia da sociedade brasileira com o fim de impulsionar e integrar as economias regionais do país. Já o protecionista previa uma integração lenta, prevendo não apenas a preservação física, mas cultural das populações indígenas. Sobre o assunto ver: ROCHA, Carlos Augusto da. *Sagas sertanistas*: práticas e representações do campo indigenista no século XX. Rio de Janeiro: UFRJ, 2005. (tese de Doutorado em Antropologia Social).

198 Sobre o assunto ver: MENEZES, Maria Lucia Pires. *Parque Indígena do Xingu – A construção de um território estatal*. Campinas, SP: Editora da UNICAMP, 2000, p. 108-109.

199 Sobre o assunto ver: Carlos Augusto da Rocha. *Sagas sertanistas*: práticas e representações do campo indigenista no século XX. Rio de Janeiro: UFRJ, 2005. (tese de Doutorado em Antropologia Social).

me apontou Maria Lucia Menezes, "a associação índio-avião transformou-se, na via institucional, num acordo informal firmado entre a FAB e SPI, no qual o SPI propôs a construção de campos de pouso em postos indígenas".[200]

Figura 43: Índio do Alto Xingu "examina" avião durante a Expedição Roncador-Xingu. Foto publicada na revista *O Cruzeiro*, junho de 1949

Fonte: VILLAS BÔAS, Orlando. *Histórias e causos*. São Paulo: FDT, 2005, p. 97.

200 MENEZES, Maria Lucia Pires. *Parque Indígena do Xingu – A construção de um território estatal*. Campinas, SP: Editora da UNICAMP, 2000, p. 61.

Figura 44: Chegada do presidente Jânio Quadros ao Ponto Leonardo Villas Bôas. Parque do Xingu, 1961

Fonte: VILLAS BÔAS, Orlando e Cláudio. *A Marcha para o Oeste*: A epopeia da Expedição Roncador-Xingu. São Paulo: Companhia das Letras, 2012. (1ª edição 1994).

Cabe lembrar que nas vésperas da partida da etapa Xingu-Tapajós, no dia 7 de agosto foi realizado o primeiro voo Rio-Manaus pelo interior, com abastecimento no posto Jacaré. Conforme a notícia que divulgou o feito, o voo durou 6 horas, "encurtando assim de dois quintos a distância até então percorrida e o pernoite em Belém ou Cuiabá".[201] As demais bases construídas no Xingu durante a etapa Xingu-Tapajós também foram transformadas em Bases militares, integradas à rota aérea nacional. Situação que as diferencia das duas primeiras Bases da Expedição Roncador-Xingu, transformadas em cidades – em linhas com o projeto de integração econômica proposta pela Marcha para o Oeste estadonovista levada a cabo por meio da articulação de João Alberto Lins de Barros. Já as Bases construídas durante a Xingu-Tapajós atendiam aos objetivos militares da FAB estabelecidos durante a presidência do general Borges Fortes.

201 A LIGAÇÃO AÉREA RIO-MANAUS. Jornal *O Estado de São Paulo*, 08 de agosto de 1948, p. 10.

Mapa 6: Rota Aérea Rio-Manaus

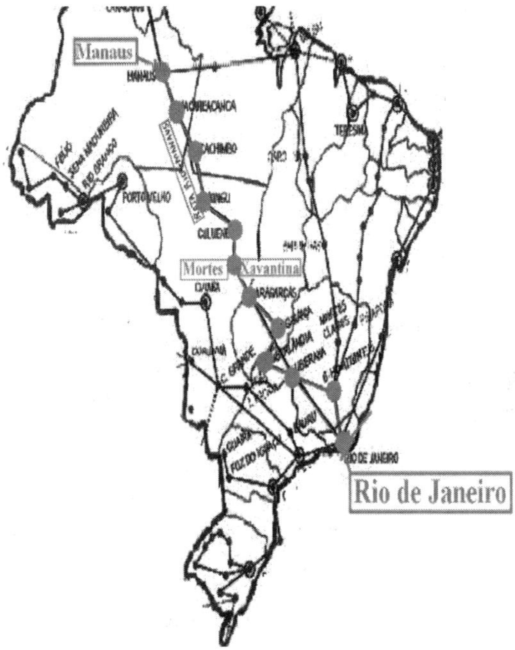

Fonte: SANTOS, Gilberto Brizolla. *Bandeirantes do século XX... Op. Cit.*. p. 118.

Conforme João Marcelo Maia, em 1949 já haviam sido construídos quatro novas bases: Iauarum (Diauarum), Teles Pires, Cachimbo e General Dutra.[202] Essas foram importantes realizações da gestão de Borges Fortes e marcaram o fim do "período expedicionário" da Fundação Brasil Central. A partir da década de 1950, o órgão passou a se dedicar aos planos de colonização e urbanização das cidades de Aragarças e Xavantina, bem como do núcleo do Vale dos Sonhos.

O projeto inicialmente formulado para a Expedição Roncador-Xingu em torno da construção de redes urbanas no interior com vistas a expansão do mercado interno do país e desenvolvimento da indústria nacional estava associado aos interesses e preocupações próprias da primeira metade da dé-

202 MAIA, João Marcelo Ehlert. *Estado Território e imaginação espacial... Op. Cit.*, p. 179.

cada de 1940. Assim, na medida em que os trabalhos da expedição se estenderam após a queda do Estado Novo e a saída de João Alberto da presidência da Fundação Brasil Central – isto é, após o contexto que a engendrou – seus objetivos passaram por reformulações. Ainda que a dimensão científica e militar do empreendimento tivessem sido postuladas desde o início de seus trabalhos, o vulto e os desdobramentos dos interesses militares, bem como do contato com as populações indígenas xinguanas acabaram por assumir um protagonismo inesperado.

A continuidade dos trabalhos da Expedição Xingu-Tapajós até o início da década de 1950, bem como dos trabalhos da Fundação Brasil Central até fins da década de 1960 são sintomáticos da centralidade crescente que o projeto de interiorização do Estado assumiu durante as décadas posteriores à Marcha para o Oeste estadonovista. O projeto, idealizado no início da década de 1940, em torno da expansão de redes urbanas e vias de transporte pelo interior do país, assumiu nova proporção com o projeto de transferência da capital federal para o Planalto Central. Antes da construção da nova capital, o sertão brasileiro havia sido palco de outros dois projetos empenhados na construção de uma moderna urbe responsável por levar ao Brasil Central referências da escola modernista carioca que mais tarde iriam se refletir na concepção de Brasília: Goiânia e Aragarças.[203]

O projeto de Aragarças, ainda que bem mais modesto do que o da futura capital, foi capaz de levar ao interior toda uma infraestrutura básica de serviços responsável por possibilitar a ocupação permanente da região. Não só Aragarças e Xavantina, mas outras cidades nas quais a Fundação Brasil Central instalou suas bases e escritórios, como Caiapônia (GO) e São Félix (MT), passaram a ser tomadas, em um intervalo de poucos anos, enquanto centros de referência pela população de toda a região do alto Araguaia, nos estados de Goiás e Mato Grosso – chegando inclusive a produzir mudança nos hábitos de consumo da população em decorrência da ampliação de entrepostos comerciais e de infraestrutura de transporte e comunicação.[204]

---

203 TREVISAN, Ricardo; LACERDA, Larissa Alves. *Aragarças no Brasil Central... Op. Cit.*
204 Sobre o assunto ver: MACIEL, Dulce Portilho. Estado e território no Centro-Oes-

Apesar de todas as dificuldades financeiras e administrativas relacionadas a Fundação Brasil Central, bem como mudanças no cenário político, no rastro dos caminhos abertos pela Expedição Roncador-Xingu viriam a nascer, sobretudo nas décadas seguintes, mais de quarenta e três cidades e vilas, além de estradas de rodagem e diversos campos de pouso – boa parte transformados em bases militares.

---

te brasileiro (1943-1967) Fundação Brasil Central (FBC): a instituição e inserção regional no contexto sócio-cultural e econômico nacional. *Anais do XXVI Simpósio Nacional de História – ANPUH*. São Paulo, julho, 2011.

Considerações Finais

O objetivo que guiou esta pesquisa foi o de realizar uma análise capaz de compreender os interesses e circunstâncias responsáveis pela criação e pela viabilização da Expedição Roncador-Xingu no ano de 1943. Para tanto, procurou-se apresentar este fenômeno histórico por meio da cultura, da política e da economia, de modo a abarcar não apenas as questões próprias do contexto de sua criação, mas também o processo histórico responsável por dar novo fôlego ao interesse em torno da integração do interior do país. Apesar das delimitações e recortes, próprios das pesquisas acadêmicas, procuramos construir um itinerário histórico capaz de conduzir o leitor até o recorte temporal e espacial do objeto desta pesquisa.

Conforme visto, as energias políticas que culminaram na Roncador-Xingu têm suas raízes fincadas na história das primeiras décadas do período republicano e podem ser identificadas por meio das práticas engendradas pela expedição, bem como das construções discursivas e propagandísticas empenhadas em legitimar e divulgar o empreendimento. Ainda que a expedição seja um fenômeno próprio do início da década de 1940, foi longo o processo que convergiu para a instauração de um projeto político voltado para a integração econômica e demográfica dos fundos territoriais do país. É nesse sentido que as discussões e os projetos anteriores a esse recorte se fazem importantes. Em outras palavras, procurou-se mostrar como as ideias e as práticas operadas na Expedição Roncador-Xingu não foram eventos isolados, pelo contrário, encontram-se enraizadas na história do Brasil moderno.

Também procurou-se mostrar que, embora o interesse pela integração do interior não tenha sido inaugurado por Getúlio Vargas, o projeto de interiorização levado a cabo durante o Estado Novo acabou por politizar e por dar nova tonalidade ao histórico compromisso do país com a sua conquista geográfica. É nesse sentido que a pesquisa procurou dissecar o contexto particular da expedição, no qual o projeto de interiorização adensou novas forças políticas em meio às questões de ordem geoestratégica e político-econômica. A instauração de um governo centralizador empenhado em realizar o desenvolvimento da indústria nacional, junto à eclosão da Segunda Guerra Mundial compõem elementos centrais do cenário que engendrou não apenas a Roncador-Xingu, mas a própria política da Marcha para o Oeste.

Apesar da centralidade atribuída às questões de ordem econômica, esta pesquisa procurou valorizar a multiplicidade de temas e questões associados aos trabalhos da Expedição Roncador-Xingu. É nesse sentido que foram abordadas as conexões desse empreendimento com outras questões em voga naqueles anos, sobretudo no que tange às práticas indigenistas e aos interesses associados ao setor militar. As reminiscências dos trabalhos desenvolvidos pela expedição podem ser identificadas tanto na consolidação da rota aérea nacional pelo interior, quanto na criação, décadas depois, do Parque Nacional do Xingu, primeira terra indígena homologada no Brasil. Também cabe lembrar que concomitante ao fim dos trabalhos da Roncador-Xingu no ano de 1948, teve início a Expedição Xingu-Tapajós, cujas atividades ainda estão por ser estudadas.

Fato é que o projeto de interiorização do Estado continuou a adensar forças políticas nas décadas seguintes à Marcha para o Oeste. Esse movimento não apenas foi precedido por um conjunto discursivo, polifônico e polissêmico, muito anterior a Era Vargas ou ao Estado Novo, como foi seguido por outras iniciativas empenhadas em sua realização. As empreitadas iniciadas pela Expedição Roncador-Xingu e pela Fundação Brasil Central continuaram a ser desenvolvidas por pelo menos mais duas décadas, chegando nos anos 1960, momento emblemático da Marcha para o Oeste republicana marcado pela interiorização da capital do Brasil com a construção de Brasília.

Sem a pretensão de esgotar o tema da Expedição Roncador-Xingu, esta pesquisa procurou apresentar um quadro diversificado sobre as circunstâncias e interesses envolvidos na formulação e na viabilização desse projeto. A compreensão dos nexos entre a política de expansão territorial e a política de industrialização impulsionadas durante esse período ocupou um lugar central dos interesses desta pesquisa, sobretudo após a descoberta do envolvimento da Federação das Indústrias d*O Estado de São Paulo* (Fiesp) no financiamento da expedição. A partir da busca empreendida pudemos compreender que não apenas este adentramento, mas a própria política da Marcha para o Oeste, foi responsável por levar a cabo um projeto de expansão do mercado interno pautado pelos interesses sediados nos grandes centros urbanos do país, como era o caso de São Paulo.

Conforme procurou-se apresentar, durante o Estado Novo os interesses da burguesia industrial paulista, passaram a figurar de forma subjacente nos projetos governamentais de unificação e integração nacional. Por meio da análise da atuação política e, sobretudo, da produção intelectual de Roberto Simonsen, importante liderança industrial do período e presidente da Fiesp, pudemos compreender que o interesse em torno da expansão do mercado interno do país já figurava enquanto uma preocupação do setor antes mesmo da criação da Marcha para o Oeste. A superação de um cenário fragmentário do ponto de vista econômico era elemento central dos interesses tanto estatais, identificados no programa político do Estado Novo, como dos interesses do setor industrial. De modo que, o próprio financiamento da Expedição Roncador-Xingu por meio da articulação da Fiesp constitui uma das expressões do imbricamento entre a burguesia industrial paulista e o governo de Getúlio Vargas durante esse período.

Ainda assim, a aproximação que levou ao estabelecimento de uma aliança entre o empresariado industrial e o Governo Federal durante o Estado Novo deve ser compreendida por meio de uma perspectiva histórica, isto é, enquanto um processo que não estava dado, mas que foi sendo construído a partir das questões e dos acontecimentos próprios daquele período. Não se pode esquecer que São Paulo era um dos centros potenciais dos setores oposicionistas da burguesia, bem como de uma opinião pública socialmente diversificada, conforme manifestado anos antes no movimento constitucionalista de 1932. É nesse sentido que, ao lado dos interesses ordem econômica, o Estado elegeu o bandeirantismo enquanto mote do novo projeto de interiorização. Evocar o "espírito bandeirante" como o cerne do novo projeto era evocar ideologicamente a centralidade de São Paulo na nova conjuntura político-econômica iniciada com o Estado Novo.

Seja no plano concreto, seja na memória cultural, a expedição foi um fenômeno histórico com particular densidade n*O Estado de São Paulo*. Além das doações responsáveis pela sua viabilização, o empreendimento ficou marcado pela emblemática cerimônia realizada na capital paulista sob o túmulo de Fernão Dias Paes Leme. Assim, como as antigas bandeiras, a Expedição Roncador-Xingu partiu do planalto rumo ao interior, reafirmando o compromisso histórico do país com a sua conquista territorial. Em termos metafóricos, pode-se afirmar que a fronteira Oeste é o espaço geográfico e geopolítico onde os bandeirantes históricos, do período colonial, e os "bandeirantes" modernos, do século XX, se encontram, ao menos no plano discursivo, reafirmando a sina de um país que precisa conquistar a si mesmo para se realizar.

REFERÊNCIAS BIBLIOGRÁFICAS

FONTES

ABREU, João Capistrano de. *Capítulos de história colonial: 1500-1800*. Brasília: Conselho Editorial do Senado Federal, 1998.

ANDRADE, Mário de. *O Turista Aprendiz*. Belo Horizonte, MG; Itatiaia, 2002.

AURELI, Willy. *Roncador*. São Paulo: Leia, 1962. [1a edição 1939].

BRASIL. *Constituição dos Estados Unidos do Brasil*, de 24 de fevereiro de 1891. Disponível em: <www.planalto.gov.br>. Acesso em: 9 set. 2020.

BRASIL. Decreto-Lei nº 3.059, de 14 de fevereiro de 1941, do presidente Getúlio Vargas. In: OLIVEIRA, Acary de Passos. *Roncador-Xingu roteiro de uma expedição. Barra do Garças, Araguaia 1943 – Rio das mortes. Xavantina 1944*. Goiânia: UFGO,1976.

BRASIL. Decreto-Lei nº 5.801, de 8 de setembro de 1943, do presidente Getúlio Vargas. In: OLIVEIRA, Acary de Passos. *Roncador-Xingu roteiro de uma expedição. Barra do Garças, Araguaia 1943 – Rio das mortes. Xavantina 1944*. Goiânia: UFGO,1976. p. 177

BRASIL. Decreto-Lei presidencial nº 5.878, de 4 de outubro de 1943. In: MEIRELES, Silo. *Brasil Central: notas e impressões*. Rio de Janeiro: Biblioteca do Exército, 1960.

BRASIL. Documento da Portaria nº 77, de 3 de junho de 1943, do coordenador da Mobilização Econômica. In: OLIVEIRA, Acary de Passos. *Roncador-Xingu roteiro de uma expedição. Barra do Garças, Araguaia 1943 – Rio das mortes. Xavantina 1944*. Goiânia: UFGO,1976, p. 175-176.

CUNHA, Ayres Câmara da. *Nas selvas do Xingu*. São Paulo: Clube do Livro, 1969.

CUNHA, Ayres Câmara da. *Entre os Índios do Xingu*: a verdadeira história de Diacuí. São Paulo: livraria exposição do livro, 1960.

CUNHA, Euclides. *Os sertões*. Edição crítica. Organização: Walnice Nogueira Galvão. São Paulo: Ubu, 2019.

CRULS, Luiz. *Relatório Cruls: relatório da Comissão Exploradora do Planalto Central do Brasil*. Brasília: Senado Federal, Conselho Editorial, 2003.

DOCUMENTO da Portaria nº 77, de 3 de junho de 1943, do coordenador da Mobilização Econômica. In: OLIVEIRA, Acary de Passos. *Roncador-Xingu roteiro de uma expedição. Barra do Garças, Araguaia 1943 – Rio das mortes. Xavantina 1944*. Goiânia: UFGO, 1976, p. 175-176.

FERREIRA, Manoel Rodrigues. *Nos sertões do lendário Rio das Mortes*. São Paulo: Editora do Brasil, 1946.

FERREIRA, Manuel Rodrigues. *História dos Irmãos Villas Boas*: Fundação Brasil Central, Expedição Roncador-Xingu e Parque Indígena do Xingu. São Paulo: RG Editores, 1997.

FLEMING, Thiers. *Nova Divisão Territorial do Brasil*. Rio de Janeiro, [s.n.], 1939.

FUNDAÇÃO OSWALDO CRUZ. Casa de Oswaldo Cruz. *A ciência a caminho da roça: imagens das expedições científicas do Instituto Oswaldo Cruz ao interior do Brasil entre 1911 e 1913*. Rio de Janeiro: Fiocruz, 1992.

MEIRELES, Silo. *Brasil Central: notas e impressões*. Rio de Janeiro: Biblioteca do Exército, 1960.

"MEMÓRIA dos irmãos Villas Bôas: os 32 anos de Cláudio e Orlando Villas Bôas com os índios brasileiros". Visão, Rio de Janeiro, 10 fev. 1975. In: BISILLIAT, Maureen. *Guerreiros sem espada: Experiências Revistas dos Irmãos Villas Bôas*. São Paulo: Empresa das Artes, 1995

MEMÓRIA dos irmãos Villas Bôas: os 32 anos de Cláudio e Orlando Villas Bôas com os índios brasileiros. *Visão*, Rio de Janeiro, 10 fev. 1975.

OLIVEIRA, Acary de Passos. *Roncador-Xingu roteiro de uma expedição. Barra do Garças, Araguaia 1943 – Rio das mortes. Xavantina 1944*. Goiânia: UFG,1976.

RICARDO, Cassiano. *Martim Cererê*. 28ª ed. Rio de Janeiro: José Olympio. (1a edição 1928).

RICARDO, Cassiano. *Marcha para Oeste*: a influência da "bandeira" na formação política e social do Brasil. 3ª ed. José Olympio Editora. Rio de Janeiro, 1959. Vol. 2. (1ª edição 1940).

RICARDO, Cassiano. *Marcha para Oeste: a influência da bandeira na formação política e social do Brasil*, 2v. Rio de Janeiro: José Olímpio, 1940 (Coleção Documentos Brasileiros; 25).

SICK, Helmut. *Birds in Brazil:* a Natural History. Princeton University Press, 1993.

SICK, Helmut. *Ornitologia Brasileira*. Brasília: Editora da Universidade de Brasilia, 1984.

SIMONSEN, Roberto. *A indústria em face da economia nacional*. São Paulo: Graphica da "Revista dos Tribunaes", 1937.

SIMONSEN, Roberto. Recursos econômicos e movimentos populacionais. *Revista Brasileira de Estatística*, Rio de Janeiro, ano I, n. 2, abril-junho de 1940. p. 199-228.

SIMONSEN, Roberto. *História Econômica do Brasil*. Brasília: Senado Federal, Conselho Editorial, 2005. 589p. – (Edições do Senado Federal; v. 34).

SINOPSE – Dos trabalhos realizados pela "Bandeira Piratininga" nos sertões brasílicos da Bacia Pré-Amazônica – no Vale do Araguaia e rio das Mortes e Tapirapés, desde o ano de 1937 até o ano de 1963. Documentação Socioambiental. Disponível em: <https://acervo.socioambiental.org/sites/default/files/documents/0QD00078.pdf>. Acesso em: 28 jul. 2021.

VARGAS, Getúlio. COOPERAÇÃO E SOLIDARIEDADE ENTRE OS GRUPOS SOCIAIS. (Discurso pronunciado no estádio do Pacaembu, em São Paulo, por ocasião das comemorações do "dia do trabalho" a 1 de maio de 1944) In: VARGAS, Getúlio. In: *A Nova Política do Brasil*. Rio de Janeiro: Livraria José Olympio, 1944, vol.X, p. 287-293.

VARGAS, Getúlio. *A Nova Política do Brasil*. Vol. V. Rio de Janeiro: Livraria José Olympio, 1938.

VARGAS, 1940. *Apud*: NEIVA, Arthur Hehl. A imigração e a colonização no governo Vargas. *Cultura Política*, Rio de Janeiro, ano II, n.21, p. 233, 10 nov. 1942.

VARNHAGEN, Francisco Adolfo. *A questão da capital: marítima ou no interior?*. Viena: Imp. do filho de Carlos Gerold, 1877.

VILLAS BÔAS, Orlando e Cláudio. *A Marcha para o Oeste – A epopeia da Expedição Roncador-Xingu. São Paulo*. Companhia das Letras – 2012. (1ª edição 1994).

VILLAS BÔAS, Orlando. *Histórias e causos*. São Paulo: FDT, 2005.

PERIÓDICOS

Folha da Manhã

DESVENDANDO OS MISTÉRIOS DA SERRA DO RONCADOR, *Folha da Manhã*, 25 de maio de 1937, p. 10.

RUMO AOS DOMÍNIOS DOS CHAVANTES, *Folha da Manhã*, 23 de maio de 1937, p. 6

SEGUIU HONTEM PARA GOYAZ A "BANDEIRA PIRATININGA", *Folha da Manhã*, 22 de junho de 1937, p. 20.

UMA GRANDE EXPEDIÇÃO AS TERRAS DOS CHAVANTES, *Folha da Manhã*, 21 de maio de 1937, p. 18

VISITOU O INSTITUTO OSWALDO CRUZ O MINISTRO JOÃO ALBERTO. *Folha da Manhã*, 7 de setembro / nº 22.683 – ano 23, p. 4.

O Estado de São Paulo

A "BANDEIRA ANHANGUERA" EMBRENHOU-SE NOS SERTÕES. *O Estado de São Paulo*, 11 de agosto de 1937, p. 12.

A BANDEIRA RONCADOR-XINGU – DAR-SE-Á AMANHÃ A PARTIDA DA EXPEDIÇÃO DO CORONEL VANIQUE. Jornal *O Estado de São Paulo* – 6 de agosto de 1943, p. 6.

A CERIMÔNIA DA BENÇÃO DA BANDEIRA NACIONAL ENTREGUE À EXPEDIÇÃO RONCADOR-XINGU. Jornal *O Estado de São Paulo* – 08 dc agosto de 1943, p. 9.

A IMPORTÂNCIA DO XINGU. *O Estado de São Paulo,* 29 de dezembro de 1944, p. 3.

A INDÚSTRIA DE GUERRA BRASILEIRA NAS VERTENTES DO RONCADOR. *O Estado de São Paulo,* 09 de abril de 1944. p. 28.

A LIGAÇÃO AÉREA RIO-MANAUS. *O Estado de São Paulo,* 08 de agosto de 1948, p. 10.

A EXPEDIÇÃO RONCADOR-XINGÚ. Jornal *O Estado de São Paulo,* 10 de agosto de 1943, p. 7.

AS DESPEDIDAS DA "BANDEIRA ANHANGUERA". *O Estado de São Paulo,* 25 de julho de 1937, p. 11.

ANDRADE, Oswald. A BANDEIRA DO RONCADOR-XINGÚ. Jornal *O Estado de São Paulo,* 17 de junho de 1943, p. 4.

AVANÇA SERTÃO A DENTRO A EXPEDIÇÃO RONCADOR-XINGU. *O Estado de São Paulo,* 10 de junho de 1944, p. 2.

BANDEIRA RONCADOR-XINGÚ. Jornal *O Estado de São Paulo,* 7 de agosto de 1943, p. 5.

CAUSA APREENSÕES A MAJORAÇÃO DOS FRETES DE E. F. GOIAZ. *O Estado de São Paulo,* 23 de julho de 1946, p. 6.

COORDENADOR DA MOBILIZAÇÃO ECONÔMICA. Jornal *O Estado de São Paulo,* 13 de julho de 1943, p. 5.

EXPEDIÇÃO AO RONCADOR-XINGU. *O Estado de São Paulo,* 11 de junho de 1943, p. 4.

EXPEDIÇÃO AO RONCADOR. Jornal *O Estado de São Paulo,* 10 de julho de 1943, p. 2.

EXPEDIÇÃO RONCADOR-XINGÚ. *O Estado de São Paulo,* 11 de setembro de 1943, p. 8.

EXPEDIÇÃO RONCADOR-XINGÚ. *O Estado de São Paulo,* 19 de agosto de 1943, p. 14.

EXPEDIÇÃO RONCADOR-XINGU. *O Estado de São Paulo,* 24 de setembro de 1943, p. 10.

EXPEDIÇÃO RONCADOR-XINGU. *O Estado de São Paulo,* 05 de junho de 1945, p. 10.

EXPOSIÇÃO RONCADOR-XINGÚ. *O Estado de São Paulo,* 30 de setembro de 1943, p. 8.

FEDERAÇÃO DAS INDÚSTRIAS DO *Estado de São Paulo. O Estado de São Paulo,* 18 de junho de 1943, p. 5.

FUNDAÇÃO BRASIL CENTRAL. *O Estado de São Paulo,* 19 de setembro de 1944, p. 6.

FUNDAÇÃO BRASIL CENTRAL. *O Estado de São Paulo,* 25 de novembro de 1944, p. 9.

GRANDE EXPEDIÇÃO PARTIRÁ EM BREVE PARA A SERRA DO RONCADOR. *O Estado de São Paulo,* 4 de junho de 1943, p. 8.

GRANDIOSO PLANO PARA A COLONIZAÇÃO DO BRASIL CENTRAL. *O Estado de São Paulo,* 22 de novembro de 1944, p. 14.

GUASTINI, Mario. BANDEIRISMO. *O Estado de São Paulo,* 7 de agosto de 1943, p. 3.

INAUGURAÇÃO DO PROGRAMA "BRASIL CENTRAL" NA RÁDIO CRUZEIRO DO SUL. *O Estado de São Paulo,* 22 de outubro de 1943, p. 6.

NO RUMO DOS SERTÕES INEXPLORADOS. *O Estado de São Paulo,* 15 de maio de 1937, p. 9.

NOTÍCIAS DIVERSAS: A BANDEIRA RONCADOR-XINGU: MISSA VOTIVA E SUA PRÓXIMA PARTIDA. Jornal *O Estado de São Paulo,* 5 de agosto de 1943, p. 5.

NOTÍCIAS DIVERSAS: A BANDEIRA RONCADOR-XINGÚ. *O Estado de São Paulo,* 17 de agosto de 1943, p. 6.

NOTÍCIAS DIVERSAS: A BANDEIRA RONCADOR-XINGU: MISSA VOTIVA E SUA PRÓXIMA PARTIDA DA "BANDEIRA ANHANGUERA". *O Estado de São Paulo,* 27 jul. 1937, p. 12

NOTÍCIAS DIVERSAS: MINISTRO JOÃO ALBERTO. Jornal *O Estado de São Paulo*, 12 de setembro de 1943, p. 8.

NOTÍCIAS DO RIO: UMA NOVA BANDEIRA. *O Estado de São Paulo*, 12 de junho de 1943, p. 10

NOTICIAS DOS ESTADOS: GOIÁS. *O Estado de São Paulo*, 25 de dezembro de 1946, p. 2.

NOTICIAS DOS ESTADOS: MATO GROSSO. *O Estado de São Paulo*, 22 de março de 1947, p. 6.

OBRA CIVILIZADORA DA FUNDAÇÃO BRASIL CENTRAL. *O Estado de São Paulo*, 18 de agosto de 1944, p. 12.

OS LENDÁRIOS SERTÕES DO RIO DAS MORTES E DA SERRA DO RONCADOR. *O Estado de São Paulo*, 10 de novembro de 1944, p. 4.

OS SERTÕES DO BRASIL. *O Estado de São Paulo*, 26 de março de 1937, p. 3.

OS TRABALHOS DA EXPEDIÇÃO RONCADOR-XINGÚ. *Jornal O Estado de São Paulo*, 15 de março de 1944, p. 14.

PARTIDA. Jornal *O Estado de São Paulo*, 5 de agosto de 1943, p. 5.

PARTIDA DA "BANDEIRA ANHANGUERA". *O Estado de São Paulo*, 27 jul. 1937, p. 12.

PENETRAÇÃO DA EXPEDIÇÃO RONCADOR-XINGU. *O Estado de São Paulo*, 23 de maio de 1944, p. 16.

PREPARATIVOS PARA O INÍCIO DA EXPEDIÇÃO RONCADOR-XINGU. Jornal *O Estado de São Paulo*, 10 de junho de 1943, p. 12.

PREPARA-SE A SEGUNDA ETAPA DA EXPEDIÇÃO RONCADOR-XINGU. *O Estado de São Paulo*, 16 de janeiro de 1945, p. 16.

REVISTA DAS REVISTAS. *O Estado de São Paulo*, 23 de maio de 1947, p. 2.

BIBLIOGRAFIA

ABUD, Kátia Maria. *O sangue intimorato e as nobilíssimas tradições: a construção de um símbolo Paulista, o bandeirante.* 1985. Tese (Doutorado). Faculdade de Filosofia, Letras e Ciências Humanas, Universidade de São Paulo, São Paulo, 1985.

ABRANTES, Vera Lucia Cortes. O IBGE e a formação da nacionalidade: território, memória e identidade em construção. SIMPÓSIO NACIONAL DE HISTÓRIA – ANPUH, 24. In: *Anais do...*, São Leopoldo, 2007.

ABREU, Marcelo de Paiva. O processo econômico. In: SCHWARCZ, Lilia Moritz. *História do Brasil Nação: 1808-2010 – Olhando para dentro: 1930-1964*. Rio de Janeiro: Objetiva, 2013, p. 193-197.

ABREU, Marcelo de Paiva (Org.). *A ordem do progresso: dois séculos de política econômica no Brasil*. São Paulo: Grupo Editorial Nacional. Publicado pelo selo Editora Atlas, 2020.

ABREU, Marcelo de Paiva. Crise, crescimento e modernização autoritária, 1930-1945. In: ABREU, Marcelo de Paiva (Org.). *A ordem do progresso: dois séculos de política econômica no Brasil*. São Paulo: Grupo Editorial Nacional. Publicado pelo selo Editora Atlas, 2020.

ABREU, Regina. *O Enigma de Os Sertões*. Rio de Janeiro: Rocco; Funarte, 1998.

ALONSO, Angela, *Ideias em movimento: a geração 1870 na crise do Brasil Império*. São Paulo, Paz e Terra, 2002.

AMARAL, Aracy. *Blaise Cendrars no Brasil e os modernistas*. São Paulo: Editora 34, 1997. (1ª ed. 1970).

ANHEZINI, Karina. *Um metódico à brasileira: a historiografia de Afonso de Taunay (1911-1939)*. 2006. 235 f. Tese (Doutorado), Universidade Estadual Paulista Júlio de Mesquita Filho, Franca, 2006.

ANHEZINI, Karina. *Um metódico à brasileira: a historiografia de Afonso de Taunay (1911-1939)*. São Paulo: Unesp, 2011.

AQUINO, Arthur de; MACIEL, Lidiane Maria. As migrações internas à luz do pensamento de Roberto Simonsen: uma análise crítica do ensaio "Recursos econômicos e movimentos das populações". *Tempos Históricos*, v. 23, p. 65-97, 2º semestre de 2019.

AURELI, Willy. *Roncador*. São Paulo: Leia, 1962. [1ª ed. 1939].

AZEVEDO, Maria Cecília Neves de. *Um olhar sobre o sertão: as fotografias do relatório da expedição científica de Arthur Neiva e Belisário Penna*. 2016. 169

f. Dissertação (Mestrado em História das Ciências e da Saúde), Casa de Oswaldo Cruz, Fundação Oswaldo Cruz. Rio de Janeiro, 2016.

BARROS, José de Assunção. Duas fases de Capistrano de Abreu: em torno de uma produção historiográfica. *Projeto História: Revista do programa de Estudos Pós-Graduados*, PUC/SP, n.41, 2010.

BARUZZI, Roberto Geraldo. JUNQUEIRA, Carmen (org). *Parque índigena do Xingu*: Saúde, Cultura e História. São Paulo Terra Virgem – 2005.

BECKER, Bertha K. Significância Contemporânea da Fronteira: uma interpretação geopolítica da Amazônia Brasileira. In: AUBERTIN, Catherine (org). *FRONTEIRAS*. Brasília: Editora Universidade de Brasília; Paris: ORSTOM, 1988.

BEIER, José Rogério. Sobre mapas e história: Affonso Taunay e a formação de uma coleção cartográfica para o Museu Paulista (1917-1922). In: CINTRA, Jorge Pimentel; SCHNEIDER, Alberto Luiz; BEIER, José Rogério (orgs.). *Affonso Taunay e o Museu Paulista: um projeto de memória (1917-1945)*. (no prelo).

BENCHIMOL, Jaime Larry; SILVAM André Felipe Cândido da. Ferrovias, doenças e medicina tropical no Brasil da Primeira República. *História, Ciências, Saúde – Manguinhos*, Rio de Janeiro, v.15, n.3, p. 719-162, jul-set. 2008.

BERTELLI, Giordano Barbin. *República Pau-Brasil: política e literatura no modernismo de Oswald de Andrade*. 2009. 204 f. Dissertação (Mestrado), Universidade Federal de São Carlos, São Paulo, 2009.

BIELSCHOWSKY, Ricardo. *Pensamento econômico brasileiro: o ciclo ideológico do desenvolvimentismo*. Editora Contraponto, 2007.

BORGES, Barsanulfo Gomide. A Economia Goiana na divisão regional do trabalho (1930-1960). In: SILVA, Luiz Sérgio Duarte da (org). *Relações cidade-campo: fronteiras*. Goiânia: Ed UFG, 2000.

BORGES, Barsanulfo Gomides. *Goiás nos quadros da economia nacional: 1930-1960*. Goiânia: Ed. da UFG, 2000.

BORGES, Barsanufo Gomide. A fronteira na formação do espaço brasileiro (1930-1980). In: SERPA, Élio Cantalício *ET AL.* (Orgs.). *Escritas da História: intelectuais e poder*. Goiânia: Ed. Da UCG, 2004.

BOTELHO, André. *De olho em Mário de Andrade: uma descoberta intelectual e sentimental do Brasil.* Editora Claro Enigma, 2012.

BREFE, Ana Cláudia Fonseca. *Um lugar de memória para a Nação. O Museu Paulista reinventado por Afonso d'Escragnolle Taunay (1917-1945).* Tese de Doutorado apresentado ao Departamento de História do Instituto de Filosofia e Ciências Humanas da Universidade Estadual de Campinas. 1999.

CANCELLI, Elizabeth. *Estratégia para o flagelo.* 1984. Dissertação (Mestrado em História do Brasil), Universidade Estadual de Campinas. Campinas, 1984.

CANCELLI, Elizabeth. *O Estado Novo em Marcha para o Oeste.* Curitiba: CRV, 2017.

CANDIDO, Antonio. *Literatura e sociedade.* São Paulo. Ed. Nacional, 1980.

CANDIDO, Antonio. Prefácio. In: MOREIRA, Luiza Franco. *Meninos, Poetas e Heróis: aspectos de Cassiano Ricardo do Modernismo ao Estado Novo.* São Paulo: Edusp, 2001. p. 17.

CAPELATO, Maria Helena. *Os arautos do liberalismo.* Imprensa paulista 1920-1945. São Paulo: Editora Brasiliense, 1989. p. 27.

CAPELATO, Maria Helena; PRADO, Maria Ligia. *O bravo matutino:* imprensa e ideologia no jornal "*O Estado de São Paulo*". São Paulo: Editora Alfa-Omega, 1980.

CARDOSO, Luciene Pereira Carris. Sociedade de Geografia do Rio de Janeiro: espaço de invenção do patriotismo nas primeiras décadas do séc. XX. *Revista Brasileira de História da Ciência,* Rio de Janeiro, v. 3, n. 1, p. 68-84, jan./jun. 2010.

CARDOSO, Luciene Pereira Carris. *Intelectuais, militares e instituições na configuração das fronteiras brasileiras (1883-1903).* São Paulo: Alameda, 2016.

CARONE, Edgard. *O Estado Novo (1937-1945)*. Rio de Janeiro: Bertrand Brasil, 1988.

CARVALHO, Maria Alice Rezende de. Apresentação. In: LIMA, Nísia Trindade. *Um sertão chamado Brasil: intelectuais e representação geográfica da identidade nacional*. Rio de Janeiro: Revan – IUPERJ. UCAM, 1999.

CEPEDA, Vera Alves. *Roberto Simonsen e a Formação da Ideologia Industrialista no Brasil: limites e impasses*. 2004. Tese (Doutorado em Ciência Politica) – Faculdade de Filosofia, Letras e Ciências Humanas, Universidade de São Paulo, São Paulo, 2004.

CERTEAU, Michel de. *A escrita da História*. tradução de Maria de Lourdes Menezes; revisão técnica [de] Arno Vogel. – Rio de Janeiro: Forense Universitária, 1982.

CHARTIER, Roger. *A História Cultural: Entre Práticas e. Representações*. Lisboa: DIFEL, 1990.

CHARTIER, Roger. Introdução. In: *A história cultural*. Entre práticas e representações. Lisboa: Difel, s/d.

CHARTIER, Roger. O Mundo como Representação. *Estudos Avançados* 11(5), 1991. p. 173-191.

COELHO, George Leonardo Seabra. *Marcha para o Oeste: entre teoria e prática*. 2010. 176 f. Dissertação (Mestrado em Ciências Humanas). Programa de Pós-Graduação em História, Universidade Federal de Goiás, Goiânia, 2010.

COSTA, Dina Czeresnia. Política indigenista e assistência à saúde Noel Nutels e o serviço de unidades sanitárias aéreas. In: *Cad. Saúde Pública*, v. 3, n. 4, dez. 1987.

COSTA, Maria da Fátima Gomes; DIENER, Pablo. *Bastidores da Expedição Langsdorff*. Mato Grosso: Entrelinhas Editora, 2014

COSTA, Walderley Messias da. *Geografia Política e Geopolítica*. 2ª ed. São Paulo: Edusp, 2016. [1ª ed. 1992].

CRUZ, Heloisa de Faria; PEIXOTO, Maria do Rosário da Cunha. "Na oficina do historiador: conversas sobre história e imprensa." *Projeto História*.

Revista do Programa de Estudos Pós-Graduados de História, São Paulo, v. 35, dez. 2009.

CUNHA, Alexandre Mendes; CURI, Luiz Felipe Bruzzi. Redimensionando a contribuição de Roberto Simonsen à controvérsia do planejamento (1944-1945). *Am. Lat. Hist. Econ.*, año 22, núm. 3, septiembre-diciembre, p. 76-107, 2015.

CURI, Luiz Felipe Bruzzi. *Entre a história e a economia: o pensamento econômico de Roberto Simonsen*. São Paulo: Alameda, 2015.

CURI, Luiz Felipe Bruzzi. Redimensionando a contribuição de Roberto Simonsen à controvérsia do planejamento (1944-1945). *Am. Lat. Hist. Econ.*, año 22, n. 3, set.-dez. 2015.

DAYRELL, Eliane Garcindo. *Colônia Agrícola Nacional de Goiás: análise de uma política de colonização*. 1974. Dissertação (Mestrado) – Instituto de Ciências Humanas e Letras, Universidade Federal de Goiás, 1974.

DINIZ, Bernardo Palhares Campolina. *O Grande Cerrado do Brasil Central: geopolítica e economia*. 2006. 231 f. Tese (Doutorado) – Curso de Programa de Pós-graduação em Geografia Humana, Departamento de Geografia, Universidade de São Paulo, São Paulo, 2006.

DUTRA, Eliana de Freitas. Cultura. In: SCHWARCZ, Lilia Moritz. *História do Brasil Nação: 1808-2010. Vol. 4 – Olhando para dentro: 1930-1964*. Rio de Janeiro. OBJETIVA. 2013.

DUTRA E SILVA, Sandro. *No Oeste, a terra e o céu: a expansão da fronteira agrícola no Brasil Central*. Rio de Janeiro: Mauad X, 2017.

FERREIRA, Jorge. *Trabalhadores do Brasil: o imaginário popular (1930-1945)*. Rio de Janeiro: 7letras, 2011.

FERREIRA, Antonio Celso. *A epopeia bandeirante: letrados, instituições, invenção histórica (1870-1940)*. São Paulo: UNESP, 2002.

FONSECA, Pedro Cezar Dutra. Gênese e precursores do desenvolvimentismo no Brasil. In: BASTOS, Pedro Paulo Zahluth. FONSECA, Pedro César Dutra. (Org.). *A Era Vargas: desenvolvimentismo, economia e sociedade*. São Paulo: UNESP, 2012.

FONSECA FILHO, Olympio da. A Escola de Manguinhos. Rio de Janeiro, Editora Fiocruz, 1974. *Apud*: LIMA, Nísia Trindade. *Um sertão chamado Brasil: intelectuais e representação geográfica da identidade nacional*. Rio de Janeiro: Revan – IUPERJ. UCAM, 1999.

FREIRE, Carlos Augusto da Rocha. *Sagas sertanistas: práticas e representações do campo indigenista no século XX*. 2005. Tese (Doutorado em Antropologia Social). Universidade Federal do Rio de Janeiro, Rio de Janeiro, 2005.

FREIRE, Carlos Augusto da Rocha. Vida de Sertanista: a trajetória de Francisco Meirelles. *Revista Tellus*, ano 8, n.14, p. 87-114, abr. Campo Grande – MS, 2008.

FREITAS JUNIOR, Moacir de. *O industrial e o salário: a contribuição de Roberto Simonsen para os estudos sobre padrão de vida de trabalhadores no Brasil*. 2013. 171 f. Tese (Doutorado). Universidade Estadual Paulista Júlio de Mesquita Filho, Faculdade de Ciências e Letras (Campus de Araraquara), 2013.

GALVÃO, Maria Eduarda Capanema Guerra. *A Expedição Roncador-Xingu e a tarefa de ocupar, civilizar e urbanizar o Brasil Central*. 2014. Dissertação (Mestrado em História) Fundação Getúlio Vargas, Rio de Janeiro, 2014.

GARFIELD, Seth. *A luta indígena no coração do Brasil: política indigenista, a Marcha para o Oeste e os índios Xavante (1937-1988)*. Tradução: Claudia Sant'Ana Martins. São Paulo: UNESP, 2011.

GOMES, Angela Maria Castro. A construção do homem novo: o trabalhador brasileiro. In: GOMES, Angela Maria Castro; OLIVEIRA, Lucia Lippi; VELLOSO; Monica Pimenta. *Estado Novo: ideologia e poder*. Rio de Janeiro: Zahar, 1982.

GOMES, Ângela Maria Castro. *A invenção do trabalhismo*. Rio de Janeiro: Editora FGV, 2005.

GOMES, Ângela de Castro. População e Sociedade. In: SCHWARCZ, Lilia Moritz. *História do Brasil Nação: 1808-2010 – Olhando para dentro: 1930-1964*. Rio de Janeiro: Objetiva, 2013.

GONÇALES, Luis Alexandre Franco. *A Expedição Fawcett: em busca da cidade perdida de Z*. Santa Catarina: Clube de autores, 2017.

GONTIJO, Rebeca. *O Velho Vaqueano. Capistrano de Abreu (1853-1927): memória, historiografia e escrita em si.* Rio de Janeiro: 7 letras, 2013

GRAMSCI, Antonio. *Os intelectuais e a Organização da Cultura.* Rio de Janeiro: Civilização Brasileira, 1982.

JARDIM, Eduardo. *A brasilidade modernista: sua dimensão filosófica.* Rio de Janeiro: PUC-Rio/ Ponteio, 2016.

KURY, Lorelai; FEDI, Laurent. Rondon e o positivismo: a defesa dos fetichistas. In: KURY, Lorelai; SÁ, Magali Romero (org). *Rondon: inventários do Brasil.* Rio de Janeiro: Andrea Jakobsson Estúdio, 2017, p. 226-248.

KURY, Lorelai; SÁ, Magali Romero (org). *Rondon: inventários do Brasil, 1900-1930.* Rio de Janeiro: Andrea Jakobsson Estúdio, 2017, 300p.

LEÃO, Igor Zanoni C. C.; PINTO, Thiago Luis de Q. R.; SILVA, Newton G. da. Roberto Simonsen na origem do moderno pensamento social brasileiro. *Economia e Sociedade*, Campinas, v. 24, n. 1 (53), p. 177-199, abr. 2015.

LENHARO, Alcir. *Sacralização da Política.* Campinas, SP: Papirus, 1986.

LEOPOLDI, Maria Antonieta P. *Política e interesses na industrialização brasileira: as associações industriais, política econômica e o Estado.* São Paulo: Paz e Terra, 2000.

LEOPOLDI, Maria Antonieta. A economia política do primeiro governo Vargas (1930-1945): a política econômica em tempos de turbulência. In: FERREIRA, Jorge; DELGADO, Lucilia de Almeida Neves. *O Brasil Republicano – Vol. 2: O tempo do nacional-estatismo – do início da década de 1930 ao apogeu do Estado Novo.* 8ª ed. Rio de Janeiro: Civilização Brasileira, 2017.

LÉVI-STRAUSS, Claude. *Tristes trópicos.* Companhia das Letras, 1996 (1ª ed. 1955).

LIMA, Danilo Barolo Martins de.; CURI, Luiz Felipe Bruzzi. Roberto Simonsen e o Tratado Comercial Brasil-Estados Unidos de 1935: ideias econômicas e participação política. ENCONTRO NACIONAL DE ECONOMIA – ANPEC, 41. *Anais do...*, Foz do Iguaçú (PR), dez. 2013.

LIMA, Nísia Trindade. *Um sertão chamado Brasil: intelectuais e representação geográfica da identidade nacional.* Rio de Janeiro: Revan – IUPERJ. UCAM, 1999.

LIMA, Nísia Trindade; SÁ, Dominichi Miranda de. O território da República e a Comissão Rondon. In KURY, Lorelai; SÁ, Magali Romero (org). *Rondon: inventários do Brasil, 1900-1930.* Rio de Janeiro: Andrea Jakobsson Estúdio, 2017. 300p.

LIMA FILHO, Manuel Ferreira. Aragarças: a cidade encantada no sertão de Goiás. *Horizontes Antropológicos – A cidade moderna,* Porto Alegre: Editora da UFRGS, ano 6, n.13, 2000. p. 65-87.

LIMA FILHO, Manuel Ferreira. *Pioneiros da Marcha para o Oeste:* Memória e Identidade na Fronteira do Médio Araguaia, Brasília, Tese (Doutorado) – Programa de Pós-Graduação em Antropologia, Universidade de Brasíslia, Brasília-DF, 1998.

LIMONGI, Fernando. A Escola Livre de Sociologia e Política em São Paulo. In: MICELI, Sérgio. *História das ciências sociais no Brasil.* São Paulo: Vértice/ IDESP, 1989.

LIRA, José Tavares Correia de. Naufrágio e Galanteio: viagem, cultura e cidades em Mário de Andrade e Gilberto Freyre. *Revista Brasileira de Ciências Sociais,* v. 20, n. 57.

LISBOA, Karen Macknow. *A nova Atlântida de Spix e Martius: natureza e civilização na viagem pelo Brasil (1817-1820).* São Paulo: Hucitec, 1997.

MACIEL, Dulce Portilho. Estado e território no Centro-Oeste brasileiro (1943-1967) Fundação Brasil Central (FBC): a instituição e inserção regional no contexto sócio-cultural e econômico nacional. SIMPÓSIO NACIONAL DE HISTÓRIA – ANPUH, 26. In: *Anais do...* São Paulo, julho, 2011.

MACIEL, Dulce Portilho. Aragarças (1943-1968): A moderna urbe na rota para o oeste. In: *Revista Plurais,* vol.1, n.4, 2006. p. 66-91.

MACIEL, Laura Antunes. *A Nação por um fio – Caminhos, Práticas e Imagens da Comissão Rondon.* São Paulo, EDUC, 1998.

MAIA, João Marcelo Ehlert. *A Terra como Invenção: o espaço no pensamento social brasileiro.* Rio de Janeiro: ZAHAR, 2008.

MAIA, João Marcelo Ehlert. As ideias que fazem o Estado andar: imaginação espacial, pensamento brasileiro e território no Brasil Central. *DADOS – Revista de Ciências Sociais,* Rio de Janeiro, v. 53, n. 3, p. 621-655, 2010.

MAIA, João Marcelo Ehlert. *Estado Território e imaginação espacial. O caso da Fundação Brasil Central.* Rio de Janeiro: FGV, 2012.

MARIN, Joel Orlando Bevilaqua; NEVES, Delma Pessanha. Apresentação. In: MARIN, Joel Orlando Bevilaqua; NEVES, Delma Pessanha (org). *Campesinato e Marcha para Oeste.* Santa Maria: Ed. da UFSM, 2013. p. 11.13.

MARIN, Joel Orlando Bevilaqua; NEVES, Delma Pessanha (org). *Campesinato e Marcha para Oeste.* Santa Maria: Ed. da UFSM, 2013

MARQUES, Guilherme dos Santos Cavott. Artur Hehl Neiva e a política imigratória no Brasil entre as décadas de 1930 e 1950. ENCONTRO INTERNACIONAL DE HISTÓRIA & PARCERIAS, 2. In: *Anais do...,* Rio de Janeiro, out. 2019.

MARTINS, José de Souza. O tempo da fronteira: retorno à controvérsia sobre o tempo histórico da frente de expansão e da frente pioneira. *Tempo Social; Rev. Sociol. USP,* São Paulo, 8(1): p. 25-70, maio de 1996.

MEIRELLES FILHO, João. *Grandes Expedições à Amazônia Brasileira: Século XX.* São Paulo: Metalivros, 2011.

MELLO, Allan Daniel de Brito. *Análise do discurso geográfico (representações espaciais) nas obras Martim Cererê (1928) e Marcha para oeste (1940) de Cassiano Ricardo; O Estrangeiro (1926) e Geografia Sentimental (1937) de Plínio Salgado.* 2018. Dissertação (Mestrado em Geografia Humana). Faculdade de Filosofia, Letras e Ciências Humanas, Universidade de São Paulo, São Paulo, 2018.

MELLO, Marcelo de. A Revolução de 1930 e o discurso da ruptura: Goiânia e a Marcha para o Oeste. *Cordis: Revoluções, cultura, política na América Latina,* São Paulo, n. 11, p. 57-89, jul./dez. 2013.

MELLO, Maria Teresa Villela Bandeira de; PIRES-ALVES, Fernando. Expedições cientificas, fotografia e intenção documentária: as viagens do Instituto Oswaldo Cruz (1911-1913). *História, Ciências, Saúde – Manguinhos,* Rio de Janeiro, v.16, supl.1, jul. 2009, p. 139-179.

MENDONÇA, Sônia Regina de. *O ruralismo brasileiro: 1888-1931*. São Paulo: Editora Hucitec, 1997.

MENEZES, Maria Lucia Pires. *Parque Indígena do Xingu – A construção de um território estatal*. Campinas: UNICAMP, 2000.

MESQUITA, Gustavo Rodrigues. A nova divisão regional do Brasil: entre a experiência do federalismo oligárquico e a expectativa do desenvolvimento nacional. SIMPÓSIO NACIONAL DE HISTÓRIA – ANPUH, 26. In: *Anais do...*, São Paulo, julho 2011.

MONTECCHI, Acir Fonseca. *Teatro de Imagens: a Bandeira Anhangüera através das lentes de Antonio Senatore – 1937*. 2001. Dissertação (Mestrado). Universidade Federal de Mato Grosso, Cuiabá, 2001.

MORAES, Antonio Carlos Robert (org.). *Ratzel*. São Paulo: Ática, 1989.

MORAES, Antônio Carlos Robert. *Território e História no Brasil*. São Paulo: Hucitec, 2002.

MORAES, Antonio Carlos Robert. Sertão: Um "outro" geográfico. *Revista da Rede Brasileira de História da Geografia e Geografia Histórica: Terra Brasilis* (Nova Série), p. 4-5, 2003.

MOREIRA, Luiza Franco. *Meninos, poetas e heróis: aspectos de Cassiano Ricardo do modernismo ao Estado Novo*. São Paulo: Edusp, 2001.

MOTA, Maria Sarita. Cruzando fronteiras: a expedição cientifica do Instituto Oswaldo Cruz e a expedição do Roncador-Xingu. *Revista IDeAS*, v. 1, n. 1, p. 6-25, jul.-dez. 2007.

MURARI, Luciana. No rumo dos sertões inexplorados: a aventura da bandeira Anhanguera de São Paulo à serra do Roncador (1937). *Rev. hist.* (São Paulo), n.179, 2020.

NAGLIS, Suzana Gonçalves Batista. *"Marquei aquele lugar com o suor do meu rosto": os colonos da Colônia Agrícola Nacional de Dourados-CAND:(1943-1960)*. Dourados: Editora da Universidade Federal da Grande Dourados, 2014.

NASCIMENTO, José Leonardo. *Os Sertões de Euclides da Cunha: releituras e diálogos*. São Paulo: Editora Unesp, 2003.

OLIVEIRA, Lúcia Lippi. *A Questão Nacional na Primeira República.* Brasília: CNPq/ Brasiliense, 1990.

PAZ, Mariza Campos da. *Noel Nutels, a política indigenista e a assistência à saúde no Brasil Central (1943-1973).* 1994. Dissertação (Mestrado). Instituto de Medicina Social, Universidade do Estado do Rio de Janeiro, Rio de Janeiro, 1994.

PEREIRA, Daniel Mesquita. *Descobrimentos de Capistrano: A história do Brasil – a grandes traços e largas malhas.* Rio de Janeiro: Apicur/PUCRio, 2010.

PONTES, Heloisa. *Retratos do Brasil:* Um Estudo dos Editores, das Editoras e das "Coleções Brasilianas", nas décadas de 1930, 40 e 50. *BIB,* Rio de Janeiro, n. 26, p. 56-89, 2° semestre de 1988.

QUEIROZ, Helaine Nolasco. *Verdeamarelo/Anta e Antropofagia: narrativas da identidade nacional brasileira.* 2010. Dissertação (Mestrado em História Social da Cultura). Universidade Federal de Minas Gerais, Belo Horizonte, 2010.

REIS, Arthur Cezar. *A Amazônia e a cobiça internacional.* Rio de Janeiro: Record, 1968.

REIS, José Carlos. *O desafio historiográfico.* Rio de Janeiro: FGV, 2010.

ROCHA, Carlos Augusto da. *Sagas sertanistas:* práticas e representações do campo indigenista no século XX. 2005. Tese (Doutorado em Antropologia Social) – Universidade Federal do Rio de Janeiro, Rio de Janeiro, 2005.

SÁ, Magali Romero de. Um inventário dos sertões brasileiros: a exploração científica da Comissão Rondon. In: KURY, Lorelai; SÁ, Magali Romero (org). *Rondon: inventários do Brasil.* Rio de Janeiro: Andrea Jakobsson Estúdio, 2017.

SANTOS, Gilberto Brizolla. *Bandeirantes do século XX:* trabalhadores da Expedição Roncador-Xingu e Fundação Brasil Central em Nova Xavantina. 2011. 298 f. Dissertação (Mestrado em História) – Universidade Federal de Mato Grosso, Instituto de Ciências Humanas e Sociais, Cuiabá, 2011.

SCHNEIDER, Alberto Luiz. *Capítulos de História Intelectual: Racismos, identidades e alteridades na reflexão sobre o Brasil.* São Paulo: Alameda, 2019.

SCHNEIDER, Alberto Luiz. Entre a História e a memória: A invenção do bandeirante Fernão Dias Paes e o Mosteiro de São Bento (São Paulo). SIMPÓSIO NACIONAL DE HISTÓRIA – ANPUH, 30. In: *Anais do...*, Recife, 2019.

SCHNEIDER, Alberto Luiz. Uma estrela na constelação bandeirante: Affonso Taunay, autor de uma leitura territorialista da História do Brasil. In: CINTRA, Jorge Pimentel; SCHNEIDER, Alberto Luiz; BEIER, José Rogério (orgs.). *Affonso Taunay e o Museu Paulista: um projeto de memória (1917-1945).*

SCHWEICKARDT, Julio Cesar; LIMA, Nisia Trindade. Os cientistas brasileiros visitam a Amazônia: as viagens científicas de Oswaldo Cruz e Carlos Chagas (1910-1913). *História, Ciências, Saúde – Manguinhos*, v.14, suplemento, p. 15-50. 2007.

SILVA, Genilder Gonçalves da; MELLO, Marcelo de. A Revolução de 1930 e o discurso da ruptura: Goiânia e a Marcha para o Oeste. *Cordis: Revoluções, cultura, política na América Latina.* São Paulo, n. 11, p. 57-89, jul./dez. 2013.

SILVA, Marina Correa Vaz da; NADAI, Elza. *Da maria fumaça a fumaça das fábricas*: a Escola Livre de Sociologia e Política de São Paulo (1922-1940). 1994. 218 f. Tese (Doutorado). Faculdade de Educação, Universidade de São Paulo, São Paulo, 1994.

SILVA. Vandré Aparecido Teotônio da. *Notícias do Rio:* a intervenção no jornal *O Estado de São Paulo* e a autolegitimação do Estado Novo (1939-1945). Dissertação (Mestrado) – Faculdade de Filosofia Letras e Ciências Humanas, Universidade de São Paulo, São Paulo, 2012.

SOARES, Herick Vazquez. *A incorporação subordinada do centro-oeste ao capitalismo brasileiro: uma interpretação histórica.* 2013. Dissertação (Mestrado em História Econômica). Faculdade de Filosofia, Letras e Ciências Humanas, Universidade de São Paulo, São Paulo, 2013.

SOUZA, Candice Vidal e. *A pátria geográfica: sertão e litoral no pensamento social brasileiro.* Goiânia, Universidade Federal de Goiás, 1997.

SOUZA, Ricardo Alexandre Santos de. Capistrano de Abreu e Friedrich Ratzel na história da ocupação dos sertões brasileiros. In: SILVA, Sandro Dutra

e. SÁ, Dominichi Miranda de. SÁ, Magali Romero (Orgs.). *Vastos sertões: história e natureza na ciência e na literatura*. Rio de Janeiro: Mauad X, 2015, p. 159-176.

SOUZA, Ricardo Alexandre Santos de. *Capistrano de Abreu: história pátria, cientificismo e cultura – a construção da história e do historiador*. 2012, 296 f. Tese (Doutorado em História das Ciências e da Saúde) – Casa de Oswaldo Cruz / Fiocruz, Rio de Janeiro, 2012.

SOUZA, Vanderlei Sebastião de. *Em Busca do Brasil: Edgard Roquette-pinto e o Retrato Antropológico Brasileiro (1905-1935)*. Rio de Janeiro: FGV, 2018.

SOUZA LIMA, Antonio Carlos de. *Um grande cerco de paz: poder tutelar, indianidade e formação do Estado no Brasil*. Petrópolis, Vozes, 1995.

TACCA: Fernando. *A imagética da Comissão Rondon*. São Paulo: Editora Papirus, 2001.

TELLES, Carlos. *História Secreta da Fundação Brasil Central (retrato de João Alberto e de uma época)*. Rio de Janeiro: Editora Chavantes, 1946.

TOLENTINO NETO, Leovigildo Melgaço. As contribuições de Simonsen ao desenvolvimentismo brasileiro a partir da controvérsia do planejamento. *Revista de economia regional, urbana e do trabalho*, v. 4, n. 2, 2015.

TREVISAN, Ricardo; LACERDA, Larissa Alves. *Aragarças no Brasil Central:* modernidades pré-Brasília. ENCONTRO DA ASSOCIAÇÃO NACIONAL DE PESQUISA E PÓS-GRADUAÇÃO EM ARQUITETURA E URBANISMO, 5, 2018. *Anais do...*, Salvador, 2018.

VANNUCCHI, Marco Aurélio. O momento forte do corporativismo: Estado Novo e profissionais liberais. *Revista Tempo* | Niterói | Vol. 25 n. 1 | Jan./Abr. 2019.

VARJÃO, Valdon. *Aragarças: portal da Marcha para o Oeste*. Brasília: Senado Federal, Centro Gráfico, 1989.

VASQUES, André. Carlos Chagas: na "guerra dos rios": a passagem da comissão do Instituto Oswaldo Cruz pelo rio Iaco (Alto Purus, território federal do Acre, 1913). *História, Ciência, Saúde – Manguinhos*, Rio de Janeiro, v.25, n.1, p. 51-68, jan-mar. 2018.

VELHO, Otávio Guilherme. *Capitalismo Autoritário e Campesinato*. São Paulo: Difel, 1979.

VELLOSO, Mônica Pimenta. A brasilidade verde-amarela: nacionalismo e regionalismo paulista. *Estudos Históricos,* Rio de Janeiro, vol. 6, n. 11, p. 89-112, 1993.

VERGARA, Moema de Rezende. Ciência e história no relatório da Comissão Exploradora do Planalto Central na Primeira República. *História, Ciência, Saúde – Manguinhos,* Rio de Janeiro, v. 13, n. 4, p. 909-925, 2006.

VERGARA, Moema de Rezende. Ciência, fronteiras e nação: comissões brasileiras na demarcação dos limites territoriais entre Brasil e Bolívia, 1895-1901. *Bol. Mus. Para. Emílio Goeldi. Cienc. Hum.*, Belém, v. 5, n. 2, p. 345-361, maio-ago. 2010.

VIANNA, Luiz Werneck. *Liberalismo e sindicato no Brasil.* Rio de Janeiro: Paz e Terra, 1976.

ZEM EL-DINE, Lorenna Ribeiro. *Raça, História e Política em Alfredo Ellis Jr. e Cassiano Ricardo.* 2010. Dissertação (Mestrado). Centro de Ciências Humanas e Naturais. Universidade Federal do Espírito Santo, 2010.

ZEM El-Dine, Lorenna Ribeiro. *A alma e a forma do Brasil: o modernismo paulista em verde-amarelo (anos 1920)*. 2017. 220 f. Tese (Doutorado em História das Ciências e da Saúde) – Casa de Oswaldo Cruz, Fundação Oswaldo Cruz, Rio de Janeiro, 2017.

ZEM EL-DINE, Lorena Ribeiro. Ensaio e interpretação do Brasil no modernismo verde-amarelo (1926-1929). *Estudos Históricos,* Rio de Janeiro, v. 23, n.6, p. 450-468, 2019.

AGRADECIMENTOS

Este trabalho, fruto de seis anos de pesquisa, encerra um importante ciclo da minha vida. Ainda que o ofício da pesquisa seja, por natureza, solitário também existe uma dimensão coletiva que abarca desde as interlocuções da pesquisa até o apoio das pessoas que nos rodeiam e que tornam este processo um pouco mais leve. Realizar uma pesquisa de mestrado durante a pandemia da Covid-19 sem dúvida potencializou a dimensão solitária deste ofício. Dedico, portanto, as linhas que se seguem para aqueles que estiveram ao meu lado durante essa caminhada.

Gostaria de agradecer ao meu orientador, Alberto Luiz Schneider, pela parceria, cuidado e orientação – metodológica e cotidiana. Há sete anos você despertou o meu interesse pelo Brasil de dentro e me estendeu a mão ao aceitar o convite para orientar a minha pesquisa de iniciação científica. Essa jornada foi responsável por uma das grandes mudanças pelas quais passei. Assim como no Brasil da primeira metade do século XX, compreendi que é necessário conhecer e tomar posse de si mesmo para se realizar. Obrigada por me mostrar o lado humano da pesquisa acadêmica.

O meu agradecimento especial a banca examinadora desta dissertação composta pelos professores João Marcelo Ehlert Maia (FGV/CPDOC) e Carla Reis Longhi (PUC/SP). Essa banca foi idealizada antes mesmo do início do mestrado, ainda durante a iniciação científica, de modo que a sua concretização é motivo de grande felicidade. É uma honra ter a leitura e o olhar do João, cuja pesquisa sobre a Fundação Brasil Central iluminou, por diversas vezes, meus caminhos e dúvidas. Também é motivo de grande alegria ter a leitura da Carla, professora que admiro e que me acompanhou durante a graduação e a pós-graduação na PUC/SP.

Agradeço aos professores, colegas e funcionários da PUC/SP que estiveram durante os últimos anos (de forma presencial ou remota) ao meu lado durante o processo de construção desta dissertação. Gostaria de agradecer aos mestres que contribuíram para a minha formação e para a realização desta pesquisa: Amilcar Torrão Filho, Antonio Pedro Tota, Antonio Rago, Álvaro Alegrette, Amailton Magno Azevedo, Yvone Dias Avelino, Olga Brittes, Lauro Ávila, Vera Lúcia, Maria do Rosário, Estefânia Fraga e Heloísa Faria Cruz.

Dedico especial agradecimento ao professor Fernando Torres Londoño a quem devo o interesse pela questão indígena, fio condutor ao meu tema de pesquisa, bem como a inspiração para dar início a minha trajetória acadêmica ainda em meados de 2016. As aulas de América sempre serão lembradas com profundo carinho.

Agradeço aos meus amigos de longa data que, por inúmeras vezes, ouviram as descobertas da minha pesquisa e me apoiaram no decorrer desse percurso. Agradeço também aos meus amigos e companheiros da PUC/SP, com quem compartilhei anos empolgantes, responsáveis por tornar o processo da produção de conhecimento científico mais prazeroso e coletivo. Estes que estiveram ao meu lado, lendo e corrigindo textos, dando força, inspiração e conforto sabem quem são e o tamanho do meu carinho e gratidão.

À minha querida Luiza, companheira de vida e de palavras cruzadas, que por tantas vezes acalmou as angústias e dúvidas advindas da produção de conhecimento científico em tempos tão conturbados e difíceis como os vividos durante a pandemia junto ao então cenário político do país.

Por fim, dedico essa dissertação à minha família, cujo apoio material e simbólico permitiu a realização dessa pesquisa, sobretudo aqueles que me deram as bases para a construção da minha própria história, meus pais Ana Lúcia Fregolent e Eduardo Silvestrini de Almeida.

O presente trabalho foi realizado com apoio da Coordenação de Aperfeiçoamento de Pessoal de Nível Superior – Brasil (CAPES) – Código de Financiamento 001. Número de Processo: 88887.473786/2020-00.

LISTA DE IMAGENS

LISTA DE MAPAS

Alameda nas redes sociais:
Site: www.alamedaeditorial.com.br
Facebook.com/alamedaeditorial/
Twitter.com/editoraalameda
Instagram.com/editora_alameda/

Esta obra foi impressa em São Paulo na outono de 2024. No texto foi utilizada a fonte Arno Pro em corpo 10,5 e entrelinha de 14,7 pontos.